中华人民共和国
新法规汇编

2018
第7辑

司 法 部 编

中国法制出版社

编辑说明

一、《中华人民共和国新法规汇编》是国家出版的法律、行政法规汇编正式版本，是刊登报国务院备案并予以登记的部门规章的指定出版物。

二、本汇编收集的内容包括：上一个月内由全国人民代表大会及其常务委员会通过的法律和有关法律问题的决定，国务院公布的行政法规和国务院文件，报国务院备案并予以登记的部门规章，最高人民法院和最高人民检察院公布的司法解释。另外，还收入了上一个月内报国务院备案并予以登记的地方性法规和地方政府规章目录。

三、本汇编所收的内容，按下列分类顺序编排：法律，行政法规，国务院文件，国务院部门规章，司法解释。每类中按公布的时间顺序排列。报国务院备案并予以登记的地方性法规和地方政府规章目录按 1987 年国务院批准的行政区划顺序排列；同一行政区域报备两件以上者，按公布时间顺序排列。

四、本汇编每年出版 12 辑，每月出版 1 辑。本辑为 2018 年度第 7 辑，收入有关法律问题的决定 2 件，行政法规 1 件，选收国务院文件 10 件，报国务院备案并经审查予以登记编号的部门规章 12 件，司法解释 3 件，补收 6 月份全国人民代表大会常务委员会公布的法律 6 件，共计 34 件。

五、本汇编在编辑出版过程中，得到了国务院有关部门和有关方面以及广大读者的大力支持和协助，在此谨致谢意。

司法部

2018 年 7 月

目　录

法　律

有关法律问题的决定

行政法规

国务院文件

国务院部门规章

司法解释

法　律

中华人民共和国国防教育法

（2001年4月28日第九届全国人民代表大会常务委员会第二十一次会议通过　根据2018年4月27日第十三届全国人民代表大会常务委员会第二次会议《关于修改〈中华人民共和国国境卫生检疫法〉等六部法律的决定》修正）

目　录

第一章　总　则

第一条　为了普及和加强国防教育，发扬爱国主义精神，促进国防建设和社会主义精神文明建设，根据国防法和教育法，制定本法。

第二条　国防教育是建设和巩固国防的基础，是增强民族凝聚力、提高全民素质的重要途径。

第三条　国家通过开展国防教育，使公民增强国防观念，掌握基本的国防知识，学习必要的军事技能，激发爱国热情，自觉履行国防义务。

第四条　国防教育贯彻全民参与、长期坚持、讲求实效的方针，实行经常教育与集中教育相结合、普及教育与重点教育相结合、理论教育与行为教育相结合的原则，针对不同对象确定相应的教育内容分类组织实施。

第五条　中华人民共和国公民都有接受国防教育的权利和义务。

普及和加强国防教育是全社会的共同责任。

一切国家机关和武装力量、各政党和各社会团体、各企业事业组织以及基层群众性自治组织，都应当根据各自的实际情况组织本地区、本部门、本单位开展国防教育。

第六条 国务院领导全国的国防教育工作。中央军事委员会协同国务院开展全民国防教育。

地方各级人民政府领导本行政区域内的国防教育工作。驻地军事机关协助和支持地方人民政府开展国防教育。

第七条 国家国防教育工作机构规划、组织、指导和协调全国的国防教育工作。

县级以上地方负责国防教育工作的机构组织、指导、协调和检查本行政区域内的国防教育工作。

第八条 教育、退役军人事务、文化宣传等部门，在各自职责范围内负责国防教育工作。

征兵、国防科研生产、国民经济动员、人民防空、国防交通、军事设施保护等工作的主管部门，依照本法和有关法律、法规的规定，负责国防教育工作。

工会、共产主义青年团、妇女联合会以及其他有关社会团体，协助人民政府开展国防教育。

第九条 中国人民解放军、中国人民武装警察部队按照中央军事委员会的有关规定开展国防教育。

第十条 国家支持、鼓励社会组织和个人开展有益于国防教育的活动。

第十一条 国家和社会对在国防教育工作中作出突出贡献的组织和个人，采取各种形式给予表彰和奖励。

第十二条 国家设立全民国防教育日。

第二章 学校国防教育

第十三条 学校的国防教育是全民国防教育的基础，是实施素质教育的重要内容。

教育行政部门应当将国防教育列入工作计划，加强对学校国防教育的组织、指导和监督，并对学校国防教育工作定期进行考核。

第十四条 小学和初级中学应当将国防教育的内容纳入有关课程，将课堂教学与课外活动相结合，对学生进行国防教育。

有条件的小学和初级中学可以组织学生开展以国防教育为主题的少年军

校活动。教育行政部门、共产主义青年团组织和其他有关部门应当加强对少年军校活动的指导与管理。

小学和初级中学可以根据需要聘请校外辅导员，协助学校开展多种形式的国防教育活动。

第十五条 高等学校、高级中学和相当于高级中学的学校应当将课堂教学与军事训练相结合，对学生进行国防教育。

高等学校应当设置适当的国防教育课程，高级中学和相当于高级中学的学校应当在有关课程中安排专门的国防教育内容，并可以在学生中开展形式多样的国防教育活动。

高等学校、高级中学和相当于高级中学的学校学生的军事训练，由学校负责军事训练的机构或者军事教员按照国家有关规定组织实施。军事机关应当协助学校组织学生的军事训练。

第十六条 学校应当将国防教育列入学校的工作和教学计划，采取有效措施，保证国防教育的质量和效果。

学校组织军事训练活动，应当采取措施，加强安全保障。

第十七条 负责培训国家工作人员的各类教育机构，应当将国防教育纳入培训计划，设置适当的国防教育课程。

国家根据需要选送地方和部门的负责人到有关军事院校接受培训，学习和掌握履行领导职责所必需的国防知识。

第三章 社会国防教育

第十八条 国家机关应当根据各自的工作性质和特点，采取多种形式对工作人员进行国防教育。

国家机关工作人员应当具备基本的国防知识。从事国防建设事业的国家机关工作人员，必须学习和掌握履行职责所必需的国防知识。

各地区、各部门的领导人员应当依法履行组织、领导本地区、本部门开展国防教育的职责。

第十九条 企业事业组织应当将国防教育列入职工教育计划，结合政治教育、业务培训、文化体育等活动，对职工进行国防教育。

承担国防科研生产、国防设施建设、国防交通保障等任务的企业事业组织，应当根据所担负的任务，制定相应的国防教育计划，有针对性地对职工进行国防教育。

社会团体应当根据各自的活动特点开展国防教育。

第二十条 军区、省军区(卫戍区、警备区)、军分区(警备区)和县、自治县、市、市辖区的人民武装部按照国家和军队的有关规定,结合政治教育和组织整顿、军事训练、执行勤务、征兵工作以及重大节日、纪念日活动,对民兵、预备役人员进行国防教育。

民兵、预备役人员的国防教育,应当以基干民兵、第一类预备役人员和担任领导职务的民兵、预备役人员为重点,建立和完善制度,保证受教育的人员、教育时间和教育内容的落实。

第二十一条 城市居民委员会、农村村民委员会应当将国防教育纳入社区、农村社会主义精神文明建设的内容,结合征兵工作、拥军优属以及重大节日、纪念日活动,对居民、村民进行国防教育。

城市居民委员会、农村村民委员会可以聘请退役军人协助开展国防教育。

第二十二条 文化、新闻、出版、广播、电影、电视等部门和单位应当根据形势和任务的要求,采取多种形式开展国防教育。

中央和省、自治区、直辖市以及设区的市的广播电台、电视台、报刊应当开设国防教育节目或者栏目,普及国防知识。

第二十三条 烈士陵园、革命遗址和其他具有国防教育功能的博物馆、纪念馆、科技馆、文化馆、青少年宫等场所,应当为公民接受国防教育提供便利,对有组织的国防教育活动实行优惠或者免费;依照本法第二十八条的规定被命名为国防教育基地的,应当对有组织的中小学生免费开放;在全民国防教育日向社会免费开放。

第四章 国防教育的保障

第二十四条 各级人民政府应当将国防教育纳入国民经济和社会发展计划,并根据开展国防教育的需要,在财政预算中保障国防教育所需的经费。

第二十五条 国家机关、事业单位、社会团体开展国防教育所需的经费,在本单位预算经费内列支;企业开展国防教育所需经费,在本单位职工教育经费中列支。

学校组织学生军事训练所需的经费,按照国家有关规定执行。

第二十六条 国家鼓励社会组织和个人捐赠财产,资助国防教育的开展。

社会组织和个人资助国防教育的财产,由依法成立的国防教育基金组织或者其他公益性社会组织依法管理。

国家鼓励社会组织和个人提供或者捐赠所收藏的具有国防教育意义的实物用于国防教育。使用单位对提供使用的实物应当妥善保管,使用完毕,及时归还。

第二十七条 国防教育经费和社会组织、个人资助国防教育的财产，必须用于国防教育事业，任何单位或者个人不得挪用、克扣。

第二十八条 本法第二十三条规定的场所，具备下列条件的，经省、自治区、直辖市人民政府批准，可以命名为国防教育基地：

（一）有明确的国防教育主题内容；

（二）有健全的管理机构和规章制度；

（三）有相应的国防教育设施；

（四）有必要的经费保障；

（五）有显著的社会教育效果。

国防教育基地应当加强建设，不断完善，充分发挥国防教育的功能。被命名的国防教育基地不再具备前款规定条件的，由原批准机关撤销命名。

第二十九条 各级人民政府应当加强对国防教育基地的规划、建设和管理，并为其发挥作用提供必要的保障。

各级人民政府应当加强对具有国防教育意义的文物的收集、整理、保护工作。

第三十条 全民国防教育使用统一的国防教育大纲。国防教育大纲由国家国防教育工作机构组织制定。

适用于不同地区、不同类别教育对象的国防教育教材，由有关部门或者地方依据国防教育大纲并结合本地区、本部门的特点组织编写。

第三十一条 各级国防教育工作机构应当组织、协调有关部门做好国防教育教员的选拔、培训和管理工作，加强国防教育师资队伍建设。

国防教育教员应当从热爱国防教育事业、具有基本的国防知识和必要的军事技能的人员中选拔。

第三十二条 中国人民解放军和中国人民武装警察部队应当根据需要和可能，为驻地有组织的国防教育活动选派军事教员，提供必要的军事训练场地、设施以及其他便利条件。

在国庆节、中国人民解放军建军节和全民国防教育日，经批准的军营可以向社会开放。军营开放的办法由中央军事委员会规定。

第五章　法律责任

第三十三条 国家机关、社会团体、企业事业组织以及其他社会组织违反本法规定，拒不开展国防教育活动的，由人民政府有关部门或者上级机关给予批评教育，并责令限期改正；拒不改正，造成恶劣影响的，对负有直接责任的主管人员依法给予行政处分。

第三十四条 违反本法规定，挪用、克扣国防教育经费的，由有关主管部门责令限期归还；对负有直接责任的主管人员和其他直接责任人员依法给予行政处分；构成犯罪的，依法追究刑事责任。

第三十五条 侵占、破坏国防教育基地设施、损毁展品的，由有关主管部门给予批评教育，并责令限期改正；有关责任人应当依法承担相应的民事责任。

有前款所列行为，违反治安管理规定的，由公安机关依法给予治安管理处罚；构成犯罪的，依法追究刑事责任。

第三十六条 寻衅滋事，扰乱国防教育工作和活动秩序的，或者盗用国防教育名义骗取钱财的，由有关主管部门给予批评教育，并予以制止；违反治安管理规定的，由公安机关依法给予治安管理处罚；构成犯罪的，依法追究刑事责任。

第三十七条 负责国防教育的国家工作人员玩忽职守、滥用职权、徇私舞弊的，依法给予行政处分；构成犯罪的，依法追究刑事责任。

第六章 附 则

第三十八条 本法自公布之日起施行。

中华人民共和国国境卫生检疫法

（1986年12月2日第六届全国人民代表大会常务委员会第十八次会议通过 根据2007年12月29日第十届全国人民代表大会常务委员会第三十一次会议《关于修改〈中华人民共和国国境卫生检疫法〉的决定》第一次修正 根据2009年8月27日第十一届全国人民代表大会常务委员会第十次会议《关于修改部分法律的决定》第二次修正 根据2018年4月27日第十三届全国人民代表大会常务委员会第二次会议《关于修改〈中华人民共和国国境卫生检疫法〉等六部法律的决定》第三次修正）

目 录

第一章　总　　则

第一条　为了防止传染病由国外传入或者由国内传出，实施国境卫生检疫，保护人体健康，制定本法。

第二条　在中华人民共和国国际通航的港口、机场以及陆地边境和国界江河的口岸（以下简称国境口岸），设立国境卫生检疫机关，依照本法规定实施传染病检疫、监测和卫生监督。

第三条　本法规定的传染病是指检疫传染病和监测传染病。

检疫传染病，是指鼠疫、霍乱、黄热病以及国务院确定和公布的其他传染病。

监测传染病，由国务院卫生行政部门确定和公布。

第四条　入境、出境的人员、交通工具、运输设备以及可能传播检疫传染病的行李、货物、邮包等物品，都应当接受检疫，经国境卫生检疫机关许可，方准入境或者出境。具体办法由本法实施细则规定。

第五条　国境卫生检疫机关发现检疫传染病或者疑似检疫传染病时，除采取必要措施外，必须立即通知当地卫生行政部门，同时用最快的方法报告国务院卫生行政部门，最迟不得超过二十四小时。邮电部门对疫情报告应当优先传送。

中华人民共和国与外国之间的传染病疫情通报，由国务院卫生行政部门会同有关部门办理。

第六条　在国外或者国内有检疫传染病大流行的时候，国务院可以下令封锁有关的国境或者采取其他紧急措施。

第二章　检　　疫

第七条　入境的交通工具和人员，必须在最先到达的国境口岸的指定地点接受检疫。除引航员外，未经国境卫生检疫机关许可，任何人不准上下交通工具，不准装卸行李、货物、邮包等物品。具体办法由本法实施细则规定。

第八条　出境的交通工具和人员，必须在最后离开的国境口岸接受检疫。

第九条　来自国外的船舶、航空器因故停泊、降落在中国境内非口岸地点的时候，船舶、航空器的负责人应当立即向就近的国境卫生检疫机关或者当地卫生行政部门报告。除紧急情况外，未经国境卫生检疫机关或者当地卫生行政部门许可，任何人不准上下船舶、航空器，不准装卸行李、货物、邮包等物品。

第十条　在国境口岸发现检疫传染病、疑似检疫传染病，或者有人非因意外伤害而死亡并死因不明的，国境口岸有关单位和交通工具的负责人，应当立即向国境卫生检疫机关报告，并申请临时检疫。

第十一条　国境卫生检疫机关依据检疫医师提供的检疫结果，对未染有检疫传染病或者已实施卫生处理的交通工具，签发入境检疫证或者出境检疫证。

第十二条　国境卫生检疫机关对检疫传染病染疫人必须立即将其隔离，隔离期限根据医学检查结果确定；对检疫传染病染疫嫌疑人应当将其留验，留验期限根据该传染病的潜伏期确定。

因患检疫传染病而死亡的尸体，必须就近火化。

第十三条　接受入境检疫的交通工具有下列情形之一的，应当实施消毒、除鼠、除虫或者其他卫生处理：

（一）来自检疫传染病疫区的；

（二）被检疫传染病污染的；

（三）发现有与人类健康有关的啮齿动物或者病媒昆虫的。

如果外国交通工具的负责人拒绝接受卫生处理，除有特殊情况外，准许该交通工具在国境卫生检疫机关的监督下，立即离开中华人民共和国国境。

第十四条　国境卫生检疫机关对来自疫区的、被检疫传染病污染的或者可能成为检疫传染病传播媒介的行李、货物、邮包等物品，应当进行卫生检查，实施消毒、除鼠、除虫或者其他卫生处理。

入境、出境的尸体、骸骨的托运人或者其代理人，必须向国境卫生检疫机关申报，经卫生检查合格后，方准运进或者运出。

第三章　传染病监测

第十五条　国境卫生检疫机关对入境、出境的人员实施传染病监测，并且采取必要的预防、控制措施。

第十六条　国境卫生检疫机关有权要求入境、出境的人员填写健康申明卡，出示某种传染病的预防接种证书、健康证明或者其他有关证件。

第十七条　对患有监测传染病的人、来自国外监测传染病流行区的人或者与监测传染病人密切接触的人，国境卫生检疫机关应当区别情况，发给就诊方便卡，实施留验或者采取其他预防、控制措施，并及时通知当地卫生行政部门。各地医疗单位对持有就诊方便卡的人员，应当优先诊治。

第四章 卫生监督

第十八条 国境卫生检疫机关根据国家规定的卫生标准，对国境口岸的卫生状况和停留在国境口岸的入境、出境的交通工具的卫生状况实施卫生监督：

（一）监督和指导有关人员对啮齿动物、病媒昆虫的防除；

（二）检查和检验食品、饮用水及其储存、供应、运输设施；

（三）监督从事食品、饮用水供应的从业人员的健康状况，检查其健康证明书；

（四）监督和检查垃圾、废物、污水、粪便、压舱水的处理。

第十九条 国境卫生检疫机关设立国境口岸卫生监督员，执行国境卫生检疫机关交给的任务。

国境口岸卫生监督员在执行任务时，有权对国境口岸和入境、出境的交通工具进行卫生监督和技术指导，对卫生状况不良和可能引起传染病传播的因素提出改进意见，协同有关部门采取必要的措施，进行卫生处理。

第五章 法律责任

第二十条 对违反本法规定，有下列行为之一的单位或者个人，国境卫生检疫机关可以根据情节轻重，给予警告或者罚款：

（一）逃避检疫，向国境卫生检疫机关隐瞒真实情况的；

（二）入境的人员未经国境卫生检疫机关许可，擅自上下交通工具，或者装卸行李、货物、邮包等物品，不听劝阻的。

罚款全部上缴国库。

第二十一条 当事人对国境卫生检疫机关给予的罚款决定不服的，可以在接到通知之日起十五日内，向当地人民法院起诉。逾期不起诉又不履行的，国境卫生检疫机关可以申请人民法院强制执行。

第二十二条 违反本法规定，引起检疫传染病传播或者有引起检疫传染病传播严重危险的，依照刑法有关规定追究刑事责任。

第二十三条 国境卫生检疫机关工作人员，应当秉公执法，忠于职守，对入境、出境的交通工具和人员，及时进行检疫；违法失职的，给予行政处分，情节严重构成犯罪的，依法追究刑事责任。

第六章　附　　则

第二十四条　中华人民共和国缔结或者参加的有关卫生检疫的国际条约同本法有不同规定的，适用该国际条约的规定。但是，中华人民共和国声明保留的条款除外。

第二十五条　中华人民共和国边防机关与邻国边防机关之间在边境地区的往来，居住在两国边境接壤地区的居民在边境指定地区的临时往来，双方的交通工具和人员的入境、出境检疫，依照双方协议办理，没有协议的，依照中国政府的有关规定办理。

第二十六条　国境卫生检疫机关实施卫生检疫，按照国家规定收取费用。

第二十七条　本法自1987年5月1日起施行。1957年12月23日公布的《中华人民共和国国境卫生检疫条例》同时废止。

中华人民共和国精神卫生法

（2012年10月26日第十一届全国人民代表大会常务委员会第二十九次会议通过　根据2018年4月27日第十三届全国人民代表大会常务委员会第二次会议《关于修改〈中华人民共和国国境卫生检疫法〉等六部法律的决定》修正）

目　　录

第一章　总　则

第一条　为了发展精神卫生事业,规范精神卫生服务,维护精神障碍患者的合法权益,制定本法。

第二条　在中华人民共和国境内开展维护和增进公民心理健康、预防和治疗精神障碍、促进精神障碍患者康复的活动,适用本法。

第三条　精神卫生工作实行预防为主的方针,坚持预防、治疗和康复相结合的原则。

第四条　精神障碍患者的人格尊严、人身和财产安全不受侵犯。

精神障碍患者的教育、劳动、医疗以及从国家和社会获得物质帮助等方面的合法权益受法律保护。

有关单位和个人应当对精神障碍患者的姓名、肖像、住址、工作单位、病历资料以及其他可能推断出其身份的信息予以保密;但是,依法履行职责需要公开的除外。

第五条　全社会应当尊重、理解、关爱精神障碍患者。

任何组织或者个人不得歧视、侮辱、虐待精神障碍患者,不得非法限制精神障碍患者的人身自由。

新闻报道和文学艺术作品等不得含有歧视、侮辱精神障碍患者的内容。

第六条　精神卫生工作实行政府组织领导、部门各负其责、家庭和单位尽力尽责、全社会共同参与的综合管理机制。

第七条　县级以上人民政府领导精神卫生工作,将其纳入国民经济和社会发展规划,建设和完善精神障碍的预防、治疗和康复服务体系,建立健全精神卫生工作协调机制和工作责任制,对有关部门承担的精神卫生工作进行考核、监督。

乡镇人民政府和街道办事处根据本地区的实际情况,组织开展预防精神障碍发生、促进精神障碍患者康复等工作。

第八条　国务院卫生行政部门主管全国的精神卫生工作。县级以上地方人民政府卫生行政部门主管本行政区域的精神卫生工作。

县级以上人民政府司法行政、民政、公安、教育、医疗保障等部门在各自职责范围内负责有关的精神卫生工作。

第九条　精神障碍患者的监护人应当履行监护职责,维护精神障碍患者的合法权益。

禁止对精神障碍患者实施家庭暴力,禁止遗弃精神障碍患者。

第十条　中国残疾人联合会及其地方组织依照法律、法规或者接受政府委托，动员社会力量，开展精神卫生工作。

村民委员会、居民委员会依照本法的规定开展精神卫生工作，并对所在地人民政府开展的精神卫生工作予以协助。

国家鼓励和支持工会、共产主义青年团、妇女联合会、红十字会、科学技术协会等团体依法开展精神卫生工作。

第十一条　国家鼓励和支持开展精神卫生专门人才的培养，维护精神卫生工作人员的合法权益，加强精神卫生专业队伍建设。

国家鼓励和支持开展精神卫生科学技术研究，发展现代医学、我国传统医学、心理学，提高精神障碍预防、诊断、治疗、康复的科学技术水平。

国家鼓励和支持开展精神卫生领域的国际交流与合作。

第十二条　各级人民政府和县级以上人民政府有关部门应当采取措施，鼓励和支持组织、个人提供精神卫生志愿服务，捐助精神卫生事业，兴建精神卫生公益设施。

对在精神卫生工作中作出突出贡献的组织、个人，按照国家有关规定给予表彰、奖励。

第二章　心理健康促进和精神障碍预防

第十三条　各级人民政府和县级以上人民政府有关部门应当采取措施，加强心理健康促进和精神障碍预防工作，提高公众心理健康水平。

第十四条　各级人民政府和县级以上人民政府有关部门制定的突发事件应急预案，应当包括心理援助的内容。发生突发事件，履行统一领导职责或者组织处置突发事件的人民政府应当根据突发事件的具体情况，按照应急预案的规定，组织开展心理援助工作。

第十五条　用人单位应当创造有益于职工身心健康的工作环境，关注职工的心理健康；对处于职业发展特定时期或者在特殊岗位工作的职工，应当有针对性地开展心理健康教育。

第十六条　各级各类学校应当对学生进行精神卫生知识教育；配备或者聘请心理健康教育教师、辅导人员，并可以设立心理健康辅导室，对学生进行心理健康教育。学前教育机构应当对幼儿开展符合其特点的心理健康教育。

发生自然灾害、意外伤害、公共安全事件等可能影响学生心理健康的事件，学校应当及时组织专业人员对学生进行心理援助。

教师应当学习和了解相关的精神卫生知识，关注学生心理健康状况，正确引导、激励学生。地方各级人民政府教育行政部门和学校应当重视教师心理健康。

学校和教师应当与学生父母或者其他监护人、近亲属沟通学生心理健康情况。

第十七条 医务人员开展疾病诊疗服务，应当按照诊断标准和治疗规范的要求，对就诊者进行心理健康指导；发现就诊者可能患有精神障碍的，应当建议其到符合本法规定的医疗机构就诊。

第十八条 监狱、看守所、拘留所、强制隔离戒毒所等场所，应当对服刑人员，被依法拘留、逮捕、强制隔离戒毒的人员等，开展精神卫生知识宣传，关注其心理健康状况，必要时提供心理咨询和心理辅导。

第十九条 县级以上地方人民政府人力资源社会保障、教育、卫生、司法行政、公安等部门应当在各自职责范围内分别对本法第十五条至第十八条规定的单位履行精神障碍预防义务的情况进行督促和指导。

第二十条 村民委员会、居民委员会应当协助所在地人民政府及其有关部门开展社区心理健康指导、精神卫生知识宣传教育活动，创建有益于居民身心健康的社区环境。

乡镇卫生院或者社区卫生服务机构应当为村民委员会、居民委员会开展社区心理健康指导、精神卫生知识宣传教育活动提供技术指导。

第二十一条 家庭成员之间应当相互关爱，创造良好、和睦的家庭环境，提高精神障碍预防意识；发现家庭成员可能患有精神障碍的，应当帮助其及时就诊，照顾其生活，做好看护管理。

第二十二条 国家鼓励和支持新闻媒体、社会组织开展精神卫生的公益性宣传，普及精神卫生知识，引导公众关注心理健康，预防精神障碍的发生。

第二十三条 心理咨询人员应当提高业务素质，遵守执业规范，为社会公众提供专业化的心理咨询服务。

心理咨询人员不得从事心理治疗或者精神障碍的诊断、治疗。

心理咨询人员发现接受咨询的人员可能患有精神障碍的，应当建议其到符合本法规定的医疗机构就诊。

心理咨询人员应当尊重接受咨询人员的隐私，并为其保守秘密。

第二十四条 国务院卫生行政部门建立精神卫生监测网络，实行严重精神障碍发病报告制度，组织开展精神障碍发生状况、发展趋势等的监测和专题调查工作。精神卫生监测和严重精神障碍发病报告管理办法，由国务院卫生行政部门制定。

国务院卫生行政部门应当会同有关部门、组织，建立精神卫生工作信息共享机制，实现信息互联互通、交流共享。

第三章 精神障碍的诊断和治疗

第二十五条 开展精神障碍诊断、治疗活动，应当具备下列条件，并依照医疗机构的管理规定办理有关手续：

（一）有与从事的精神障碍诊断、治疗相适应的精神科执业医师、护士；

（二）有满足开展精神障碍诊断、治疗需要的设施和设备；

（三）有完善的精神障碍诊断、治疗管理制度和质量监控制度。

从事精神障碍诊断、治疗的专科医疗机构还应当配备从事心理治疗的人员。

第二十六条 精神障碍的诊断、治疗，应当遵循维护患者合法权益、尊重患者人格尊严的原则，保障患者在现有条件下获得良好的精神卫生服务。

精神障碍分类、诊断标准和治疗规范，由国务院卫生行政部门组织制定。

第二十七条 精神障碍的诊断应当以精神健康状况为依据。

除法律另有规定外，不得违背本人意志进行确定其是否患有精神障碍的医学检查。

第二十八条 除个人自行到医疗机构进行精神障碍诊断外，疑似精神障碍患者的近亲属可以将其送往医疗机构进行精神障碍诊断。对查找不到近亲属的流浪乞讨疑似精神障碍患者，由当地民政等有关部门按照职责分工，帮助送往医疗机构进行精神障碍诊断。

疑似精神障碍患者发生伤害自身、危害他人安全的行为，或者有伤害自身、危害他人安全的危险的，其近亲属、所在单位、当地公安机关应当立即采取措施予以制止，并将其送往医疗机构进行精神障碍诊断。

医疗机构接到送诊的疑似精神障碍患者，不得拒绝为其作出诊断。

第二十九条 精神障碍的诊断应当由精神科执业医师作出。

医疗机构接到依照本法第二十八条第二款规定送诊的疑似精神障碍患者，应当将其留院，立即指派精神科执业医师进行诊断，并及时出具诊断结论。

第三十条 精神障碍的住院治疗实行自愿原则。

诊断结论、病情评估表明，就诊者为严重精神障碍患者并有下列情形之一的，应当对其实施住院治疗：

（一）已经发生伤害自身的行为，或者有伤害自身的危险的；

（二）已经发生危害他人安全的行为，或者有危害他人安全的危险的。

第三十一条 精神障碍患者有本法第三十条第二款第一项情形的，经其监护人同意，医疗机构应当对患者实施住院治疗；监护人不同意的，医疗机构不得对患者实施住院治疗。监护人应当对在家居住的患者做好看护管理。

第三十二条 精神障碍患者有本法第三十条第二款第二项情形，患者或者其监护人对需要住院治疗的诊断结论有异议，不同意对患者实施住院治疗的，可以要求再次诊断和鉴定。

依照前款规定要求再次诊断的，应当自收到诊断结论之日起三日内向原医疗机构或者其他具有合法资质的医疗机构提出。承担再次诊断的医疗机构应当在接到再次诊断要求后指派二名初次诊断医师以外的精神科执业医师进行再次诊断，并及时出具再次诊断结论。承担再次诊断的执业医师应当到收治患者的医疗机构面见、询问患者，该医疗机构应当予以配合。

对再次诊断结论有异议的，可以自主委托依法取得执业资质的鉴定机构进行精神障碍医学鉴定；医疗机构应当公示经公告的鉴定机构名单和联系方式。接受委托的鉴定机构应当指定本机构具有该鉴定事项执业资格的二名以上鉴定人共同进行鉴定，并及时出具鉴定报告。

第三十三条 鉴定人应当到收治精神障碍患者的医疗机构面见、询问患者，该医疗机构应当予以配合。

鉴定人本人或者其近亲属与鉴定事项有利害关系，可能影响其独立、客观、公正进行鉴定的，应当回避。

第三十四条 鉴定机构、鉴定人应当遵守有关法律、法规、规章的规定，尊重科学，恪守职业道德，按照精神障碍鉴定的实施程序、技术方法和操作规范，依法独立进行鉴定，出具客观、公正的鉴定报告。

鉴定人应当对鉴定过程进行实时记录并签名。记录的内容应当真实、客观、准确、完整，记录的文本或者声像载体应当妥善保存。

第三十五条 再次诊断结论或者鉴定报告表明，不能确定就诊者为严重精神障碍患者，或者患者不需要住院治疗的，医疗机构不得对其实施住院治疗。

再次诊断结论或者鉴定报告表明，精神障碍患者有本法第三十条第二款第二项情形的，其监护人应当同意对患者实施住院治疗。监护人阻碍实施住院治疗或者患者擅自脱离住院治疗的，可以由公安机关协助医疗机构采取措施对患者实施住院治疗。

在相关机构出具再次诊断结论、鉴定报告前，收治精神障碍患者的医疗机构应当按照诊疗规范的要求对患者实施住院治疗。

第三十六条 诊断结论表明需要住院治疗的精神障碍患者，本人没有能力办理住院手续的，由其监护人办理住院手续；患者属于查找不到监护人的流浪乞讨人员的，由送诊的有关部门办理住院手续。

精神障碍患者有本法第三十条第二款第二项情形，其监护人不办理住院手续的，由患者所在单位、村民委员会或者居民委员会办理住院手续，并由医疗机构在患者病历中予以记录。

第三十七条 医疗机构及其医务人员应当将精神障碍患者在诊断、治疗过程中享有的权利，告知患者或者其监护人。

第三十八条 医疗机构应当配备适宜的设施、设备，保护就诊和住院治疗的精神障碍患者的人身安全，防止其受到伤害，并为住院患者创造尽可能接近正常生活的环境和条件。

第三十九条 医疗机构及其医务人员应当遵循精神障碍诊断标准和治疗规范，制定治疗方案，并向精神障碍患者或者其监护人告知治疗方案和治疗方法、目的以及可能产生的后果。

第四十条 精神障碍患者在医疗机构内发生或者将要发生伤害自身、危害他人安全、扰乱医疗秩序的行为，医疗机构及其医务人员在没有其他可替代措施的情况下，可以实施约束、隔离等保护性医疗措施。实施保护性医疗措施应当遵循诊断标准和治疗规范，并在实施后告知患者的监护人。

禁止利用约束、隔离等保护性医疗措施惩罚精神障碍患者。

第四十一条 对精神障碍患者使用药物，应当以诊断和治疗为目的，使用安全、有效的药物，不得为诊断或者治疗以外的目的使用药物。

医疗机构不得强迫精神障碍患者从事生产劳动。

第四十二条 禁止对依照本法第三十条第二款规定实施住院治疗的精神障碍患者实施以治疗精神障碍为目的的外科手术。

第四十三条 医疗机构对精神障碍患者实施下列治疗措施，应当向患者或者其监护人告知医疗风险、替代医疗方案等情况，并取得患者的书面同意；无法取得患者意见的，应当取得其监护人的书面同意，并经本医疗机构伦理委员会批准：

（一）导致人体器官丧失功能的外科手术；

（二）与精神障碍治疗有关的实验性临床医疗。

实施前款第一项治疗措施，因情况紧急查找不到监护人的，应当取得本医疗机构负责人和伦理委员会批准。

禁止对精神障碍患者实施与治疗其精神障碍无关的实验性临床医疗。

第四十四条 自愿住院治疗的精神障碍患者可以随时要求出院，医疗机构应当同意。

对有本法第三十条第二款第一项情形的精神障碍患者实施住院治疗的，

监护人可以随时要求患者出院，医疗机构应当同意。

医疗机构认为前两款规定的精神障碍患者不宜出院的，应当告知不宜出院的理由；患者或者其监护人仍要求出院的，执业医师应当在病历资料中详细记录告知的过程，同时提出出院后的医学建议，患者或者其监护人应当签字确认。

对有本法第三十条第二款第二项情形的精神障碍患者实施住院治疗，医疗机构认为患者可以出院的，应当立即告知患者及其监护人。

医疗机构应当根据精神障碍患者病情，及时组织精神科执业医师对依照本法第三十条第二款规定实施住院治疗的患者进行检查评估。评估结果表明患者不需要继续住院治疗的，医疗机构应当立即通知患者及其监护人。

第四十五条 精神障碍患者出院，本人没有能力办理出院手续的，监护人应当为其办理出院手续。

第四十六条 医疗机构及其医务人员应当尊重住院精神障碍患者的通讯和会见探访者等权利。除在急性发病期或者为了避免妨碍治疗可以暂时性限制外，不得限制患者的通讯和会见探访者等权利。

第四十七条 医疗机构及其医务人员应当在病历资料中如实记录精神障碍患者的病情、治疗措施、用药情况、实施约束、隔离措施等内容，并如实告知患者或者其监护人。患者及其监护人可以查阅、复制病历资料；但是，患者查阅、复制病历资料可能对其治疗产生不利影响的除外。病历资料保存期限不得少于三十年。

第四十八条 医疗机构不得因就诊者是精神障碍患者，推诿或者拒绝为其治疗属于本医疗机构诊疗范围的其他疾病。

第四十九条 精神障碍患者的监护人应当妥善看护未住院治疗的患者，按照医嘱督促其按时服药、接受随访或者治疗。村民委员会、居民委员会、患者所在单位等应当依患者或者其监护人的请求，对监护人看护患者提供必要的帮助。

第五十条 县级以上地方人民政府卫生行政部门应当定期就下列事项对本行政区域内从事精神障碍诊断、治疗的医疗机构进行检查：

（一）相关人员、设施、设备是否符合本法要求；

（二）诊疗行为是否符合本法以及诊断标准、治疗规范的规定；

（三）对精神障碍患者实施住院治疗的程序是否符合本法规定；

（四）是否依法维护精神障碍患者的合法权益。

县级以上地方人民政府卫生行政部门进行前款规定的检查，应当听取精神障碍患者及其监护人的意见；发现存在违反本法行为的，应当立即制止或者责令改正，并依法作出处理。

第五十一条　心理治疗活动应当在医疗机构内开展。专门从事心理治疗的人员不得从事精神障碍的诊断，不得为精神障碍患者开具处方或者提供外科治疗。心理治疗的技术规范由国务院卫生行政部门制定。

第五十二条　监狱、强制隔离戒毒所等场所应当采取措施，保证患有精神障碍的服刑人员、强制隔离戒毒人员等获得治疗。

第五十三条　精神障碍患者违反治安管理处罚法或者触犯刑法的，依照有关法律的规定处理。

第四章　精神障碍的康复

第五十四条　社区康复机构应当为需要康复的精神障碍患者提供场所和条件，对患者进行生活自理能力和社会适应能力等方面的康复训练。

第五十五条　医疗机构应当为在家居住的严重精神障碍患者提供精神科基本药物维持治疗，并为社区康复机构提供有关精神障碍康复的技术指导和支持。

社区卫生服务机构、乡镇卫生院、村卫生室应当建立严重精神障碍患者的健康档案，对在家居住的严重精神障碍患者进行定期随访，指导患者服药和开展康复训练，并对患者的监护人进行精神卫生知识和看护知识的培训。县级人民政府卫生行政部门应当为社区卫生服务机构、乡镇卫生院、村卫生室开展上述工作给予指导和培训。

第五十六条　村民委员会、居民委员会应当为生活困难的精神障碍患者家庭提供帮助，并向所在地乡镇人民政府或者街道办事处以及县级人民政府有关部门反映患者及其家庭的情况和要求，帮助其解决实际困难，为患者融入社会创造条件。

第五十七条　残疾人组织或者残疾人康复机构应当根据精神障碍患者康复的需要，组织患者参加康复活动。

第五十八条　用人单位应当根据精神障碍患者的实际情况，安排患者从事力所能及的工作，保障患者享有同等待遇，安排患者参加必要的职业技能培训，提高患者的就业能力，为患者创造适宜的工作环境，对患者在工作中取得的成绩予以鼓励。

第五十九条　精神障碍患者的监护人应当协助患者进行生活自理能力和社会适应能力等方面的康复训练。

精神障碍患者的监护人在看护患者过程中需要技术指导的，社区卫生服务机构或者乡镇卫生院、村卫生室、社区康复机构应当提供。

第五章 保障措施

第六十条 县级以上人民政府卫生行政部门会同有关部门依据国民经济和社会发展规划的要求，制定精神卫生工作规划并组织实施。

精神卫生监测和专题调查结果应当作为制定精神卫生工作规划的依据。

第六十一条 省、自治区、直辖市人民政府根据本行政区域的实际情况，统筹规划，整合资源，建设和完善精神卫生服务体系，加强精神障碍预防、治疗和康复服务能力建设。

县级人民政府根据本行政区域的实际情况，统筹规划，建立精神障碍患者社区康复机构。

县级以上地方人民政府应当采取措施，鼓励和支持社会力量举办从事精神障碍诊断、治疗的医疗机构和精神障碍患者康复机构。

第六十二条 各级人民政府应当根据精神卫生工作需要，加大财政投入力度，保障精神卫生工作所需经费，将精神卫生工作经费列入本级财政预算。

第六十三条 国家加强基层精神卫生服务体系建设，扶持贫困地区、边远地区的精神卫生工作，保障城市社区、农村基层精神卫生工作所需经费。

第六十四条 医学院校应当加强精神医学的教学和研究，按照精神卫生工作的实际需要培养精神医学专门人才，为精神卫生工作提供人才保障。

第六十五条 综合性医疗机构应当按照国务院卫生行政部门的规定开设精神科门诊或者心理治疗门诊，提高精神障碍预防、诊断、治疗能力。

第六十六条 医疗机构应当组织医务人员学习精神卫生知识和相关法律、法规、政策。

从事精神障碍诊断、治疗、康复的机构应当定期组织医务人员、工作人员进行在岗培训，更新精神卫生知识。

县级以上人民政府卫生行政部门应当组织医务人员进行精神卫生知识培训，提高其识别精神障碍的能力。

第六十七条 师范院校应当为学生开设精神卫生课程；医学院校应当为非精神医学专业的学生开设精神卫生课程。

县级以上人民政府教育行政部门对教师进行上岗前和在岗培训，应当有精神卫生的内容，并定期组织心理健康教育教师、辅导人员进行专业培训。

第六十八条 县级以上人民政府卫生行政部门应当组织医疗机构为严重精神障碍患者免费提供基本公共卫生服务。

精神障碍患者的医疗费用按照国家有关社会保险的规定由基本医疗保险

基金支付。医疗保险经办机构应当按照国家有关规定将精神障碍患者纳入城镇职工基本医疗保险、城镇居民基本医疗保险或者新型农村合作医疗的保障范围。县级人民政府应当按照国家有关规定对家庭经济困难的严重精神障碍患者参加基本医疗保险给予资助。医疗保障、财政等部门应当加强协调,简化程序,实现属于基本医疗保险基金支付的医疗费用由医疗机构与医疗保险经办机构直接结算。

精神障碍患者通过基本医疗保险支付医疗费用后仍有困难,或者不能通过基本医疗保险支付医疗费用的,医疗保障部门应当优先给予医疗救助。

第六十九条 对符合城乡最低生活保障条件的严重精神障碍患者,民政部门应当会同有关部门及时将其纳入最低生活保障。

对属于农村五保供养对象的严重精神障碍患者,以及城市中无劳动能力、无生活来源且无法定赡养、抚养、扶养义务人,或者其法定赡养、抚养、扶养义务人无赡养、抚养、扶养能力的严重精神障碍患者,民政部门应当按照国家有关规定予以供养、救助。

前两款规定以外的严重精神障碍患者确有困难的,民政部门可以采取临时救助等措施,帮助其解决生活困难。

第七十条 县级以上地方人民政府及其有关部门应当采取有效措施,保证患有精神障碍的适龄儿童、少年接受义务教育,扶持有劳动能力的精神障碍患者从事力所能及的劳动,并为已经康复的人员提供就业服务。

国家对安排精神障碍患者就业的用人单位依法给予税收优惠,并在生产、经营、技术、资金、物资、场地等方面给予扶持。

第七十一条 精神卫生工作人员的人格尊严、人身安全不受侵犯,精神卫生工作人员依法履行职责受法律保护。全社会应当尊重精神卫生工作人员。

县级以上人民政府及其有关部门、医疗机构、康复机构应当采取措施,加强对精神卫生工作人员的职业保护,提高精神卫生工作人员的待遇水平,并按照规定给予适当的津贴。精神卫生工作人员因工致伤、致残、死亡的,其工伤待遇以及抚恤按照国家有关规定执行。

第六章 法律责任

第七十二条 县级以上人民政府卫生行政部门和其他有关部门未依照本法规定履行精神卫生工作职责,或者滥用职权、玩忽职守、徇私舞弊的,由本级人民政府或者上一级人民政府有关部门责令改正,通报批评,对直接负责的主管人员和其他直接责任人员依法给予警告、记过或者记大过的处分;造成严重后果的，给予降级、撤职或者开除的处分。

第七十三条 不符合本法规定条件的医疗机构擅自从事精神障碍诊断、治疗的，由县级以上人民政府卫生行政部门责令停止相关诊疗活动，给予警告，并处五千元以上一万元以下罚款，有违法所得的，没收违法所得；对直接负责的主管人员和其他直接责任人员依法给予或者责令给予降低岗位等级或者撤职、开除的处分；对有关医务人员，吊销其执业证书。

第七十四条 医疗机构及其工作人员有下列行为之一的，由县级以上人民政府卫生行政部门责令改正，给予警告；情节严重的，对直接负责的主管人员和其他直接责任人员依法给予或者责令给予降低岗位等级或者撤职、开除的处分，并可以责令有关医务人员暂停一个月以上六个月以下执业活动：

（一）拒绝对送诊的疑似精神障碍患者作出诊断的；

（二）对依照本法第三十条第二款规定实施住院治疗的患者未及时进行检查评估或者未根据评估结果作出处理的。

第七十五条 医疗机构及其工作人员有下列行为之一的，由县级以上人民政府卫生行政部门责令改正，对直接负责的主管人员和其他直接责任人员依法给予或者责令给予降低岗位等级或者撤职的处分；对有关医务人员，暂停六个月以上一年以下执业活动；情节严重的，给予或者责令给予开除的处分，并吊销有关医务人员的执业证书：

（一）违反本法规定实施约束、隔离等保护性医疗措施的；

（二）违反本法规定，强迫精神障碍患者劳动的；

（三）违反本法规定对精神障碍患者实施外科手术或者实验性临床医疗的；

（四）违反本法规定，侵害精神障碍患者的通讯和会见探访者等权利的；

（五）违反精神障碍诊断标准，将非精神障碍患者诊断为精神障碍患者的。

第七十六条 有下列情形之一的，由县级以上人民政府卫生行政部门、工商行政管理部门依据各自职责责令改正，给予警告，并处五千元以上一万元以下罚款，有违法所得的，没收违法所得；造成严重后果的，责令暂停六个月以上一年以下执业活动，直至吊销执业证书或者营业执照：

（一）心理咨询人员从事心理治疗或者精神障碍的诊断、治疗的；

（二）从事心理治疗的人员在医疗机构以外开展心理治疗活动的；

（三）专门从事心理治疗的人员从事精神障碍的诊断的；

（四）专门从事心理治疗的人员为精神障碍患者开具处方或者提供外科治疗的。

心理咨询人员、专门从事心理治疗的人员在心理咨询、心理治疗活动中造成他人人身、财产或者其他损害的，依法承担民事责任。

第七十七条 有关单位和个人违反本法第四条第三款规定，给精神障碍患者造成损害的，依法承担赔偿责任；对单位直接负责的主管人员和其他直接责任人员，还应当依法给予处分。

第七十八条 违反本法规定，有下列情形之一，给精神障碍患者或者其他公民造成人身、财产或者其他损害的，依法承担赔偿责任：

（一）将非精神障碍患者故意作为精神障碍患者送入医疗机构治疗的；

（二）精神障碍患者的监护人遗弃患者，或者有不履行监护职责的其他情形的；

（三）歧视、侮辱、虐待精神障碍患者，侵害患者的人格尊严、人身安全的；

（四）非法限制精神障碍患者人身自由的；

（五）其他侵害精神障碍患者合法权益的情形。

第七十九条 医疗机构出具的诊断结论表明精神障碍患者应当住院治疗而其监护人拒绝，致使患者造成他人人身、财产损害的，或者患者有其他造成他人人身、财产损害情形的，其监护人依法承担民事责任。

第八十条 在精神障碍的诊断、治疗、鉴定过程中，寻衅滋事，阻挠有关工作人员依照本法的规定履行职责，扰乱医疗机构、鉴定机构工作秩序的，依法给予治安管理处罚。

违反本法规定，有其他构成违反治安管理行为的，依法给予治安管理处罚。

第八十一条 违反本法规定，构成犯罪的，依法追究刑事责任。

第八十二条 精神障碍患者或者其监护人、近亲属认为行政机关、医疗机构或者其他有关单位和个人违反本法规定侵害患者合法权益的，可以依法提起诉讼。

第七章 附 则

第八十三条 本法所称精神障碍，是指由各种原因引起的感知、情感和思维等精神活动的紊乱或者异常，导致患者明显的心理痛苦或者社会适应等功能损害。

本法所称严重精神障碍，是指疾病症状严重，导致患者社会适应等功能严重损害、对自身健康状况或者客观现实不能完整认识，或者不能处理自身事务的精神障碍。

本法所称精神障碍患者的监护人，是指依照民法通则的有关规定可以担任监护人的人。

第八十四条 军队的精神卫生工作，由国务院和中央军事委员会依据本法制定管理办法。

第八十五条 本法自2013年5月1日起施行。

中华人民共和国进出口商品检验法

（1989年2月21日第七届全国人民代表大会常务委员会第六次会议通过 根据2002年4月28日第九届全国人民代表大会常务委员会第二十七次会议《关于修改〈中华人民共和国进出口商品检验法〉的决定》第一次修正 根据2013年6月29日第十二届全国人民代表大会常务委员会第三次会议《关于修改〈中华人民共和国文物保护法〉等十二部法律的决定》第二次修正 根据2018年4月27日第十三届全国人民代表大会常务委员会第二次会议《关于修改〈中华人民共和国国境卫生检疫法〉等六部法律的决定》第三次修正）

目 录

第一章 总 则

第一条 为了加强进出口商品检验工作，规范进出口商品检验行为，维护社会公共利益和进出口贸易有关各方的合法权益，促进对外经济贸易关系的顺利发展，制定本法。

第二条 国务院设立进出口商品检验部门（以下简称国家商检部门），主管全国进出口商品检验工作。国家商检部门设在各地的进出口商品检验机构（以下简称商检机构）管理所辖地区的进出口商品检验工作。

第三条 商检机构和经国家商检部门许可的检验机构，依法对进出口商品实施检验。

第四条 进出口商品检验应当根据保护人类健康和安全、保护动物或者植物的生命和健康、保护环境、防止欺诈行为、维护国家安全的原则，由国家商检部门制定、调整必须实施检验的进出口商品目录（以下简称目录）并公布实施。

第五条 列入目录的进出口商品，由商检机构实施检验。

前款规定的进口商品未经检验的，不准销售、使用；前款规定的出口商品未经检验合格的，不准出口。

本条第一款规定的进出口商品，其中符合国家规定的免予检验条件的，由收货人或者发货人申请，经国家商检部门审查批准，可以免予检验。

第六条 必须实施的进出口商品检验，是指确定列入目录的进出口商品是否符合国家技术规范的强制性要求的合格评定活动。

合格评定程序包括：抽样、检验和检查；评估、验证和合格保证；注册、认可和批准以及各项的组合。

第七条 列入目录的进出口商品，按照国家技术规范的强制性要求进行检验；尚未制定国家技术规范的强制性要求的，应当依法及时制定，未制定之前，可以参照国家商检部门指定的国外有关标准进行检验。

第八条 经国家商检部门许可的检验机构，可以接受对外贸易关系人或者外国检验机构的委托，办理进出口商品检验鉴定业务。

第九条 法律、行政法规规定由其他检验机构实施检验的进出口商品或者检验项目，依照有关法律、行政法规的规定办理。

第十条 国家商检部门和商检机构应当及时收集和向有关方面提供进出口商品检验方面的信息。

国家商检部门和商检机构的工作人员在履行进出口商品检验的职责中，对所知悉的商业秘密负有保密义务。

第二章 进口商品的检验

第十一条 本法规定必须经商检机构检验的进口商品的收货人或者其代理人，应当向报关地的商检机构报检。

第十二条 本法规定必须经商检机构检验的进口商品的收货人或者其代理人，应当在商检机构规定的地点和期限内，接受商检机构对进口商品的检验。商检机构应当在国家商检部门统一规定的期限内检验完毕，并出具检验证单。

第十三条 本法规定必须经商检机构检验的进口商品以外的进口商品的收货人，发现进口商品质量不合格或者残损短缺，需要由商检机构出证索赔的，应当向商检机构申请检验出证。

第十四条 对重要的进口商品和大型的成套设备，收货人应当依据对外贸易合同约定在出口国装运前进行预检验、监造或者监装，主管部门应当加强监督；商检机构根据需要可以派出检验人员参加。

第三章 出口商品的检验

第十五条 本法规定必须经商检机构检验的出口商品的发货人或者其代理人，应当在商检机构规定的地点和期限内，向商检机构报检。商检机构应当在国家商检部门统一规定的期限内检验完毕，并出具检验证单。

第十六条 经商检机构检验合格发给检验证单的出口商品，应当在商检机构规定的期限内报关出口；超过期限的，应当重新报检。

第十七条 为出口危险货物生产包装容器的企业，必须申请商检机构进行包装容器的性能鉴定。生产出口危险货物的企业，必须申请商检机构进行包装容器的使用鉴定。使用未经鉴定合格的包装容器的危险货物，不准出口。

第十八条 对装运出口易腐烂变质食品的船舱和集装箱，承运人或者装箱单位必须在装货前申请检验。未经检验合格的，不准装运。

第四章 监督管理

第十九条 商检机构对本法规定必须经商检机构检验的进出口商品以外的进出口商品，根据国家规定实施抽查检验。

国家商检部门可以公布抽查检验结果或者向有关部门通报抽查检验情况。

第二十条 商检机构根据便利对外贸易的需要，可以按照国家规定对列入目录的出口商品进行出厂前的质量监督管理和检验。

第二十一条 为进出口货物的收发货人办理报检手续的代理人办理报检手续时应当向商检机构提交授权委托书。

第二十二条 国家商检部门可以按照国家有关规定，通过考核，许可符合条件的国内外检验机构承担委托的进出口商品检验鉴定业务。

第二十三条 国家商检部门和商检机构依法对经国家商检部门许可的检验机构的进出口商品检验鉴定业务活动进行监督，可以对其检验的商品抽查检验。

第二十四条 国家商检部门根据国家统一的认证制度，对有关的进出口商品实施认证管理。

第二十五条 商检机构可以根据国家商检部门同外国有关机构签订的协议或者接受外国有关机构的委托进行进出口商品质量认证工作，准许在认证合格的进出口商品上使用质量认证标志。

第二十六条 商检机构依照本法对实施许可制度的进出口商品实行验证管理，查验单证，核对证货是否相符。

第二十七条 商检机构根据需要，对检验合格的进出口商品，可以加施商检标志或者封识。

第二十八条 进出口商品的报检人对商检机构作出的检验结果有异议的，可以向原商检机构或者其上级商检机构以至国家商检部门申请复验，由受理复验的商检机构或者国家商检部门及时作出复验结论。

第二十九条 当事人对商检机构、国家商检部门作出的复验结论不服或者对商检机构作出的处罚决定不服的，可以依法申请行政复议，也可以依法向人民法院提起诉讼。

第三十条 国家商检部门和商检机构履行职责，必须遵守法律，维护国家利益，依照法定职权和法定程序严格执法，接受监督。

国家商检部门和商检机构应当根据依法履行职责的需要，加强队伍建设，使商检工作人员具有良好的政治、业务素质。商检工作人员应当定期接受业务培训和考核，经考核合格，方可上岗执行职务。

商检工作人员必须忠于职守，文明服务，遵守职业道德，不得滥用职权，谋取私利。

第三十一条 国家商检部门和商检机构应当建立健全内部监督制度，对其工作人员的执法活动进行监督检查。

商检机构内部负责受理报检、检验、出证放行等主要岗位的职责权限应当明确，并相互分离、相互制约。

第三十二条 任何单位和个人均有权对国家商检部门、商检机构及其工作人员的违法、违纪行为进行控告、检举。收到控告、检举的机关应当依法按照职责分工及时查处，并为控告人、检举人保密。

第五章 法律责任

第三十三条 违反本法规定，将必须经商检机构检验的进口商品未报经检验而擅自销售或者使用的，或者将必须经商检机构检验的出口商品未报经检验合格而擅自出口的，由商检机构没收违法所得，并处货值金额百分之五以上百分之二十以下的罚款；构成犯罪的，依法追究刑事责任。

第三十四条 违反本法规定，未经国家商检部门许可，擅自从事进出口商品检验鉴定业务的，由商检机构责令停止非法经营，没收违法所得，并处违法所得一倍以上三倍以下的罚款。

第三十五条 进口或者出口属于掺杂掺假、以假充真、以次充好的商品或者以不合格进出口商品冒充合格进出口商品的，由商检机构责令停止进口或者出口，没收违法所得，并处货值金额百分之五十以上三倍以下的罚款；构成犯罪的，依法追究刑事责任。

第三十六条 伪造、变造、买卖或者盗窃商检单证、印章、标志、封识、质量认证标志的，依法追究刑事责任；尚不够刑事处罚的，由商检机构责令改正，没收违法所得，并处货值金额等值以下的罚款。

第三十七条 国家商检部门、商检机构的工作人员违反本法规定，泄露所知悉的商业秘密的，依法给予行政处分，有违法所得的，没收违法所得；构成犯罪的，依法追究刑事责任。

第三十八条 国家商检部门、商检机构的工作人员滥用职权，故意刁难的，徇私舞弊，伪造检验结果的，或者玩忽职守，延误检验出证的，依法给予行政处分；构成犯罪的，依法追究刑事责任。

第六章　附　　则

第三十九条 商检机构和其他检验机构依照本法的规定实施检验和办理检验鉴定业务，依照国家有关规定收取费用。

第四十条 国务院根据本法制定实施条例。

第四十一条 本法自 1989 年 8 月 1 日起施行。

中华人民共和国国家情报法

（2017年6月27日第十二届全国人民代表大会常务委员会第二十八次会议通过　根据2018年4月27日第十三届全国人民代表大会常务委员会第二次会议《关于修改〈中华人民共和国国境卫生检疫法〉等六部法律的决定》修正）

目　　录

第一章　总　　则

第一条　为了加强和保障国家情报工作，维护国家安全和利益，根据宪法，制定本法。

第二条　国家情报工作坚持总体国家安全观，为国家重大决策提供情报参考，为防范和化解危害国家安全的风险提供情报支持，维护国家政权、主权、统一和领土完整、人民福祉、经济社会可持续发展和国家其他重大利益。

第三条　国家建立健全集中统一、分工协作、科学高效的国家情报体制。

中央国家安全领导机构对国家情报工作实行统一领导，制定国家情报工作方针政策，规划国家情报工作整体发展，建立健全国家情报工作协调机制，统筹协调各领域国家情报工作，研究决定国家情报工作中的重大事项。

中央军事委员会统一领导和组织军队情报工作。

第四条　国家情报工作坚持公开工作与秘密工作相结合、专门工作与群众路线相结合、分工负责与协作配合相结合的原则。

第五条　国家安全机关和公安机关情报机构、军队情报机构（以下统称国家情报工作机构）按照职责分工，相互配合，做好情报工作、开展情报行动。

各有关国家机关应当根据各自职能和任务分工，与国家情报工作机构密切配合。

第六条 国家情报工作机构及其工作人员应当忠于国家和人民，遵守宪法和法律，忠于职守，纪律严明，清正廉洁，无私奉献，坚决维护国家安全和利益。

第七条 任何组织和公民都应当依法支持、协助和配合国家情报工作，保守所知悉的国家情报工作秘密。

国家对支持、协助和配合国家情报工作的个人和组织给予保护。

第八条 国家情报工作应当依法进行，尊重和保障人权，维护个人和组织的合法权益。

第九条 国家对在国家情报工作中作出重大贡献的个人和组织给予表彰和奖励。

第二章 国家情报工作机构职权

第十条 国家情报工作机构根据工作需要，依法使用必要的方式、手段和渠道，在境内外开展情报工作。

第十一条 国家情报工作机构应当依法搜集和处理境外机构、组织、个人实施或者指使、资助他人实施的，或者境内外机构、组织、个人相勾结实施的危害中华人民共和国国家安全和利益行为的相关情报，为防范、制止和惩治上述行为提供情报依据或者参考。

第十二条 国家情报工作机构可以按照国家有关规定，与有关个人和组织建立合作关系，委托开展相关工作。

第十三条 国家情报工作机构可以按照国家有关规定，开展对外交流与合作。

第十四条 国家情报工作机构依法开展情报工作，可以要求有关机关、组织和公民提供必要的支持、协助和配合。

第十五条 国家情报工作机构根据工作需要，按照国家有关规定，经过严格的批准手续，可以采取技术侦察措施和身份保护措施。

第十六条 国家情报工作机构工作人员依法执行任务时，按照国家有关规定，经过批准，出示相应证件，可以进入限制进入的有关区域、场所，可以向有关机关、组织和个人了解、询问有关情况，可以查阅或者调取有关的档案、资料、物品。

第十七条 国家情报工作机构工作人员因执行紧急任务需要，经出示相应证件，可以享受通行便利。

国家情报工作机构工作人员根据工作需要，按照国家有关规定，可以优先使用或者依法征用有关机关、组织和个人的交通工具、通信工具、场地和建筑物，必要时，可以设置相关工作场所和设备、设施，任务完成后应当及时归还或者恢复原状，并依照规定支付相应费用；造成损失的，应当补偿。

第十八条 国家情报工作机构根据工作需要，按照国家有关规定，可以提请海关、出入境边防检查等机关提供免检等便利。

第十九条 国家情报工作机构及其工作人员应当严格依法办事，不得超越职权、滥用职权，不得侵犯公民和组织的合法权益，不得利用职务便利为自己或者他人谋取私利，不得泄露国家秘密、商业秘密和个人信息。

第三章 国家情报工作保障

第二十条 国家情报工作机构及其工作人员依法开展情报工作，受法律保护。

第二十一条 国家加强国家情报工作机构建设，对其机构设置、人员、编制、经费、资产实行特殊管理，给予特殊保障。

国家建立适应情报工作需要的人员录用、选调、考核、培训、待遇、退出等管理制度。

第二十二条 国家情报工作机构应当适应情报工作需要，提高开展情报工作的能力。

国家情报工作机构应当运用科学技术手段，提高对情报信息的鉴别、筛选、综合和研判分析水平。

第二十三条 国家情报工作机构工作人员因执行任务，或者与国家情报工作机构建立合作关系的人员因协助国家情报工作，其本人或者近亲属人身安全受到威胁时，国家有关部门应当采取必要措施，予以保护、营救。

第二十四条 对为国家情报工作作出贡献并需要安置的人员，国家给予妥善安置。

公安、民政、财政、卫生、教育、人力资源社会保障、退役军人事务、医疗保障等有关部门以及国有企业事业单位应当协助国家情报工作机构做好安置工作。

第二十五条 对因开展国家情报工作或者支持、协助和配合国家情报工作导致伤残或者牺牲、死亡的人员，按照国家有关规定给予相应的抚恤优待。

个人和组织因支持、协助和配合国家情报工作导致财产损失的，按照国家有关规定给予补偿。

第二十六条 国家情报工作机构应当建立健全严格的监督和安全审查制

度，对其工作人员遵守法律和纪律等情况进行监督，并依法采取必要措施，定期或者不定期进行安全审查。

第二十七条 任何个人和组织对国家情报工作机构及其工作人员超越职权、滥用职权和其他违法违纪行为，有权检举、控告。受理检举、控告的有关机关应当及时查处，并将查处结果告知检举人、控告人。

对依法检举、控告国家情报工作机构及其工作人员的个人和组织，任何个人和组织不得压制和打击报复。

国家情报工作机构应当为个人和组织检举、控告、反映情况提供便利渠道，并为检举人、控告人保密。

第四章 法律责任

第二十八条 违反本法规定，阻碍国家情报工作机构及其工作人员依法开展情报工作的，由国家情报工作机构建议相关单位给予处分或者由国家安全机关、公安机关处警告或者十五日以下拘留；构成犯罪的，依法追究刑事责任。

第二十九条 泄露与国家情报工作有关的国家秘密的，由国家情报工作机构建议相关单位给予处分或者由国家安全机关、公安机关处警告或者十五日以下拘留；构成犯罪的，依法追究刑事责任。

第三十条 冒充国家情报工作机构工作人员或者其他相关人员实施招摇撞骗、诈骗、敲诈勒索等行为的，依照《中华人民共和国治安管理处罚法》的规定处罚；构成犯罪的，依法追究刑事责任。

第三十一条 国家情报工作机构及其工作人员有超越职权、滥用职权，侵犯公民和组织的合法权益，利用职务便利为自己或者他人谋取私利，泄露国家秘密、商业秘密和个人信息等违法违纪行为的，依法给予处分；构成犯罪的，依法追究刑事责任。

第五章 附 则

第三十二条 本法自 2017 年 6 月 28 日起施行。

中华人民共和国反恐怖主义法

（2015 年 12 月 27 日第十二届全国人民代表大会常务委员会第十八次会议通过　根据 2018 年 4 月 27 日第十三届全国人民代表大会常务委员会第二次会议《关于修改〈中华人民共和国国境卫生检疫法〉等六部法律的决定》修正）

目　　录

第一章　总　　则

第一条　为了防范和惩治恐怖活动，加强反恐怖主义工作，维护国家安全、公共安全和人民生命财产安全，根据宪法，制定本法。

第二条　国家反对一切形式的恐怖主义，依法取缔恐怖活动组织，对任何组织、策划、准备实施、实施恐怖活动，宣扬恐怖主义，煽动实施恐怖活动，组织、领导、参加恐怖活动组织，为恐怖活动提供帮助的，依法追究法律责任。

国家不向任何恐怖活动组织和人员作出妥协，不向任何恐怖活动人员提供庇护或者给予难民地位。

第三条　本法所称恐怖主义，是指通过暴力、破坏、恐吓等手段，制造社会恐慌、危害公共安全、侵犯人身财产，或者胁迫国家机关、国际组织，以实现其政治、意识形态等目的的主张和行为。

本法所称恐怖活动，是指恐怖主义性质的下列行为：

（一）组织、策划、准备实施、实施造成或者意图造成人员伤亡、重大财产损失、公共设施损坏、社会秩序混乱等严重社会危害的活动的；

（二）宣扬恐怖主义，煽动实施恐怖活动，或者非法持有宣扬恐怖主义的物品，强制他人在公共场所穿戴宣扬恐怖主义的服饰、标志的；

（三）组织、领导、参加恐怖活动组织的；

（四）为恐怖活动组织、恐怖活动人员、实施恐怖活动或者恐怖活动培训提供信息、资金、物资、劳务、技术、场所等支持、协助、便利的；

（五）其他恐怖活动。

本法所称恐怖活动组织，是指三人以上为实施恐怖活动而组成的犯罪组织。

本法所称恐怖活动人员，是指实施恐怖活动的人和恐怖活动组织的成员。

本法所称恐怖事件，是指正在发生或者已经发生的造成或者可能造成重大社会危害的恐怖活动。

第四条 国家将反恐怖主义纳入国家安全战略，综合施策，标本兼治，加强反恐怖主义的能力建设，运用政治、经济、法律、文化、教育、外交、军事等手段，开展反恐怖主义工作。

国家反对一切形式的以歪曲宗教教义或者其他方法煽动仇恨、煽动歧视、鼓吹暴力等极端主义，消除恐怖主义的思想基础。

第五条 反恐怖主义工作坚持专门工作与群众路线相结合，防范为主、惩防结合和先发制敌、保持主动的原则。

第六条 反恐怖主义工作应当依法进行，尊重和保障人权，维护公民和组织的合法权益。

在反恐怖主义工作中，应当尊重公民的宗教信仰自由和民族风俗习惯，禁止任何基于地域、民族、宗教等理由的歧视性做法。

第七条 国家设立反恐怖主义工作领导机构，统一领导和指挥全国反恐怖主义工作。

设区的市级以上地方人民政府设立反恐怖主义工作领导机构，县级人民政府根据需要设立反恐怖主义工作领导机构，在上级反恐怖主义工作领导机构的领导和指挥下，负责本地区反恐怖主义工作。

第八条 公安机关、国家安全机关和人民检察院、人民法院、司法行政机关以及其他有关国家机关，应当根据分工，实行工作责任制，依法做好反恐怖主义工作。

中国人民解放军、中国人民武装警察部队和民兵组织依照本法和其他有关法律、行政法规、军事法规以及国务院、中央军事委员会的命令，并根据反恐怖主义工作领导机构的部署，防范和处置恐怖活动。

有关部门应当建立联动配合机制，依靠、动员村民委员会、居民委员会、企业事业单位、社会组织，共同开展反恐怖主义工作。

第九条 任何单位和个人都有协助、配合有关部门开展反恐怖主义工作的义务，发现恐怖活动嫌疑或者恐怖活动嫌疑人员的，应当及时向公安机关或者有关部门报告。

第十条 对举报恐怖活动或者协助防范、制止恐怖活动有突出贡献的单位和个人，以及在反恐怖主义工作中作出其他突出贡献的单位和个人，按照国家有关规定给予表彰、奖励。

第十一条 对在中华人民共和国领域外对中华人民共和国国家、公民或者机构实施的恐怖活动犯罪，或者实施的中华人民共和国缔结、参加的国际条约所规定的恐怖活动犯罪，中华人民共和国行使刑事管辖权，依法追究刑事责任。

第二章 恐怖活动组织和人员的认定

第十二条 国家反恐怖主义工作领导机构根据本法第三条的规定，认定恐怖活动组织和人员，由国家反恐怖主义工作领导机构的办事机构予以公告。

第十三条 国务院公安部门、国家安全部门、外交部门和省级反恐怖主义工作领导机构对于需要认定恐怖活动组织和人员的，应当向国家反恐怖主义工作领导机构提出申请。

第十四条 金融机构和特定非金融机构对国家反恐怖主义工作领导机构的办事机构公告的恐怖活动组织和人员的资金或者其他资产，应当立即予以冻结，并按照规定及时向国务院公安部门、国家安全部门和反洗钱行政主管部门报告。

第十五条 被认定的恐怖活动组织和人员对认定不服的，可以通过国家反恐怖主义工作领导机构的办事机构申请复核。国家反恐怖主义工作领导机构应当及时进行复核，作出维持或者撤销认定的决定。复核决定为最终决定。

国家反恐怖主义工作领导机构作出撤销认定的决定的，由国家反恐怖主义工作领导机构的办事机构予以公告；资金、资产已被冻结的，应当解除冻结。

第十六条 根据刑事诉讼法的规定，有管辖权的中级以上人民法院在审判刑事案件的过程中，可以依法认定恐怖活动组织和人员。对于在判决生效后需要由国家反恐怖主义工作领导机构的办事机构予以公告的，适用本章的有关规定。

第三章 安全防范

第十七条 各级人民政府和有关部门应当组织开展反恐怖主义宣传教育，提高公民的反恐怖主义意识。

教育、人力资源行政主管部门和学校、有关职业培训机构应当将恐怖活动预防、应急知识纳入教育、教学、培训的内容。

新闻、广播、电视、文化、宗教、互联网等有关单位，应当有针对性地面向社会进行反恐怖主义宣传教育。

村民委员会、居民委员会应当协助人民政府以及有关部门，加强反恐怖主义宣传教育。

第十八条 电信业务经营者、互联网服务提供者应当为公安机关、国家安全机关依法进行防范、调查恐怖活动提供技术接口和解密等技术支持和协助。

第十九条 电信业务经营者、互联网服务提供者应当依照法律、行政法规规定，落实网络安全、信息内容监督制度和安全技术防范措施，防止含有恐怖主义、极端主义内容的信息传播；发现含有恐怖主义、极端主义内容的信息的，应当立即停止传输，保存相关记录，删除相关信息，并向公安机关或者有关部门报告。

网信、电信、公安、国家安全等主管部门对含有恐怖主义、极端主义内容的信息，应当按照职责分工，及时责令有关单位停止传输、删除相关信息，或者关闭相关网站、关停相关服务。有关单位应当立即执行，并保存相关记录，协助进行调查。对互联网上跨境传输的含有恐怖主义、极端主义内容的信息，电信主管部门应当采取技术措施，阻断传播。

第二十条 铁路、公路、水上、航空的货运和邮政、快递等物流运营单位应当实行安全查验制度，对客户身份进行查验，依照规定对运输、寄递物品进行安全检查或者开封验视。对禁止运输、寄递，存在重大安全隐患，或者客户拒绝安全查验的物品，不得运输、寄递。

前款规定的物流运营单位，应当实行运输、寄递客户身份、物品信息登记制度。

第二十一条 电信、互联网、金融、住宿、长途客运、机动车租赁等业务经营者、服务提供者，应当对客户身份进行查验。对身份不明或者拒绝身份查验的，不得提供服务。

第二十二条 生产和进口单位应当依照规定对枪支等武器、弹药、管制器具、危险化学品、民用爆炸物品、核与放射物品作出电子追踪标识，对民用爆炸物品添加安检示踪标识物。

运输单位应当依照规定对运营中的危险化学品、民用爆炸物品、核与放射物品的运输工具通过定位系统实行监控。

有关单位应当依照规定对传染病病原体等物质实行严格的监督管理，严密防范传染病病原体等物质扩散或者流入非法渠道。

对管制器具、危险化学品、民用爆炸物品，国务院有关主管部门或者省级人民政府根据需要，在特定区域、特定时间，可以决定对生产、进出口、运输、销售、使用、报废实施管制，可以禁止使用现金、实物进行交易或者对交易活动作出其他限制。

第二十三条 发生枪支等武器、弹药、危险化学品、民用爆炸物品、核与放射物品、传染病病原体等物质被盗、被抢、丢失或者其他流失的情形，案发单位应当立即采取必要的控制措施，并立即向公安机关报告，同时依照规定向有关主管部门报告。公安机关接到报告后，应当及时开展调查。有关主管部门应当配合公安机关开展工作。

任何单位和个人不得非法制作、生产、储存、运输、进出口、销售、提供、购买、使用、持有、报废、销毁前款规定的物品。公安机关发现的，应当予以扣押；其他主管部门发现的，应当予以扣押，并立即通报公安机关；其他单位、个人发现的，应当立即向公安机关报告。

第二十四条 国务院反洗钱行政主管部门、国务院有关部门、机构依法对金融机构和特定非金融机构履行反恐怖主义融资义务的情况进行监督管理。

国务院反洗钱行政主管部门发现涉嫌恐怖主义融资的，可以依法进行调查，采取临时冻结措施。

第二十五条 审计、财政、税务等部门在依照法律、行政法规的规定对有关单位实施监督检查的过程中，发现资金流入流出涉嫌恐怖主义融资的，应当及时通报公安机关。

第二十六条 海关在对进出境人员携带现金和无记名有价证券实施监管的过程中，发现涉嫌恐怖主义融资的，应当立即通报国务院反洗钱行政主管部门和有管辖权的公安机关。

第二十七条 地方各级人民政府制定、组织实施城乡规划，应当符合反恐怖主义工作的需要。

地方各级人民政府应当根据需要，组织、督促有关建设单位在主要道路、交通枢纽、城市公共区域的重点部位，配备、安装公共安全视频图像信息系统等防范恐怖袭击的技防、物防设备、设施。

第二十八条 公安机关和有关部门对宣扬极端主义，利用极端主义危害公共安全、扰乱公共秩序、侵犯人身财产、妨害社会管理的，应当及时予以制止，依法追究法律责任。

公安机关发现极端主义活动的，应当责令立即停止，将有关人员强行带离现场并登记身份信息，对有关物品、资料予以收缴，对非法活动场所予以查封。

任何单位和个人发现宣扬极端主义的物品、资料、信息的，应当立即向公安机关报告。

第二十九条 对被教唆、胁迫、引诱参与恐怖活动、极端主义活动，或者参与恐怖活动、极端主义活动情节轻微，尚不构成犯罪的人员，公安机关应当组织有关部门、村民委员会、居民委员会、所在单位、就读学校、家庭和监护人对其进行帮教。

监狱、看守所、社区矫正机构应当加强对服刑的恐怖活动罪犯和极端主义罪犯的管理、教育、矫正等工作。监狱、看守所对恐怖活动罪犯和极端主义罪犯，根据教育改造和维护监管秩序的需要，可以与普通刑事罪犯混合关押，也可以个别关押。

第三十条 对恐怖活动罪犯和极端主义罪犯被判处徒刑以上刑罚的，监狱、看守所应当在刑满释放前根据其犯罪性质、情节和社会危害程度，服刑期间的表现，释放后对所居住社区的影响等进行社会危险性评估。进行社会危险性评估，应当听取有关基层组织和原办案机关的意见。经评估具有社会危险性的，监狱、看守所应当向罪犯服刑地的中级人民法院提出安置教育建议，并将建议书副本抄送同级人民检察院。

罪犯服刑地的中级人民法院对于确有社会危险性的，应当在罪犯刑满释放前作出责令其在刑满释放后接受安置教育的决定。决定书副本应当抄送同级人民检察院。被决定安置教育的人员对决定不服的，可以向上一级人民法院申请复议。

安置教育由省级人民政府组织实施。安置教育机构应当每年对被安置教育人员进行评估，对于确有悔改表现，不致再危害社会的，应当及时提出解除安置教育的意见，报决定安置教育的中级人民法院作出决定。被安置教育人员有权申请解除安置教育。

人民检察院对安置教育的决定和执行实行监督。

第三十一条 公安机关应当会同有关部门，将遭受恐怖袭击的可能性较大以及遭受恐怖袭击可能造成重大的人身伤亡、财产损失或者社会影响的单位、场所、活动、设施等确定为防范恐怖袭击的重点目标，报本级反恐怖主义工作领导机构备案。

第三十二条 重点目标的管理单位应当履行下列职责：

（一）制定防范和应对处置恐怖活动的预案、措施，定期进行培训和演练；

（二）建立反恐怖主义工作专项经费保障制度，配备、更新防范和处置设备、设施；

（三）指定相关机构或者落实责任人员，明确岗位职责；

（四）实行风险评估，实时监测安全威胁，完善内部安全管理；

（五）定期向公安机关和有关部门报告防范措施落实情况。

重点目标的管理单位应当根据城乡规划、相关标准和实际需要，对重点目标同步设计、同步建设、同步运行符合本法第二十七条规定的技防、物防设备、设施。

重点目标的管理单位应当建立公共安全视频图像信息系统值班监看、信息保存使用、运行维护等管理制度，保障相关系统正常运行。采集的视频图像信息保存期限不得少于九十日。

对重点目标以外的涉及公共安全的其他单位、场所、活动、设施，其主管部门和管理单位应当依照法律、行政法规规定，建立健全安全管理制度，落实安全责任。

第三十三条 重点目标的管理单位应当对重要岗位人员进行安全背景审查。对有不适合情形的人员，应当调整工作岗位，并将有关情况通报公安机关。

第三十四条 大型活动承办单位以及重点目标的管理单位应当依照规定，对进入大型活动场所、机场、火车站、码头、城市轨道交通站、公路长途客运站、口岸等重点目标的人员、物品和交通工具进行安全检查。发现违禁品和管制物品，应当予以扣留并立即向公安机关报告；发现涉嫌违法犯罪人员，应当立即向公安机关报告。

第三十五条 对航空器、列车、船舶、城市轨道车辆、公共电汽车等公共交通运输工具，营运单位应当依照规定配备安保人员和相应设备、设施，加强安全检查和保卫工作。

第三十六条 公安机关和有关部门应当掌握重点目标的基础信息和重要动态，指导、监督重点目标的管理单位履行防范恐怖袭击的各项职责。

公安机关、中国人民武装警察部队应当依照有关规定对重点目标进行警戒、巡逻、检查。

第三十七条 飞行管制、民用航空、公安等主管部门应当按照职责分工，加强空域、航空器和飞行活动管理，严密防范针对航空器或者利用飞行活动实施的恐怖活动。

第三十八条 各级人民政府和军事机关应当在重点国（边）境地段和口岸

设置拦阻隔离网、视频图像采集和防越境报警设施。

公安机关和中国人民解放军应当严密组织国(边)境巡逻,依照规定对抵离国(边)境前沿、进出国(边)境管理区和国(边)境通道、口岸的人员、交通运输工具、物品,以及沿海沿边地区的船舶进行查验。

第三十九条 出入境证件签发机关、出入境边防检查机关对恐怖活动人员和恐怖活动嫌疑人员,有权决定不准其出境入境、不予签发出境入境证件或者宣布其出境入境证件作废。

第四十条 海关、出入境边防检查机关发现恐怖活动嫌疑人员或者涉嫌恐怖活动物品的,应当依法扣留,并立即移送公安机关或者国家安全机关。

第四十一条 国务院外交、公安、国家安全、发展改革、工业和信息化、商务、旅游等主管部门应当建立境外投资合作、旅游等安全风险评估制度,对中国在境外的公民以及驻外机构、设施、财产加强安全保护,防范和应对恐怖袭击。

第四十二条 驻外机构应当建立健全安全防范制度和应对处置预案,加强对有关人员、设施、财产的安全保护。

第四章 情报信息

第四十三条 国家反恐怖主义工作领导机构建立国家反恐怖主义情报中心,实行跨部门、跨地区情报信息工作机制,统筹反恐怖主义情报信息工作。

有关部门应当加强反恐怖主义情报信息搜集工作,对搜集的有关线索、人员、行动类情报信息,应当依照规定及时统一归口报送国家反恐怖主义情报中心。

地方反恐怖主义工作领导机构应当建立跨部门情报信息工作机制,组织开展反恐怖主义情报信息工作,对重要的情报信息,应当及时向上级反恐怖主义工作领导机构报告,对涉及其他地方的紧急情报信息,应当及时通报相关地方。

第四十四条 公安机关、国家安全机关和有关部门应当依靠群众,加强基层基础工作,建立基层情报信息工作力量,提高反恐怖主义情报信息工作能力。

第四十五条 公安机关、国家安全机关、军事机关在其职责范围内,因反恐怖主义情报信息工作的需要,根据国家有关规定,经过严格的批准手续,可以采取技术侦察措施。

依照前款规定获取的材料,只能用于反恐怖主义应对处置和对恐怖活动犯罪、极端主义犯罪的侦查、起诉和审判,不得用于其他用途。

第四十六条 有关部门对于在本法第三章规定的安全防范工作中获取的信息,应当根据国家反恐怖主义情报中心的要求,及时提供。

第四十七条 国家反恐怖主义情报中心、地方反恐怖主义工作领导机构以及公安机关等有关部门应当对有关情报信息进行筛查、研判、核查、监控,认为有发生恐怖事件危险,需要采取相应的安全防范、应对处置措施的,应当及时通报有关部门和单位,并可以根据情况发出预警。有关部门和单位应当根据通报做好安全防范、应对处置工作。

第四十八条 反恐怖主义工作领导机构、有关部门和单位、个人应当对履行反恐怖主义工作职责、义务过程中知悉的国家秘密、商业秘密和个人隐私予以保密。

违反规定泄露国家秘密、商业秘密和个人隐私的,依法追究法律责任。

第五章 调 查

第四十九条 公安机关接到恐怖活动嫌疑的报告或者发现恐怖活动嫌疑,需要调查核实的,应当迅速进行调查。

第五十条 公安机关调查恐怖活动嫌疑,可以依照有关法律规定对嫌疑人员进行盘问、检查、传唤,可以提取或者采集肖像、指纹、虹膜图像等人体生物识别信息和血液、尿液、脱落细胞等生物样本,并留存其签名。

公安机关调查恐怖活动嫌疑,可以通知了解有关情况的人员到公安机关或者其他地点接受询问。

第五十一条 公安机关调查恐怖活动嫌疑,有权向有关单位和个人收集、调取相关信息和材料。有关单位和个人应当如实提供。

第五十二条 公安机关调查恐怖活动嫌疑,经县级以上公安机关负责人批准,可以查询嫌疑人员的存款、汇款、债券、股票、基金份额等财产,可以采取查封、扣押、冻结措施。查封、扣押、冻结的期限不得超过二个月,情况复杂的,可以经上一级公安机关负责人批准延长一个月。

第五十三条 公安机关调查恐怖活动嫌疑,经县级以上公安机关负责人批准,可以根据其危险程度,责令恐怖活动嫌疑人员遵守下列一项或者多项约束措施:

(一)未经公安机关批准不得离开所居住的市、县或者指定的处所;

(二)不得参加大型群众性活动或者从事特定的活动;

(三)未经公安机关批准不得乘坐公共交通工具或者进入特定的场所;

（四）不得与特定的人员会见或者通信；

（五）定期向公安机关报告活动情况；

（六）将护照等出入境证件、身份证件、驾驶证件交公安机关保存。

公安机关可以采取电子监控、不定期检查等方式对其遵守约束措施的情况进行监督。

采取前两款规定的约束措施的期限不得超过三个月。对不需要继续采取约束措施的，应当及时解除。

第五十四条 公安机关经调查，发现犯罪事实或者犯罪嫌疑人的，应当依照刑事诉讼法的规定立案侦查。本章规定的有关期限届满，公安机关未立案侦查的，应当解除有关措施。

第六章 应对处置

第五十五条 国家建立健全恐怖事件应对处置预案体系。

国家反恐怖主义工作领导机构应当针对恐怖事件的规律、特点和可能造成的社会危害，分级、分类制定国家应对处置预案，具体规定恐怖事件应对处置的组织指挥体系和恐怖事件安全防范、应对处置程序以及事后社会秩序恢复等内容。

有关部门、地方反恐怖主义工作领导机构应当制定相应的应对处置预案。

第五十六条 应对处置恐怖事件，各级反恐怖主义工作领导机构应当成立由有关部门参加的指挥机构，实行指挥长负责制。反恐怖主义工作领导机构负责人可以担任指挥长，也可以确定公安机关负责人或者反恐怖主义工作领导机构的其他成员单位负责人担任指挥长。

跨省、自治区、直辖市发生的恐怖事件或者特别重大恐怖事件的应对处置，由国家反恐怖主义工作领导机构负责指挥；在省、自治区、直辖市范围内发生的涉及多个行政区域的恐怖事件或者重大恐怖事件的应对处置，由省级反恐怖主义工作领导机构负责指挥。

第五十七条 恐怖事件发生后，发生地反恐怖主义工作领导机构应当立即启动恐怖事件应对处置预案，确定指挥长。有关部门和中国人民解放军、中国人民武装警察部队、民兵组织，按照反恐怖主义工作领导机构和指挥长的统一领导、指挥，协同开展打击、控制、救援、救护等现场应对处置工作。

上级反恐怖主义工作领导机构可以对应对处置工作进行指导，必要时调动有关反恐怖主义力量进行支援。

需要进入紧急状态的，由全国人民代表大会常务委员会或者国务院依照宪法和其他有关法律规定的权限和程序决定。

第五十八条 发现恐怖事件或者疑似恐怖事件后,公安机关应当立即进行处置,并向反恐怖主义工作领导机构报告;中国人民解放军、中国人民武装警察部队发现正在实施恐怖活动的,应当立即予以控制并将案件及时移交公安机关。

反恐怖主义工作领导机构尚未确定指挥长的,由在场处置的公安机关职级最高的人员担任现场指挥员。公安机关未能到达现场的,由在场处置的中国人民解放军或者中国人民武装警察部队职级最高的人员担任现场指挥员。现场应对处置人员无论是否属于同一单位、系统,均应当服从现场指挥员的指挥。

指挥长确定后,现场指挥员应当向其请示、报告工作或者有关情况。

第五十九条 中华人民共和国在境外的机构、人员、重要设施遭受或者可能遭受恐怖袭击的,国务院外交、公安、国家安全、商务、金融、国有资产监督管理、旅游、交通运输等主管部门应当及时启动应对处置预案。国务院外交部门应当协调有关国家采取相应措施。

中华人民共和国在境外的机构、人员、重要设施遭受严重恐怖袭击后,经与有关国家协商同意,国家反恐怖主义工作领导机构可以组织外交、公安、国家安全等部门派出工作人员赴境外开展应对处置工作。

第六十条 应对处置恐怖事件,应当优先保护直接受到恐怖活动危害、威胁人员的人身安全。

第六十一条 恐怖事件发生后,负责应对处置的反恐怖主义工作领导机构可以决定由有关部门和单位采取下列一项或者多项应对处置措施:

(一)组织营救和救治受害人员,疏散、撤离并妥善安置受到威胁的人员以及采取其他救助措施;

(二)封锁现场和周边道路,查验现场人员的身份证件,在有关场所附近设置临时警戒线;

(三)在特定区域内实施空域、海(水)域管制,对特定区域内的交通运输工具进行检查;

(四)在特定区域内实施互联网、无线电、通讯管制;

(五)在特定区域内或者针对特定人员实施出境入境管制;

(六)禁止或者限制使用有关设备、设施,关闭或者限制使用有关场所,中止人员密集的活动或者可能导致危害扩大的生产经营活动;

(七)抢修被损坏的交通、电信、互联网、广播电视、供水、排水、供电、供气、供热等公共设施;

（八）组织志愿人员参加反恐怖主义救援工作，要求具有特定专长的人员提供服务；

（九）其他必要的应对处置措施。

采取前款第三项至第五项规定的应对处置措施，由省级以上反恐怖主义工作领导机构决定或者批准；采取前款第六项规定的应对处置措施，由设区的市级以上反恐怖主义工作领导机构决定。应对处置措施应当明确适用的时间和空间范围，并向社会公布。

第六十二条　人民警察、人民武装警察以及其他依法配备、携带武器的应对处置人员，对在现场持枪支、刀具等凶器或者使用其他危险方法，正在或者准备实施暴力行为的人员，经警告无效的，可以使用武器；紧急情况下或者警告后可能导致更为严重危害后果的，可以直接使用武器。

第六十三条　恐怖事件发生、发展和应对处置信息，由恐怖事件发生地的省级反恐怖主义工作领导机构统一发布；跨省、自治区、直辖市发生的恐怖事件，由指定的省级反恐怖主义工作领导机构统一发布。

任何单位和个人不得编造、传播虚假恐怖事件信息；不得报道、传播可能引起模仿的恐怖活动的实施细节；不得发布恐怖事件中残忍、不人道的场景；在恐怖事件的应对处置过程中，除新闻媒体经负责发布信息的反恐怖主义工作领导机构批准外，不得报道、传播现场应对处置的工作人员、人质身份信息和应对处置行动情况。

第六十四条　恐怖事件应对处置结束后，各级人民政府应当组织有关部门帮助受影响的单位和个人尽快恢复生活、生产，稳定受影响地区的社会秩序和公众情绪。

第六十五条　当地人民政府应当及时给予恐怖事件受害人员及其近亲属适当的救助，并向失去基本生活条件的受害人员及其近亲属及时提供基本生活保障。卫生、医疗保障等主管部门应当为恐怖事件受害人员及其近亲属提供心理、医疗等方面的援助。

第六十六条　公安机关应当及时对恐怖事件立案侦查，查明事件发生的原因、经过和结果，依法追究恐怖活动组织、人员的刑事责任。

第六十七条　反恐怖主义工作领导机构应当对恐怖事件的发生和应对处置工作进行全面分析、总结评估，提出防范和应对处置改进措施，向上一级反恐怖主义工作领导机构报告。

第七章　国际合作

第六十八条　中华人民共和国根据缔结或者参加的国际条约，或者按照平等互惠原则，与其他国家、地区、国际组织开展反恐怖主义合作。

第六十九条 国务院有关部门根据国务院授权，代表中国政府与外国政府和有关国际组织开展反恐怖主义政策对话、情报信息交流、执法合作和国际资金监管合作。

在不违背我国法律的前提下，边境地区的县级以上地方人民政府及其主管部门，经国务院或者中央有关部门批准，可以与相邻国家或者地区开展反恐怖主义情报信息交流、执法合作和国际资金监管合作。

第七十条 涉及恐怖活动犯罪的刑事司法协助、引渡和被判刑人移管，依照有关法律规定执行。

第七十一条 经与有关国家达成协议，并报国务院批准，国务院公安部门、国家安全部门可以派员出境执行反恐怖主义任务。

中国人民解放军、中国人民武装警察部队派员出境执行反恐怖主义任务，由中央军事委员会批准。

第七十二条 通过反恐怖主义国际合作取得的材料可以在行政处罚、刑事诉讼中作为证据使用，但我方承诺不作为证据使用的除外。

第八章 保障措施

第七十三条 国务院和县级以上地方各级人民政府应当按照事权划分，将反恐怖主义工作经费分别列入同级财政预算。

国家对反恐怖主义重点地区给予必要的经费支持，对应对处置大规模恐怖事件给予经费保障。

第七十四条 公安机关、国家安全机关和有关部门，以及中国人民解放军、中国人民武装警察部队，应当依照法律规定的职责，建立反恐怖主义专业力量，加强专业训练，配备必要的反恐怖主义专业设备、设施。

县级、乡级人民政府根据需要，指导有关单位、村民委员会、居民委员会建立反恐怖主义工作力量、志愿者队伍，协助、配合有关部门开展反恐怖主义工作。

第七十五条 对因履行反恐怖主义工作职责或者协助、配合有关部门开展反恐怖主义工作导致伤残或者死亡的人员，按照国家有关规定给予相应的待遇。

第七十六条 因报告和制止恐怖活动，在恐怖活动犯罪案件中作证，或者从事反恐怖主义工作，本人或者其近亲属的人身安全面临危险的，经本人或者其近亲属提出申请，公安机关、有关部门应当采取下列一项或者多项保护措施：

（一）不公开真实姓名、住址和工作单位等个人信息；

（二）禁止特定的人接触被保护人员；

（三）对人身和住宅采取专门性保护措施；

（四）变更被保护人员的姓名，重新安排住所和工作单位；

（五）其他必要的保护措施。

公安机关、有关部门应当依照前款规定，采取不公开被保护单位的真实名称、地址，禁止特定的人接近被保护单位，对被保护单位办公、经营场所采取专门性保护措施，以及其他必要的保护措施。

第七十七条 国家鼓励、支持反恐怖主义科学研究和技术创新，开发和推广使用先进的反恐怖主义技术、设备。

第七十八条 公安机关、国家安全机关、中国人民解放军、中国人民武装警察部队因履行反恐怖主义职责的紧急需要，根据国家有关规定，可以征用单位和个人的财产。任务完成后应当及时归还或者恢复原状，并依照规定支付相应费用；造成损失的，应当补偿。

因开展反恐怖主义工作对有关单位和个人的合法权益造成损害的，应当依法给予赔偿、补偿。有关单位和个人有权依法请求赔偿、补偿。

第九章　法律责任

第七十九条 组织、策划、准备实施、实施恐怖活动，宣扬恐怖主义，煽动实施恐怖活动，非法持有宣扬恐怖主义的物品，强制他人在公共场所穿戴宣扬恐怖主义的服饰、标志，组织、领导、参加恐怖活动组织，为恐怖活动组织、恐怖活动人员、实施恐怖活动或者恐怖活动培训提供帮助的，依法追究刑事责任。

第八十条 参与下列活动之一，情节轻微，尚不构成犯罪的，由公安机关处十日以上十五日以下拘留，可以并处一万元以下罚款：

（一）宣扬恐怖主义、极端主义或者煽动实施恐怖活动、极端主义活动的；

（二）制作、传播、非法持有宣扬恐怖主义、极端主义的物品的；

（三）强制他人在公共场所穿戴宣扬恐怖主义、极端主义的服饰、标志的；

（四）为宣扬恐怖主义、极端主义或者实施恐怖主义、极端主义活动提供信息、资金、物资、劳务、技术、场所等支持、协助、便利的。

第八十一条 利用极端主义，实施下列行为之一，情节轻微，尚不构成犯罪的，由公安机关处五日以上十五日以下拘留，可以并处一万元以下罚款：

（一）强迫他人参加宗教活动，或者强迫他人向宗教活动场所、宗教教职人员提供财物或者劳务的；

（二）以恐吓、骚扰等方式驱赶其他民族或者有其他信仰的人员离开居住地的；

（三）以恐吓、骚扰等方式干涉他人与其他民族或者有其他信仰的人员交往、共同生活的；

（四）以恐吓、骚扰等方式干涉他人生活习俗、方式和生产经营的；

（五）阻碍国家机关工作人员依法执行职务的；

（六）歪曲、诋毁国家政策、法律、行政法规，煽动、教唆抵制人民政府依法管理的；

（七）煽动、胁迫群众损毁或者故意损毁居民身份证、户口簿等国家法定证件以及人民币的；

（八）煽动、胁迫他人以宗教仪式取代结婚、离婚登记的；

（九）煽动、胁迫未成年人不接受义务教育的；

（十）其他利用极端主义破坏国家法律制度实施的。

第八十二条 明知他人有恐怖活动犯罪、极端主义犯罪行为，窝藏、包庇，情节轻微，尚不构成犯罪的，或者在司法机关向其调查有关情况、收集有关证据时，拒绝提供的，由公安机关处十日以上十五日以下拘留，可以并处一万元以下罚款。

第八十三条 金融机构和特定非金融机构对国家反恐怖主义工作领导机构的办事机构公告的恐怖活动组织及恐怖活动人员的资金或者其他资产，未立即予以冻结的，由公安机关处二十万元以上五十万元以下罚款，并对直接负责的董事、高级管理人员和其他直接责任人员处十万元以下罚款；情节严重的，处五十万元以上罚款，并对直接负责的董事、高级管理人员和其他直接责任人员，处十万元以上五十万元以下罚款，可以并处五日以上十五日以下拘留。

第八十四条 电信业务经营者、互联网服务提供者有下列情形之一的，由主管部门处二十万元以上五十万元以下罚款，并对其直接负责的主管人员和其他直接责任人员处十万元以下罚款；情节严重的，处五十万元以上罚款，并对其直接负责的主管人员和其他直接责任人员，处十万元以上五十万元以下罚款，可以由公安机关对其直接负责的主管人员和其他直接责任人员，处五日以上十五日以下拘留：

（一）未依照规定为公安机关、国家安全机关依法进行防范、调查恐怖活动提供技术接口和解密等技术支持和协助的；

（二）未按照主管部门的要求，停止传输、删除含有恐怖主义、极端主义内容的信息，保存相关记录，关闭相关网站或者关停相关服务的；

（三）未落实网络安全、信息内容监督制度和安全技术防范措施，造成含有恐怖主义、极端主义内容的信息传播，情节严重的。

第八十五条 铁路、公路、水上、航空的货运和邮政、快递等物流运营单位有下列情形之一的，由主管部门处十万元以上五十万元以下罚款，并对其直接负责的主管人员和其他直接责任人员处十万元以下罚款：

（一）未实行安全查验制度，对客户身份进行查验，或者未依照规定对运输、寄递物品进行安全检查或者开封验视的；

（二）对禁止运输、寄递，存在重大安全隐患，或者客户拒绝安全查验的物品予以运输、寄递的；

（三）未实行运输、寄递客户身份、物品信息登记制度的。

第八十六条 电信、互联网、金融业务经营者、服务提供者未按规定对客户身份进行查验，或者对身份不明、拒绝身份查验的客户提供服务的，主管部门应当责令改正；拒不改正的，处二十万元以上五十万元以下罚款，并对其直接负责的主管人员和其他直接责任人员处十万元以下罚款；情节严重的，处五十万元以上罚款，并对其直接负责的主管人员和其他直接责任人员，处十万元以上五十万元以下罚款。

住宿、长途客运、机动车租赁等业务经营者、服务提供者有前款规定情形的，由主管部门处十万元以上五十万元以下罚款，并对其直接负责的主管人员和其他直接责任人员处十万元以下罚款。

第八十七条 违反本法规定，有下列情形之一的，由主管部门给予警告，并责令改正；拒不改正的，处十万元以下罚款，并对其直接负责的主管人员和其他直接责任人员处一万元以下罚款：

（一）未依照规定对枪支等武器、弹药、管制器具、危险化学品、民用爆炸物品、核与放射物品作出电子追踪标识，对民用爆炸物品添加安检示踪标识物的；

（二）未依照规定对运营中的危险化学品、民用爆炸物品、核与放射物品的运输工具通过定位系统实行监控的；

（三）未依照规定对传染病病原体等物质实行严格的监督管理，情节严重的；

（四）违反国务院有关主管部门或者省级人民政府对管制器具、危险化学品、民用爆炸物品决定的管制或者限制交易措施的。

第八十八条 防范恐怖袭击重点目标的管理、营运单位违反本法规定，有下列情形之一的，由公安机关给予警告，并责令改正；拒不改正的，处十万元以下罚款，并对其直接负责的主管人员和其他直接责任人员处一万元以下罚款：

（一）未制定防范和应对处置恐怖活动的预案、措施的；

（二）未建立反恐怖主义工作专项经费保障制度，或者未配备防范和处置设备、设施的；

（三）未落实工作机构或者责任人员的；

（四）未对重要岗位人员进行安全背景审查，或者未将有不适合情形的人员调整工作岗位的；

（五）对公共交通运输工具未依照规定配备安保人员和相应设备、设施的；

（六）未建立公共安全视频图像信息系统值班监看、信息保存使用、运行维护等管理制度的。

大型活动承办单位以及重点目标的管理单位未依照规定对进入大型活动场所、机场、火车站、码头、城市轨道交通站、公路长途客运站、口岸等重点目标的人员、物品和交通工具进行安全检查的，公安机关应当责令改正；拒不改正的，处十万元以下罚款，并对其直接负责的主管人员和其他直接责任人员处一万元以下罚款。

第八十九条 恐怖活动嫌疑人员违反公安机关责令其遵守的约束措施的，由公安机关给予警告，并责令改正；拒不改正的，处五日以上十五日以下拘留。

第九十条 新闻媒体等单位编造、传播虚假恐怖事件信息，报道、传播可能引起模仿的恐怖活动的实施细节，发布恐怖事件中残忍、不人道的场景，或者未经批准，报道、传播现场应对处置的工作人员、人质身份信息和应对处置行动情况的，由公安机关处二十万元以下罚款，并对其直接负责的主管人员和其他直接责任人员，处五日以上十五日以下拘留，可以并处五万元以下罚款。

个人有前款规定行为的，由公安机关处五日以上十五日以下拘留，可以并处一万元以下罚款。

第九十一条 拒不配合有关部门开展反恐怖主义安全防范、情报信息、调查、应对处置工作的，由主管部门处二千元以下罚款；造成严重后果的，处五日以上十五日以下拘留，可以并处一万元以下罚款。

单位有前款规定行为的，由主管部门处五万元以下罚款；造成严重后果的，处十万元以下罚款；并对其直接负责的主管人员和其他直接责任人员依照前款规定处罚。

第九十二条 阻碍有关部门开展反恐怖主义工作的，由公安机关处五日以上十五日以下拘留，可以并处五万元以下罚款。

单位有前款规定行为的，由公安机关处二十万元以下罚款，并对其直接负责的主管人员和其他直接责任人员依照前款规定处罚。

阻碍人民警察、人民解放军、人民武装警察依法执行职务的，从重处罚。

第九十三条 单位违反本法规定，情节严重的，由主管部门责令停止从事相关业务、提供相关服务或者责令停产停业；造成严重后果的，吊销有关证照或者撤销登记。

第九十四条 反恐怖主义工作领导机构、有关部门的工作人员在反恐怖主义工作中滥用职权、玩忽职守、徇私舞弊，或者有违反规定泄露国家秘密、商业秘密和个人隐私等行为，构成犯罪的，依法追究刑事责任；尚不构成犯罪的，依法给予处分。

反恐怖主义工作领导机构、有关部门及其工作人员在反恐怖主义工作中滥用职权、玩忽职守、徇私舞弊或者有其他违法违纪行为的，任何单位和个人有权向有关部门检举、控告。有关部门接到检举、控告后，应当及时处理并回复检举、控告人。

第九十五条 对依照本法规定查封、扣押、冻结、扣留、收缴的物品、资金等，经审查发现与恐怖主义无关的，应当及时解除有关措施，予以退还。

第九十六条 有关单位和个人对依照本法作出的行政处罚和行政强制措施决定不服的，可以依法申请行政复议或者提起行政诉讼。

第十章 附 则

第九十七条 本法自2016年1月1日起施行。2011年10月29日第十一届全国人民代表大会常务委员会第二十三次会议通过的《全国人民代表大会常务委员会关于加强反恐怖工作有关问题的决定》同时废止。

有关法律问题的决定

全国人民代表大会常务委员会关于中国海警局行使海上维权执法职权的决定

（2018 年 6 月 22 日第十三届全国人民代表大会常务委员会第三次会议通过）

为了贯彻落实党的十九大和十九届三中全会精神，按照党中央批准的《深化党和国家机构改革方案》和《武警部队改革实施方案》决策部署，海警队伍整体划归中国人民武装警察部队领导指挥，调整组建中国人民武装警察部队海警总队，称中国海警局，中国海警局统一履行海上维权执法职责。现就中国海警局相关职权作出如下决定：

一、中国海警局履行海上维权执法职责，包括执行打击海上违法犯罪活动、维护海上治安和安全保卫、海洋资源开发利用、海洋生态环境保护、海洋渔业管理、海上缉私等方面的执法任务，以及协调指导地方海上执法工作。

二、中国海警局执行打击海上违法犯罪活动、维护海上治安和安全保卫等任务，行使法律规定的公安机关相应执法职权；执行海洋资源开发利用、海洋生态环境保护、海洋渔业管理、海上缉私等方面的执法任务，行使法律规定的有关行政机关相应执法职权。中国海警局与公安机关、有关行政机关建立执法协作机制。

三、条件成熟时，有关方面应当及时提出制定、修改有关法律的议案，依照法定程序提请审议。

四、本决定自 2018 年 7 月 1 日起施行。

全国人民代表大会常务委员会关于全国人民代表大会宪法和法律委员会职责问题的决定

（2018年6月22日第十三届全国人民代表大会常务委员会第三次会议通过）

根据宪法有关规定，第十三届全国人民代表大会第一次会议决定设立全国人民代表大会宪法和法律委员会。为了明确宪法和法律委员会的职责，全国人民代表大会常务委员会决定：

一、《中华人民共和国全国人民代表大会组织法》《中华人民共和国立法法》《中华人民共和国各级人民代表大会常务委员会监督法》《中华人民共和国全国人民代表大会议事规则》《中华人民共和国全国人民代表大会常务委员会议事规则》中规定的“法律委员会”的职责，由宪法和法律委员会承担。

二、宪法和法律委员会在继续承担统一审议法律草案等工作的基础上，增加推动宪法实施、开展宪法解释、推进合宪性审查、加强宪法监督、配合宪法宣传等工作职责。

行政法规

奥林匹克标志保护条例

（2002年2月4日中华人民共和国国务院令第345号公布　2018年6月28日中华人民共和国国务院令第699号修订　自2018年7月31日起施行）

第一条　为了加强对奥林匹克标志的保护，保障奥林匹克标志权利人的合法权益，促进奥林匹克运动发展，制定本条例。

第二条　本条例所称奥林匹克标志，是指：

（一）国际奥林匹克委员会的奥林匹克五环图案标志、奥林匹克旗、奥林匹克格言、奥林匹克徽记、奥林匹克会歌；

（二）奥林匹克、奥林匹亚、奥林匹克运动会及其简称等专有名称；

（三）中国奥林匹克委员会的名称、徽记、标志；

（四）中国境内申请承办奥林匹克运动会的机构的名称、徽记、标志；

（五）在中国境内举办的奥林匹克运动会的名称及其简称、吉祥物、会歌、火炬造型、口号、"主办城市名称＋举办年份"等标志，以及其组织机构的名称、徽记；

（六）《奥林匹克宪章》和相关奥林匹克运动会主办城市合同中规定的其他与在中国境内举办的奥林匹克运动会有关的标志。

第三条　本条例所称奥林匹克标志权利人，是指国际奥林匹克委员会、中国奥林匹克委员会和中国境内申请承办奥林匹克运动会的机构、在中国境内举办的奥林匹克运动会的组织机构。

国际奥林匹克委员会、中国奥林匹克委员会和中国境内申请承办奥林匹克运动会的机构、在中国境内举办的奥林匹克运动会的组织机构之间的权利划分，依照《奥林匹克宪章》和相关奥林匹克运动会主办城市合同确定。

第四条　奥林匹克标志权利人依照本条例对奥林匹克标志享有专有权。

未经奥林匹克标志权利人许可，任何人不得为商业目的使用奥林匹克标志。

第五条　本条例所称为商业目的的使用，是指以营利为目的，以下列方式利用奥林匹克标志：

（一）将奥林匹克标志用于商品、商品包装或者容器以及商品交易文书上；

（二）将奥林匹克标志用于服务项目中；

（三）将奥林匹克标志用于广告宣传、商业展览、营业性演出以及其他商业活动中；

（四）销售、进口、出口含有奥林匹克标志的商品；

（五）制造或者销售奥林匹克标志；

（六）其他以营利为目的利用奥林匹克标志的行为。

第六条 除本条例第五条规定外，利用与奥林匹克运动有关的元素开展活动，足以引人误认为与奥林匹克标志权利人之间有赞助或者其他支持关系，构成不正当竞争行为的，依照《中华人民共和国反不正当竞争法》处理。

第七条 国务院市场监督管理部门、知识产权主管部门依据本条例的规定，负责全国的奥林匹克标志保护工作。

县级以上地方市场监督管理部门依据本条例的规定，负责本行政区域内的奥林匹克标志保护工作。

第八条 奥林匹克标志权利人应当将奥林匹克标志提交国务院知识产权主管部门，由国务院知识产权主管部门公告。

第九条 奥林匹克标志有效期为10年，自公告之日起计算。

奥林匹克标志权利人可以在有效期满前12个月内办理续展手续，每次续展的有效期为10年，自该奥林匹克标志上一届有效期满次日起计算。国务院知识产权主管部门应当对续展的奥林匹克标志予以公告。

第十条 取得奥林匹克标志权利人许可，为商业目的使用奥林匹克标志的，应当同奥林匹克标志权利人订立使用许可合同。奥林匹克标志权利人应当将其许可使用奥林匹克标志的种类、被许可人、许可使用的商品或者服务项目、时限、地域范围等信息及时披露。

被许可人应当在使用许可合同约定的奥林匹克标志种类、许可使用的商品或者服务项目、时限、地域范围内使用奥林匹克标志。

第十一条 本条例施行前已经依法使用奥林匹克标志的，可以在原有范围内继续使用。

第十二条 未经奥林匹克标志权利人许可，为商业目的擅自使用奥林匹克标志，或者使用足以引人误认的近似标志，即侵犯奥林匹克标志专有权，引起纠纷的，由当事人协商解决；不愿协商或者协商不成的，奥林匹克标志权利人或者利害关系人可以向人民法院提起诉讼，也可以请求市场监督管理部门处理。市场监督管理部门处理时，认定侵权行为成立的，责令立即停止侵权行为,没收、销毁侵权商品和主要用于制造侵权商品或者为商业目的擅自制造奥林匹克标志的工具。违法经营额5万元以上的,可以并处违法经营额5倍以下的罚款,没有违法经营额或者违法经营额不足5万元的,可以并处25万元以下的罚款。当事人对处理决定不服的,可以依照《中华人民共和国行政复议法》申请行政复议,也可以直接依照《中华人民共和国行政诉讼法》向人民法院提起诉讼。进行处理的市场监督管理部门应当事人的请求,可以就侵犯奥林匹克标志专有权的赔偿数额进行调解;调解不成的,当事人可以依照《中华人民共和国民事诉讼法》向人民法院提起诉讼。

利用奥林匹克标志进行诈骗等活动,构成犯罪的,依法追究刑事责任。

第十三条 对侵犯奥林匹克标志专有权的行为,市场监督管理部门有权依法查处。

市场监督管理部门根据已经取得的违法嫌疑证据或者举报,对涉嫌侵犯奥林匹克标志专有权的行为进行查处时,可以行使下列职权:

(一)询问有关当事人,调查与侵犯奥林匹克标志专有权有关的情况;

(二)查阅、复制与侵权活动有关的合同、发票、账簿以及其他有关资料;

(三)对当事人涉嫌侵犯奥林匹克标志专有权活动的场所实施现场检查;

(四)检查与侵权活动有关的物品;对有证据证明是侵犯奥林匹克标志专有权的物品,予以查封或者扣押。

市场监督管理部门依法行使前款规定的职权时,当事人应当予以协助、配合,不得拒绝、阻挠。

第十四条 进出口货物涉嫌侵犯奥林匹克标志专有权的,由海关参照《中华人民共和国海关法》和《中华人民共和国知识产权海关保护条例》规定的权限和程序查处。

第十五条 侵犯奥林匹克标志专有权的赔偿数额,按照权利人因被侵权所受到的损失或者侵权人因侵权所获得的利益确定,包括为制止侵权行为所支付的合理开支;被侵权人的损失或者侵权人获得的利益难以确定的,参照该奥林匹克标志许可使用费合理确定。

销售不知道是侵犯奥林匹克标志专有权的商品,能证明该商品是自己合法取得并说明提供者的,不承担赔偿责任。

第十六条 奥林匹克标志除依照本条例受到保护外,还可以依照《中华人民共和国著作权法》、《中华人民共和国商标法》、《中华人民共和国专利法》、《特殊标志管理条例》等法律、行政法规的规定获得保护。

第十七条 对残奥会有关标志的保护,参照本条例执行。

第十八条 本条例自2018年7月31日起施行。

国务院文件

国务院关于建立企业职工基本养老保险基金中央调剂制度的通知

（2018 年 5 月 30 日　国发〔2018〕18 号）

根据党中央、国务院决策部署和《中华人民共和国社会保险法》有关要求，为深入贯彻习近平新时代中国特色社会主义思想和党的十九大精神，均衡地区间企业职工基本养老保险基金（以下简称养老保险基金）负担，实现基本养老保险制度可持续发展，国务院决定建立养老保险基金中央调剂制度，自 2018 年 7 月 1 日起实施。现就有关事项通知如下：

一、总体要求

（一）指导思想。

全面贯彻党的十九大和十九届二中、三中全会精神，以习近平新时代中国特色社会主义思想为指导，坚持党的基本理论、基本路线、基本方略，牢固树立和贯彻落实新发展理念，统筹推进“五位一体”总体布局和协调推进“四个全面”战略布局，紧扣满足人民日益增长的美好生活需要，着力解决发展不平衡不充分的突出问题，围绕建立健全更加公平更可持续养老保险制度目标，从基本国情和养老保险制度建设实际出发，遵循社会保险大数法则，建立养老保险基金中央调剂制度，作为实现养老保险全国统筹的第一步。加快统一养老保险政策、明确各级政府责任、理顺基金管理体制、健全激励约束机制，不断加大调剂力度，尽快实现养老保险全国统筹。

（二）基本原则。

——促进公平。通过实行部分养老保险基金中央统一调剂使用，合理均衡地区间基金负担，提高养老保险基金整体抗风险能力。

——明确责任。实行省级政府扩面征缴和确保发放责任制，中央政府通过转移支付和养老保险中央调剂基金（以下简称中央调剂基金）进行补助，建立中央与省级政府责任明晰、分级负责的管理体制。

——统一政策。国家统一制定职工基本养老保险政策，逐步统一缴费比例、缴费基数核定办法、待遇计发和调整办法等，最终实现养老保险各项政策全国统一。

——稳步推进。合理确定中央调剂基金筹集比例，平稳起步，逐步提高，进一步统一经办规程，建立省级集中的信息系统，不断提高管理和信息化水平。

二、主要内容

在现行企业职工基本养老保险省级统筹基础上，建立中央调剂基金，对各省份养老保险基金进行适度调剂，确保基本养老金按时足额发放。

（一）中央调剂基金筹集。

中央调剂基金由各省份养老保险基金上解的资金构成。按照各省份职工平均工资的90%和在职应参保人数作为计算上解额的基数，上解比例从3%起步，逐步提高。

某省份上解额 =（某省份职工平均工资 ×90%）× 某省份在职应参保人数 × 上解比例。

各省份职工平均工资，为统计部门提供的城镇非私营单位和私营单位就业人员加权平均工资。

各省份在职应参保人数，暂以在职参保人数和国家统计局公布的企业就业人数二者的平均值为基数核定。将来条件成熟时，以覆盖常住人口的全民参保计划数据为基础确定在职应参保人数。

（二）中央调剂基金拨付。

中央调剂基金实行以收定支，当年筹集的资金全部拨付地方。中央调剂基金按照人均定额拨付，根据人力资源社会保障部、财政部核定的各省份离退休人数确定拨付资金数额。

某省份拨付额 = 核定的某省份离退休人数 × 全国人均拨付额。

其中：全国人均拨付额 = 筹集的中央调剂基金/核定的全国离退休人数。

（三）中央调剂基金管理。

中央调剂基金是养老保险基金的组成部分，纳入中央级社会保障基金财政专户，实行收支两条线管理，专款专用，不得用于平衡财政预算。中央调剂基金采取先预缴预拨后清算的办法，资金按季度上解下拨，年终统一清算。

各地在实施养老保险基金中央调剂制度之前累计结余基金原则上留存地方，用于本省（自治区、直辖市）范围内养老保险基金余缺调剂。

（四）中央财政补助。

现行中央财政补助政策和补助方式保持不变。中央政府在下达中央财政补助资金和拨付中央调剂基金后，各省份养老保险基金缺口由地方政府承担。

省级政府要切实承担确保基本养老金按时足额发放和弥补养老保险基金缺口的主体责任。

三、健全保障措施

（一）完善省级统筹制度。

各省（自治区、直辖市）要在统一基本养老保险制度、缴费政策、待遇政策、基金使用、基金预算和经办管理的基础上，推进养老保险基金统收统支工作，并建立地方各级政府养老保险基金缺口责任分担机制。

（二）强化基金预算管理。

各级政府及财政、人力资源社会保障部门要切实加强基金预算编制和审核工作，严格规范收支内容、标准和范围，并按照批准的预算和规定的程序执行，不得随意调整。进一步强化基金预算的严肃性和硬约束，确保应收尽收，杜绝违规支出。

（三）建立健全考核奖惩机制。

将各省（自治区、直辖市）养老保险扩面征缴、确保基本养老金发放、严格养老保险基金管理、养老保险基金中央调剂制度落实等情况列入省级政府工作责任制考核内容，对工作业绩好的省级政府进行奖励，对出现问题的省级政府及相关责任人进行问责。具体办法另行制定。

（四）推进信息化建设。

建立全国养老保险缴费和待遇查询系统、养老保险基金中央调剂监控系统以及全国共享的中央数据库。在中央与地方之间以及各部门之间实现信息、数据互联互通，有效监控在职应参保人数和离退休人数，及时掌握和规范中央调剂基金与省级统筹基金收支行为，防范风险。

四、组织实施

建立养老保险基金中央调剂制度是加强基本养老保险体系建设的重要内容，事关改革、发展和稳定全局。各地区、各有关部门要统一思想，提高认识，加强领导，密切协调配合，精心组织实施。人力资源社会保障部、财政部要加强指导和监督检查，及时研究解决工作中遇到的问题，确保养老保险基金中央调剂制度顺利实施，同时抓紧制定养老保险全国统筹的时间表、路线图。

国务院办公厅关于推进奶业振兴保障乳品质量安全的意见

（2018 年 6 月 3 日　国办发〔2018〕43 号）

奶业是健康中国、强壮民族不可或缺的产业，是食品安全的代表性产业，是农业现代化的标志性产业和一二三产业协调发展的战略性产业。近年来，我国奶业规模化、标准化、机械化、组织化水平大幅提升，龙头企业发展壮大，品牌建设持续推进，质量监管不断加强，产业素质日益提高，为保障乳品供给、促进奶农增收作出了积极贡献，但也存在产品供需结构不平衡、产业竞争力不强、消费培育不足等突出问题。为推进奶业振兴，保障乳品质量安全，提振广大群众对国产乳制品信心，进一步提升奶业竞争力，经国务院同意，现提出以下意见。

一、总体要求

（一）指导思想。全面贯彻党的十九大和十九届二中、三中全会精神，以习近平新时代中国特色社会主义思想为指导，认真落实党中央、国务院决策部署，统筹推进"五位一体"总体布局和协调推进"四个全面"战略布局，坚定不移贯彻新发展理念，按照高质量发展的要求，以实施乡村振兴战略为引领，以优质安全、绿色发展为目标，以推进供给侧结构性改革为主线，以降成本、优结构、提质量、创品牌、增活力为着力点，强化标准规范、科技创新、政策扶持、执法监督和消费培育，加快构建现代奶业产业体系、生产体系、经营体系和质量安全体系，不断提高奶业发展质量效益和竞争力，大力推进奶业现代化，做大做强民族奶业，为决胜全面建成小康社会提供有力支撑。

（二）基本原则。

创新驱动，绿色发展。强化科技创新，推动管理制度改革，推进节本增效，提高奶业综合生产能力。因地制宜，合理布局，种养结合，草畜配套，促进养殖废弃物资源化利用，推动奶业生产与生态协同发展。

利益联结，共享共赢。坚持产业一体化发展方向，延伸产业链，建立奶农和乳品企业之间稳定的利益联结机制，推进形成风险共担、利益共享的产业格局，增强奶农抵御市场风险的能力，实现一二三产业协调发展。

问题导向，重点攻关。针对当前奶业发展不平衡不充分的问题，以关键环节和重点难点为突破口，着力提高奶业供给体系的质量和效率，提升乳品质量安全水平,更好适应消费需求总量和结构变化。

市场主导,政府支持。处理好政府与市场的关系,充分发挥市场在资源配置中的决定性作用,强化乳品企业市场主体作用,优化资源配置,增强发展活力。更好发挥政府在宏观调控、政策引导、支持保护、监督管理等方面的作用,维护公平有序的市场环境。

(三)主要目标。到2020年,奶业供给侧结构性改革取得实质性成效,奶业现代化建设取得明显进展。奶业综合生产能力大幅提升,100头以上规模养殖比重超过65%,奶源自给率保持在70%以上。产业结构和产品结构进一步优化,婴幼儿配方乳粉的品质、竞争力和美誉度显著提升,乳制品供给和消费需求更加契合。乳品质量安全水平大幅提高,产品监督抽检合格率达到99%以上,消费信心显著增强。奶业生产与生态协同发展,养殖废弃物综合利用率达到75%以上。到2025年,奶业实现全面振兴,基本实现现代化,奶源基地、产品加工、乳品质量和产业竞争力整体水平进入世界先进行列。

二、加强优质奶源基地建设

(四)优化调整奶源布局。突出重点,巩固发展东北和内蒙古产区、华北和中原产区、西北产区,打造我国黄金奶源带。积极开辟南方产区,稳定大城市周边产区。以荷斯坦牛等优质高产奶牛生产为主,积极发展乳肉兼用牛、奶水牛、奶山羊等其他奶畜生产,进一步丰富奶源结构。

(五)发展标准化规模养殖。开展奶牛养殖标准化示范创建,支持奶牛养殖场改扩建、小区牧场化转型和家庭牧场发展,引导适度规模养殖。支持奶牛养殖大县整县推进种养结合,发展生态养殖。推广应用奶牛场物联网和智能化设施设备,提升奶牛养殖机械化、信息化、智能化水平。加强奶牛口蹄疫防控和布病、结核病监测净化工作,做好奶牛常见病防治。

(六)加强良种繁育及推广。建立全国奶牛育种大数据和遗传评估平台,完善种牛质量评价制度,构建现代奶牛遗传改良技术体系和组织管理体系。扩大奶牛生产性能测定范围,加快应用基因组选择技术。支持奶牛育种联盟发展,联合开展青年公牛后裔测定。大力引进和繁育良种奶牛,打造高产奶牛核心育种群,建设一批国家核心育种场。加大良种推广力度,提升良种化水平,提高奶牛单产量。

(七)促进优质饲草料生产。推进饲草料种植和奶牛养殖配套衔接,就地就近保障饲草料供应,实现农牧循环发展。建设高产优质苜蓿示范基地,提升苜蓿草产品质量,力争到2020年优质苜蓿自给率达到80%。推广粮改饲,发展青贮玉米、燕麦草等优质饲草料产业,推进饲草料品种专业化、生产规模化、销售市场化,全面提升种植收益、奶牛生产效率和养殖效益。

三、完善乳制品加工和流通体系

（八）优化乳制品产品结构。统筹发展液态乳制品和干乳制品。因地制宜发展灭菌乳、巴氏杀菌乳、发酵乳等液态乳制品，支持发展奶酪、乳清粉、黄油等干乳制品，增加功能型乳粉、风味型乳粉生产。鼓励使用生鲜乳生产灭菌乳、发酵乳和调制乳等乳制品。

（九）提高乳品企业竞争力。引导乳品企业与奶源基地布局匹配、生产协调。鼓励企业兼并重组，提高产业集中度，培育具有国际影响力和竞争力的乳品企业。依法淘汰技术、能耗、环保、质量、安全等不达标的产能，做强做优乳制品加工业。支持企业开展产品创新研发，优化加工工艺，完善质量安全管理体系，增强运营管理能力，降低生产成本，提升产品质量和效益。支持奶业全产业链建设，促进产业链各环节分工合作、有机衔接，有效控制风险。

（十）建立现代乳制品流通体系。发展智慧物流配送，鼓励建设乳制品配送信息化平台，支持整合末端配送网点，降低配送成本。促进乳品企业、流通企业和电商企业对接融合，推动线上线下互动发展，促进乳制品流通便捷化。鼓励开拓“互联网＋”、体验消费等新型乳制品营销模式，减少流通成本，提高企业效益。支持低温乳制品冷链储运设施建设，制定和实施低温乳制品储运规范，确保产品安全与品质。

（十一）密切养殖加工利益联结。培育壮大奶农专业合作组织，推进奶牛养殖存量整合，支持有条件的养殖场（户）建设加工厂，提高抵御市场风险能力。支持乳品企业自建、收购养殖场，提高自有奶源比例，促进养殖加工一体化发展。建立由县级及以上地方人民政府引导，乳品企业、奶农和行业协会参与的生鲜乳价格协商机制，乳品企业与奶农双方应签订长期稳定的购销合同，形成稳固的购销关系。开展生鲜乳质量第三方检测试点，建立公平合理的生鲜乳购销秩序。规范生鲜乳购销行为，依法查处和公布不履行生鲜乳购销合同以及凭借购销关系强推强卖兽药、饲料和养殖设备等行为。

四、强化乳品质量安全监管

（十二）健全法规标准体系。研究完善乳品质量安全法规，健全生鲜乳生产、收购、运输和乳制品加工、销售等管理制度。修订提高生鲜乳、灭菌乳、巴氏杀菌乳等乳品国家标准，严格安全卫生要求，建立生鲜乳质量分级体系，引导优质优价。制定液态乳加工工艺标准，规范加工行为。制定发布复原乳检测方法等食品安全国家标准。监督指导企业按标依规生产。

（十三）加强乳品生产全程管控。落实乳品企业质量安全第一责任，建立健全养殖、加工、流通等全过程乳品质量安全追溯体系。加强源头管理，严格奶牛养殖环节饲料、兽药等投入品使用和监管。引导奶牛养殖散户将生鲜乳交售到合法的生鲜乳收购站。任何单位和个人不得擅自加工生鲜乳对外销售。实施乳品质量安全监测计划,严厉打击非法收购生鲜乳行为以及各类违法添加行为。对生鲜乳收购站、运输车、乳品企业实行精准化、全时段管理,依法取缔不合格生产经营主体。健全乳品质量安全风险评估制度,及时发现并消除风险隐患。

(十四)加大婴幼儿配方乳粉监管力度。严格执行婴幼儿配方乳粉相关法律法规和标准,强化婴幼儿配方乳粉产品配方注册管理。婴幼儿配方乳粉生产企业应当实施良好生产规范、危害分析和关键控制点体系等食品安全质量管理制度,建立食品安全自查制度和问题报告制度。按照"双随机、一公开"要求,持续开展食品安全生产规范体系检查,对检查发现的问题要从严处理。严厉打击非法添加非食用物质、超范围超限量使用食品添加剂、涂改标签标识以及在标签中标注虚假、夸大的内容等违法行为。严禁进口大包装婴幼儿配方乳粉到境内分装。大力提倡和鼓励使用生鲜乳生产婴幼儿配方乳粉,支持乳品企业建设自有自控的婴幼儿配方乳粉奶源基地,进一步提高婴幼儿配方乳粉品质。

(十五)推进行业诚信体系建设。构建奶业诚信平台,支持乳品企业开展质量安全承诺活动和诚信文化建设,建立企业诚信档案。充分运用全国信用信息共享平台和国家企业信用信息公示系统,推动税务、工信和市场监管等部门实现乳品企业信用信息共享。建立乳品企业"黑名单"制度和市场退出机制,加强社会舆论监督,形成市场性、行业性、社会性约束和惩戒。

五、加大乳制品消费引导

(十六)树立奶业良好形象。积极宣传奶牛养殖、乳制品加工和质量安全监管等方面的成效,定期发布乳品质量安全抽检监测信息,展示国产乳制品良好品质,提升广大群众对我国奶业的认可度。推介休闲观光牧场,组织开展乳品企业公众开放日活动,让消费者切身感受牛奶安全生产的全过程,激发消费活力。

(十七)着力加强品牌建设。实施奶业品牌战略,激发企业积极性和创造性,培育优质品牌,引领奶业发展。通过行业协会等第三方组织,推介产品优质、美誉度高的品牌,扩大消费市场。发挥骨干乳品企业引领作用,促进企业大联合、大协作,提升中国奶业品牌影响力。

(十八)积极引导乳制品消费。大力推广国家学生饮用奶计划,增加产品种类,保障质量安全,扩大覆盖范围。开展公益宣传,加大公益广告投放力度,强化乳制品消费正面引导。普及灭菌乳、巴氏杀菌乳、奶酪等乳制品营养知识,倡导科学饮奶,培育国民食用乳制品的习惯。加强舆情监测,及时回应社会关切，营造良好舆论氛围。

六、完善保障措施

（十九）加大政策扶持力度。在养殖环节，重点支持良种繁育体系建设、标准化规模养殖、振兴奶业苜蓿发展行动、种养结合、奶牛场疫病净化、养殖废弃物资源化利用和生鲜乳收购运输监管体系建设；在加工环节，重点支持婴幼儿配方乳粉企业兼并重组、乳品质量安全追溯体系建设。地方人民政府要统筹规划，合理安排奶畜养殖用地。鼓励社会资本按照市场化原则设立奶业产业基金，放大资金支持效应。强化金融保险支持，鼓励金融机构开展奶畜活体抵押贷款和养殖场抵押贷款等信贷产品创新，推进奶业保险扩面、提标，合理厘定保险费率，探索开展生鲜乳目标价格保险试点。

（二十）加强奶业市场调控。完善奶业生产市场信息体系，开展产销动态监测，及时发布预警信息，引导生产和消费。充分发挥行业协会作用，引导各类经营主体自觉维护和规范市场竞争秩序。顺应奶业国际化趋势，实行“引进来”和“走出去”相结合，促进资本、资源和技术等优势互补，增强自我发展能力。

（二十一）强化科技支撑和服务。开展奶业竞争力提升科技行动，推动奶业科技创新，在奶畜养殖、乳制品加工和质量检测等方面，提高先进工艺、先进技术和智能装备应用水平。加强乳制品新产品研发，满足消费多元化需求。完善奶业社会化服务体系，加大技术推广和人才培训力度，提升从业者素质，提高生产经营管理水平。

（二十二）切实加强组织领导。各地区、各有关部门要根据本意见精神，按照职责分工，加大工作力度，强化协同配合，制定和完善具体政策措施，抓好贯彻落实。农业农村部要会同有关部门对本意见落实情况进行督查，并向国务院报告。

（本文有删减）

国务院办公厅关于印发进一步深化“互联网+政务服务”推进政务服务“一网、一门、一次”改革实施方案的通知

（2018年6月10日　国办发〔2018〕45号）

《进一步深化“互联网+政务服务”推进政务服务“一网、一门、一次”改革实施方案》已经国务院同意，现印发给你们，请认真贯彻执行。

进一步深化“互联网+政务服务”推进政务服务“一网、一门、一次”改革实施方案

进一步深化“互联网+政务服务”，充分运用信息化手段解决企业和群众反映强烈的办事难、办事慢、办事繁的问题，是党中央、国务院作出的重大决策部署。为加快推进政务服务“一网通办”和企业群众办事“只进一扇门”、“最多跑一次”，根据党中央、国务院关于推进审批服务便民化、“互联网+政务服务”、政务信息系统整合共享等重要工作部署，制定本实施方案。

一、发展现状和总体要求

党的十八大以来，以习近平同志为核心的党中央高度重视以信息化推进国家治理体系和治理能力现代化，强调要加快推动电子政务，打通信息壁垒，构建全流程一体化在线服务平台，助力建设人民满意的服务型政府。国务院将“互联网+政务服务”作为深化“放管服”改革的关键环节，专门印发文件，作出全面部署。一些部门和地方积极探索，深入推进“互联网+政务服务”，加强信息共享，优化政务流程，一批堵点难点问题得到初步解决，服务创新典型不断涌现，引领政务服务创新改革不断取得新成效。同时也应看到，目前政务服务“一网通办”、“只进一扇门”、“最多跑一次”等改革仍是局部区域和部分领域的探索实践，不少地区、部门、领域仍大量存在困扰企业群众的“办证多、办事难”等现象，与构建方便快捷、公平普惠、优质高效的网上政务服务体系目标相比仍有较大差距。

民之所望，改革所向。党的十九大对决胜全面建成小康社会、开启全面建设社会主义现代化国家新征程作出了全面部署。要深入贯彻党的十九大和十九届二中、三中全会精神，以习近平新时代中国特色社会主义思想为指导，牢固树立和贯彻落实新发展理念，深化“放管服”改革，进一步推进“互联网+政务服务”，加快构建全国一体化网上政务服务体系，推进跨层级、跨地域、跨系统、跨部门、跨业务的协同管理和服务，推动企业和群众办事线上“一网通办”（一网），线下“只进一扇门”（一门），现场办理“最多跑一次”（一次），让企业和群众到政府办事像“网购”一样方便。

二、基本原则和工作目标

（一）基本原则。

需求导向、聚焦问题、分类施策。坚持以人民为中心的发展思想，聚焦企业和群众办事的难点、政务服务的堵点和痛点，因事制宜，对各类办事事项分

别提出有针对性的推进方案，不断满足人民群众的需求。

重点先行、总结经验、加快推广。选择与企业和群众生产生活关系最密切的重点领域和办理量大的高频事项，分阶段、分步骤推进，总结各地政务服务工作成功经验和创新做法，加强成果复制和宣传推广，形成高效有序推进局面。

整合共享、优化流程、创新服务。坚持联网通办是原则、孤网是例外，政务服务上网是原则、不上网是例外，加强政务信息资源跨层级、跨地域、跨系统、跨部门、跨业务互联互通和协同共享。运用互联网、大数据、人工智能等信息技术，通过技术创新和流程再造，增强综合服务能力，进一步提升政务服务效能。

统筹推进、条块结合、上下联动。注重政府管理和服务的系统性、整体性，加强行业主管部门业务指导和政策支持，充分调动地方政府的积极性和主动性，加强制度衔接，有效整合各方资源，促进纵横协同、上下联动，构建一体化联合推进机制，提升协同服务能力和综合管理水平。

（二）工作目标。

到2018年底，“一网、一门、一次”改革初见成效，先进地区成功经验在全国范围内得到有效推广。在“一网通办”方面，省级政务服务事项网上可办率不低于80%，市县级政务服务事项网上可办率不低于50%；在“只进一扇门”方面，市县级政务服务事项进驻综合性实体政务大厅比例不低于70%，50%以上政务服务事项实现“一窗”分类受理；在“最多跑一次”方面，企业和群众到政府办事提供的材料减少30%以上，省市县各级30个高频事项实现“最多跑一次”。

到2019年底，重点领域和高频事项基本实现“一网、一门、一次”。在“一网通办”方面，省级政务服务事项网上可办率不低于90%，市县级政务服务事项网上可办率不低于70%；在“只进一扇门”方面，除对场地有特殊要求的事项外，政务服务事项进驻综合性实体政务大厅基本实现“应进必进”，70%以上政务服务事项实现“一窗”分类受理；在“最多跑一次”方面，企业和群众到政府办事提供的材料减少60%以上，省市县各级100个高频事项实现“最多跑一次”。

三、以整合促便捷，推进线上“一网通办”

按照政务服务“一网通办”的要求，加快建设国家、省、市三级互联的网上政务服务平台体系，推动政务服务“一次登录、全网通办”，大幅提高政务服务便捷性。

（一）整合构建全国一体化网上政务服务平台。

按照党中央、国务院关于推进审批服务便民化有关要求，加强顶层设计，加快构建以国家政务服务平台为枢纽、以各地区各部门网上政务服务平台为基础的全流程一体化在线服务平台。加强各省（自治区、直辖市）平台一体化、规范化建设。整合各级政府部门分散的政务服务资源和网上服务入口，加快推动各级政府部门业务信息系统接入本级或上级政务服务平台。依托国家政务服务平台为全国各地区各部门网上政务服务提供公共入口、公共通道和公共支撑，实现全国网上政务服务统一实名身份认证，让企业和群众网上办事“一次认证、全国漫游”。发挥好中国政府网总门户作用。

（二）推动更多政务服务事项网上办理。

切实提高政务服务事项网上办理比例，除法律法规另有规定或涉密等外，原则上各级政务服务事项均应纳入网上政务服务平台办理，并按照国家政务服务平台相关标准规范组织实施。根据推进审批服务标准化有关要求，推动各地区各部门网上政务服务平台标准化建设和互联互通，实现政务服务同一事项、同一标准、同一编码。拓展网上办事广度和深度，延长网上办事链条，实现从网上咨询、网上申报到网上预审、网上办理、网上反馈“应上尽上、全程在线”。

（三）拓展政务服务移动应用。

推动政务服务向“两微一端”等延伸拓展，为群众提供多样性、多渠道、便利化服务。结合国家政务服务平台建设，加强和规范政务服务移动应用建设管理，推动更多政务服务事项提供移动端服务。调动社会资源力量，鼓励开展第三方便民服务应用。加强政务新媒体监管，提升服务水平。

四、以集成提效能，推进线下“只进一扇门”

以企业和群众办事“只进一扇门”为目标，大力推行政务服务集中办理，实现“多门”变“一门”，促进政务服务线上线下集成融合，不断提升政府服务效能。

（一）推动实体大厅“多门”变“一门”。

优化提升政务服务大厅“一站式”功能，完善省、市、县、乡镇综合性政务大厅集中服务模式，推动将垂直管理部门在本行政区域办理的政务服务事项纳入综合性政务大厅集中办理，加快实现“前台综合受理、后台分类审批、综合窗口出件”，实现企业和群众必须到现场办理的事项“只进一扇门”。除因安全等特殊原因外，原则上不再保留各地政府部门单独设立的服务大厅。

（二）推动线上线下集成融合。

依托网上政务服务平台，实时汇入网上申报、排队预约、现场排队叫号、服务评价、事项受理、审批(审查)结果和审批证照等信息,实现线上线下功能互补、无缝衔接、全过程留痕,为企业和群众办事线下"只进一扇门"提供有力支撑。

五、以创新促精简,让企业和群众"最多跑一次"

以企业和群众办事"少跑腿"为目标,梳理必须到现场办理事项的"最多跑一次"目录,精简办事环节和材料,推动政务服务入口全面向基层延伸,力争实现企业和群众办事"最多跑一次"。

(一)大力推进减材料、减环节。

整合涉及多部门事项的共性材料,推广多业务申请表信息复用,通过"一表申请"将企业和个人基本信息材料一次收齐、后续反复使用,减少重复填写和重复提交。充分依托网上政务服务平台,以与企业生产经营、群众生产生活密切相关的重点领域和办理量大的高频事项为重点,通过优化办事系统、简化办事材料、精简办事环节,让更多政务服务事项"最多跑一次"。

(二)推进"最多跑一次"向基层延伸。

按照推进审批服务便民化"马上办、网上办、就近办、一次办"的要求,加强乡镇(街道)便民服务中心、村庄(社区)服务站点建设,推动基于互联网、自助终端、移动终端的政务服务入口全面向基层延伸,打造基层"一站式"综合便民服务平台,进一步提高基层响应群众诉求和为民服务的能力,推动实现"最多跑一次"省市县乡村全覆盖。

六、以共享筑根基,让"数据多跑路"

(一)建立完善全国数据共享交换体系。

构建全国统一、多级互联的数据共享交换平台体系,强化平台功能、完善管理规范,使其具备跨层级、跨地域、跨系统、跨部门、跨业务的数据调度能力。按照"统一受理、平台授权"的原则,建立数据共享授权机制。对于无条件共享且服务接口不需要管控参数的数据,由平台直接提供;对于有条件共享,或者无条件共享但服务接口需要管控参数的数据,由平台推送给部门受理。建立限期反馈机制,对于数据需求申请,平台管理部门应于 3 个工作日内完成申请规范性审查,并通过平台回复受理意见,不予受理的应回复原因;由平台直接提供的数据,应于受理后 3 个工作日内提供;由部门受理的数据,数据提供部门应在受理后 10 个工作日内完成审批。

(二)加快完善政务数据资源体系。

遵循"一数一源、多源校核、动态更新"原则,各级政府要构建并完善政务数据资源体系,持续完善数据资源目录,动态更新政务数据资源,不断提升数据质量,扩大共享覆盖面,提高服务可用性。完善数据共享责任清单机制,进一步明确各部门共享责任，在落实国务院部门第一批数据共享责任清单的基础上，制定发布第二批数据共享责任清单，新增拓展1000项数据共享服务，加强数据共享服务运行监测，全面清理并制止仅向特定企业、社会组织开放公共数据的行为。

（三）做好政务信息系统改造对接。

按照谁建设系统、谁负责对接的原则，各级政务部门要加快改造自有的跨层级垂直业务信息系统，并与各级政务服务平台对接，实现跨层级、跨地域、跨系统、跨部门、跨业务数据互联互通，避免数据和业务“两张皮”，减少在不同系统中重复录入，提高基层窗口工作效率。各级政务信息化建设项目审批部门和运维经费审批部门要联合建立政务信息系统清单制度，加强清单式管理，对于未按要求进行改造对接的，不审批新项目，不拨付运维经费。原则上不再批准单个部门建设孤立信息系统。

（四）推进事中事后监管信息“一网通享”。

积极推进跨部门“双随机、一公开”监管信息共享，依托“信用中国”网站和国家企业信用信息公示系统，提供登记备案、行政许可、行政处罚、经营异常名录、严重违法失信企业名单、监督检查、质量抽检等信用信息查询和共享服务。推进事中事后监管信息与政务服务深度融合，整合市场监管相关数据资源，加强对市场环境的大数据监测分析和预测预警，推进线上线下一体化监管。

（五）加强数据共享安全保障。

依法加强隐私等信息保护。研究政务信息资源分类分级制度，制定数据安全管理办法，明确数据采集、传输、存储、使用、共享、开放等环节安全保障的措施、责任主体和具体要求。提高国家电子政务外网、国家数据共享交换平台和国家政务服务平台的安全防护能力。推进政务信息资源共享风险评估和安全审查，强化应急预案管理，切实做好数据安全事件的应急处置。

七、保障措施

（一）建立健全“一网通办”的标准规范。

研究制定人口、法人、电子证照等基础数据共享的国家标准。加快完成电子证照库、人口综合库、法人综合库、公共信用库等规范编制工作，加快电子证照应用推广和跨部门、跨区域互认共享。建立健全政务信息资源数据采集、数据质量、目录分类管理、共享交换接口、共享交换服务、平台运行管理等方面的标准。

（二）加快完善相关法规制度。

各部门要抓紧梳理“互联网＋政务服务”急需的以及与开展“一网通办”

不相适应的法律法规和规章制度，加快推动立改废。推动制定完善信息保护的法律制度，切实保护政务信息资源使用过程中的个人隐私和商业秘密。研究制订政务服务事项电子文件归档规范，推动开展相关试点，逐步消除电子化归档的法规制度障碍。

（三）建立监督举报投诉机制。

依托中国政府网及各地政府网站、各级政务服务平台、政务服务热线等，畅通互动渠道，方便群众咨询办事和投诉举报，接受群众监督。建立政务服务举报投诉平台，统一受理企业和群众对未实现政务服务"一网通办"、办事不便利等突出问题的举报投诉，并及时开展核查处理。

（四）开展百项问题疏解和百佳案例推广行动。

开展百项问题疏解行动，聚焦企业和群众关注的身份和教育证明、商事服务、社保低保、就业创业、居住户籍等方面的堵点难点问题，形成分级覆盖、热点聚焦的百项问题清单，逐项研究解决。开展百佳案例推广行动，深入分析总结先进经验，统筹组织对口帮扶工作，推动百佳案例先进经验复制落地。

各地区、各部门要认真贯彻落实党中央、国务院决策部署和推进审批服务便民化的要求，层层压实责任，加强统筹协调，结合实际精心组织落实本实施方案，推动"互联网+政务服务"取得更大实效。

国务院关于积极有效利用外资推动经济高质量发展若干措施的通知

（2018年6月10日　国发〔2018〕19号）

利用外资是我国对外开放基本国策和构建开放型经济新体制的重要内容。当前我国经济已由高速增长阶段转向高质量发展阶段，利用外资面临新形势新挑战。为贯彻落实党中央、国务院关于推动形成全面开放新格局的决策部署，实行高水平投资自由化便利化政策，对标国际先进水平，营造更加公平透明便利、更有吸引力的投资环境，保持我国全球外商投资主要目的地地位，进一步促进外商投资稳定增长，实现以高水平开放推动经济高质量发展，现将有关事项通知如下：

一、大幅度放宽市场准入，提升投资自由化水平

（一）全面落实准入前国民待遇加负面清单管理制度。2018年7月1日前修订出台全国和自由贸易试验区外商投资准入特别管理措施（负面清单），与国际通行规则对接，全面提升开放水平，以开放促改革、促发展、促创新。负面清单之外的领域，各地区各部门不得专门针对外商投资准入进行限制。（发展改革委、商务部牵头，各有关部门、各省级人民政府按职责分工负责）

（二）稳步扩大金融业开放。放宽外资金融机构设立限制，扩大外资金融机构在华业务范围，拓宽中外金融市场合作领域。修订完善合格境外机构投资者（QFII）和人民币合格境外机构投资者（RQFII）有关规定，建立健全公开透明、操作便利、风险可控的合格境外投资者制度，吸引更多境外长期资金投资境内资本市场。大力推进原油期货市场建设，积极推进铁矿石等期货品种引入境外交易者参与交易。深化境外上市监管改革，支持符合条件的境内企业到境外上市，稳妥有序推进在境外上市公司的未上市股份在境外市场上市流通。支持外资金融机构更多地参与地方政府债券承销。（财政部、商务部、人民银行、银保监会、证监会按职责分工负责）

（三）持续推进服务业开放。取消或放宽交通运输、商贸物流、专业服务等领域外资准入限制。加大自由贸易试验区范围内电信、文化、旅游等领域对外开放压力测试力度。（中央宣传部、中央网信办、发展改革委、工业和信息化部、交通运输部、农业农村部、商务部、文化和旅游部、粮食和储备局等有关部门按职责分工负责）

（四）深化农业、采矿业、制造业开放。取消或放宽种业等农业领域，煤炭、非金属矿等采矿业领域，汽车、船舶、飞机等制造业领域外资准入限制。（发展改革委、工业和信息化部、自然资源部、农业农村部、商务部等有关部门按职责分工负责）

二、深化“放管服”改革，提升投资便利化水平

（五）持续推进外资领域“放管服”改革。外商投资准入负面清单内投资总额10亿美元以下的外商投资企业设立及变更，由省级人民政府负责审批和管理。支持地方政府开展相对集中行政许可权改革试点。在全国推行负面清单以外领域外商投资企业商务备案与工商登记“一口办理”。（商务部、市场监管总局等有关部门、各省级人民政府按职责分工负责）

（六）提高外商投资企业资金运用便利度。进一步简化资金池管理，允许银行审核真实、合法的电子单证，为企业办理集中收付汇、轧差结算业务。放宽企业开展跨国公司外汇资金集中运营管理试点备案条件。支持跨国企业集团办理跨境双向人民币资金池业务。（人民银行、外汇局按职责分工负责）

（七）提升外国人才来华工作便利度。研究出台支持政策，依法保障在华工作外国人才享有基本公共服务。为符合国家支持导向的中国境内注册企业急需的外国人才提供更加便利的外国人来华工作许可管理服务。积极推进外

国高端人才服务“一卡通”试点，进一步简化工作许可办理程序。（外交部、司法部、人力资源社会保障部、外专局等有关部门按职责分工负责）

（八）提升外国人才出入境便利度。中国境内注册企业选聘的外国人才，符合外国人才签证实施办法规定条件的，可凭外国高端人才确认函向驻外使馆、领馆或者外交部委托的其他驻外机构申请5－10年有效、多次入境，每次停留期限不超过180天的人才签证，免除签证费和急件费，可在2个工作日内获发签证。（外交部、外专局等有关部门按职责分工负责）

三、加强投资促进，提升引资质量和水平

（九）优化外商投资导向。积极吸引外商投资以及先进技术、管理经验，支持外商全面参与海南自由贸易港建设，强化自由贸易试验区在扩大开放吸引外资方面的先行先试作用。（商务部牵头，国务院自由贸易试验区工作部际联席会议成员单位按职责分工负责）引导外资更多投向现代农业、生态建设、先进制造业、现代服务业，投向中西部地区。进一步落实企业境外所得抵免、境外投资者以境内利润直接投资以及技术先进型服务企业的税收政策。（发展改革委、财政部、商务部、税务总局按职责分工负责）

（十）支持外商投资创新发展。积极落实外商投资研发中心支持政策，研究调整优化认定标准，鼓励外商投资企业加大在华研发力度。进一步落实高新技术企业政策，鼓励外资投向高新技术领域。（科技部、财政部、商务部、海关总署、税务总局按职责分工负责）

（十一）鼓励外资并购投资。鼓励地方政府根据市场化原则建立并购信息库，引导国内企业主动参与国际合作。允许符合条件的外国自然人投资者依法投资境内上市公司。比照上市公司相关规定，允许外商投资全国中小企业股份转让系统挂牌公司。完善上市公司国有股权监督管理制度，进一步提高国有控股上市公司及其国有股权流转的公开透明程度，为符合条件的国内外投资者参与国有企业改革提供公平机会。（发展改革委、商务部、国资委、证监会等有关部门、各省级人民政府按职责分工负责）

（十二）降低外商投资企业经营成本。允许各地支持制造业企业依法按程序进行厂房加层、厂区改造、内部用地整理及扩建生产、仓储场所，提升集约化用地水平，不再增收地价款。支持外商投资企业科学用工，通过订立以完成一定工作任务为期限的劳动合同、短期固定期限劳动合同满足灵活用工需求。完善外商投资企业申请实行综合计算工时工作制和不定时工作制的审批流程，缩短审批时限。加快推进多双边社会保障协定商签工作，切实履行已签署社会保障协定的条约义务，依据协定内容维护在华外国劳动者的社会保障权益，免除企业和员工对协定约定社会保险险种的双重缴费义务。（人力资源社

会保障部、自然资源部、住房城乡建设部按职责分工负责)

(十三)加大投资促进工作力度。鼓励各地提供投资促进资金支持,强化绩效考核,完善激励机制。支持各地在法定权限范围内制定专项政策,对在经济社会发展中作出突出贡献的外商投资企业及高层次人才给予奖励。充分运用因公临时出国管理有关政策,为重大项目洽谈、重大投资促进活动等因公出访团组提供便利。各地在招商引资过程中,应遵守国家产业政策、土地利用政策、城乡规划和环境保护等要求,注重综合改善营商环境,给予内外资企业公平待遇,避免恶性竞争。(中央外办、外交部、发展改革委、财政部、自然资源部、生态环境部、商务部、外专局、各省级人民政府按职责分工负责)

四、提升投资保护水平,打造高标准投资环境

(十四)加大知识产权保护力度。推进专利法等相关法律法规修订工作,大幅提高知识产权侵权法定赔偿上限。严厉打击侵权假冒行为,加大对外商投资企业反映较多的侵犯商业秘密、商标恶意抢注和商业标识混淆不正当竞争、专利侵权假冒、网络盗版侵权等知识产权侵权违法行为的惩治力度。严格履行我国加入世界贸易组织承诺,外商投资过程中技术合作的条件由投资各方议定,各级人民政府工作人员不得利用行政手段强制技术转让。加强维权援助和纠纷仲裁调解,推进纠纷仲裁调解试点工作,推动完善知识产权保护体系。(中央宣传部、最高人民法院、全国打击侵权假冒工作领导小组办公室、司法部、市场监管总局、知识产权局按职责分工负责)

(十五)保护外商投资合法权益。完善外商投资企业投诉工作部际联席会议制度,协调解决涉及中央事权的制度性、政策性问题。建立健全各地外商投资企业投诉工作机制,各部门要加强对地方对口单位的指导和监督,及时解决外商投资企业反映的不公平待遇问题。各地不得限制外商投资企业依法跨区域经营、搬迁、注销等行为。(商务部牵头,有关部门、各省级人民政府按职责分工负责)

五、优化区域开放布局,引导外资投向中西部等地区

(十六)拓宽外商投资企业融资渠道。允许西部地区和东北老工业基地的外商投资企业在境外发行人民币或外币债券,并可全额汇回所募集资金,用于所在省份投资经营。在全口径跨境融资宏观审慎管理框架内,支持上述区域金融机构或经批准设立的地方资产管理公司按照制度完善、风险可控的要求,向境外投资者转让人民币不良债权;在充分评估的基础上,允许上述区域的银行机构将其持有的人民币贸易融资资产转让给境外银行。(发展改革委、财政部、人民银行、银保监会、外汇局按职责分工负责)

(十七)降低外商投资企业物流成本。在中西部地区和东北老工业基地建设陆空联合开放口岸和多式联运枢纽，加快发展江海、铁空、铁水等联运。支持增加中西部和东北老工业基地国际国内航线和班次。加强中欧班列场站、通道等基础设施建设，优化中欧班列发展环境，促进中欧班列降本增效。完善市场调节机制，调整运输结构，提高运输效率，加强公路、铁路、航空、水运等领域收费行为监管，进一步降低西部地区物流成本。（发展改革委、交通运输部、海关总署、市场监管总局、铁路局、民航局、中国铁路总公司按职责分工负责）

（十八）加快沿边引资重点地区建设。鼓励地方统筹中央有关补助资金和自有财力，支持边境经济合作区、跨境经济合作区、边境旅游试验区建设。鼓励政策性、开发性金融机构在业务范围内加大对边境经济合作区、跨境经济合作区企业的信贷支持力度。积极支持注册地和主要生产地均在边境经济合作区、跨境经济合作区，符合条件的内外资企业，申请首次公开发行股票并上市。（财政部、商务部、文化和旅游部、人民银行、银保监会、证监会、各省级人民政府按职责分工负责）

（十九）打造西部地区投资合作新载体。在有条件的地区高标准规划建设若干个具有示范引领作用的国际合作园区，试点探索中外企业、机构、政府部门联合整体开发，支持园区在国际资本、人才、机构、服务等领域开展便利进出方面的先行先试。（中央财办、外交部、发展改革委、科技部、人力资源社会保障部、商务部、人民银行、海关总署、市场监管总局、外专局等有关部门、各省级人民政府按职责分工负责）

六、推动国家级开发区创新提升，强化利用外资重要平台作用

（二十）促进开发区优化外资综合服务。省级人民政府依法赋予国家级开发区地市级经济管理权限，制定发布相应的赋权清单，在有条件的国家级开发区试点赋予适宜的省级经济管理审批权限，支持国家级开发区稳妥高效用好相关权限，提升综合服务能力。支持国家级开发区复制推广上海市浦东新区“证照分离”改革经验，创新探索事中事后监管制度措施。借鉴国际先进经验，鼓励外商投资企业参与区中园、一区多园等建设运营。（自然资源部、住房城乡建设部、商务部、市场监管总局等有关部门、各省级人民政府按职责分工负责）

（二十一）发挥开发区示范带动提高利用外资水平的作用。省级人民政府依法制定支持国家级开发区城市更新、工业区改造的政策，优化土地存量供给，引进高技术、高附加值外商投资企业和项目。各地在安排土地利用计划时，对国家级开发区主导产业引进外资、促进转型升级等用地予以倾斜支持。在国家级开发区招商引资部门、团队等实行更加灵活的人事制度，提高专业化、市场化服务能力。进一步提升国家级开发区建设的国际化水平。（人力资

源社会保障部、自然资源部、住房城乡建设部、商务部、各省级人民政府按职责分工负责）

（二十二）加大开发区引资金融支持力度。引导各类绿色环保基金，按照市场化原则运作，支持外资参与国家级开发区环境治理和节能减排，为国家级开发区引进先进节能环保技术、企业提供金融支持。地方政府可通过完善公共服务定价、实施特许经营模式等方式，支持绿色环保基金投资国家级开发区相关项目。鼓励设立政府性融资担保机构，提供融资担保、再担保等服务，支持国家级开发区引进境外创新型企业、创业投资机构等，推进创新驱动发展。（发展改革委、科技部、工业和信息化部、财政部、生态环境部、商务部等有关部门按职责分工负责）

（二十三）健全开发区双向协作引资机制。在东部地区国家级开发区建设若干产业转移协作平台，推进产业项目转移对接合作。支持地方制定成本分担和利益分享、人才交流合作、产业转移协作等方面的措施，推动东部地区国家级开发区通过多种形式在西部地区、东北老工业基地建设产业转移园区。支持东部与中西部地区国家级开发区合作引入国际双元制职业教育机构，增加外商投资企业人力资源有效供给。（发展改革委、教育部、工业和信息化部、人力资源社会保障部、自然资源部、住房城乡建设部、商务部等有关部门、各省级人民政府按职责分工负责）

各地区、各部门要充分认识新时代推动扩大开放、积极有效利用外资对于建设现代化经济体系、促进经济升级的重要意义，高度重视，主动作为，狠抓落实，注重实效，确保各项措施与已出台政策有效衔接，形成合力。涉及修订或废止行政法规、国务院文件、经国务院批准的部门规章的，由原牵头起草部门或商务部会同有关部门报请国务院修订或废止。商务部、发展改革委要会同有关部门加强督促检查，重大问题及时向国务院请示报告。

国务院办公厅关于调整国务院促进中小企业发展工作领导小组的通知

（2018 年 6 月 12 日　国办发〔2018〕46 号）

根据机构设置、人员变动情况和工作需要，国务院决定对国务院促进中小企业发展工作领导小组（以下简称领导小组）作相应调整，现将有关事项通知如下：

一、主要职责

贯彻落实党中央、国务院决策部署，加强对促进中小企业发展工作的组织领导和政策协调，统筹指导和督促推动各地区、各部门抓好促进中小企业发展任务落实，协调解决促进中小企业发展工作中的重大问题，完成党中央、国务院交办的其他事项。

二、组成人员

组　长：刘　鹤　　国务院副总理

副组长：苗　圩　　工业和信息化部部长

　　　　刘　昆　　财政部部长

　　　　高　雨　　国务院机关党组成员

成　员：王江平　　工业和信息化部副部长

　　　　林念修　　发展改革委副主任

　　　　徐南平　　科技部副部长

　　　　刘　伟　　财政部副部长

　　　　张义珍　　人力资源社会保障部副部长

　　　　屈冬玉　　农业农村部副部长

　　　　王炳南　　商务部副部长

　　　　张　旭　　文化和旅游部副部长

　　　　潘功胜　　人民银行副行长

　　　　邹志武　　海关总署副署长

　　　　孙瑞标　　税务总局副局长

　　　　马正其　　市场监管总局副局长

　　　　鲜祖德　　统计局副局长

　　　　祝树民　　银保监会副主席

　　　　宣昌能　　证监会主席助理

　　　　贺　化　　知识产权局副局长

　　　　张　伟　　贸促会副会长

　　　　黄　荣　　全国工商联副主席

　　　　周清玉　　开发银行副行长

领导小组成员因工作变动等需要调整的，由所在单位向领导小组办公室提出，报领导小组组长批准。

三、工作机构

领导小组办公室设在工业和信息化部，承担领导小组的日常工作，负责研究提出促进中小企业发展的政策建议，督促落实领导小组议定事项，承办领导小组交办的其他事项。领导小组办公室主任由工业和信息化部副部长王江平兼任,副主任由工业和信息化部中小企业局局长马向晖、财政部经济建设司司长孙光奇担任,办公室成员由各成员单位相关司局负责同志担任。

四、工作规则

领导小组实行工作会议制度,根据工作需要定期或不定期召开会议。工作会议由领导小组组长召集,也可由组长委托副组长召集。会议参加人员为领导小组全体成员或部分成员,必要时可邀请其他有关单位人员参加。领导小组会议以纪要形式明确议定事项并印发有关单位。

五、工作要求

各成员单位要按照职责分工,认真落实领导小组工作部署,主动研究促进中小企业发展的重大问题,制定相关配套政策措施或提出政策措施建议;加强协调配合、沟通联络和信息共享,形成工作合力,共同做好促进中小企业发展工作。

国务院办公厅关于调整国家防汛抗旱总指挥部组成人员的通知

(2018 年 6 月 15 日　国办发〔2018〕49 号)

根据机构设置、人员变动情况和工作需要,国务院决定对国家防汛抗旱总指挥部的组成单位和人员进行调整。现将调整后的名单通知如下:

总 指 挥:胡春华　国务院副总理

副总指挥:王　勇　国务委员

鄂竟平　水利部部长

黄　明　应急部党组书记、副部长

马宜明　中央军委联合参谋部副参谋长

高　雨　国务院机关党组成员

秘 书 长:叶建春　水利部副部长兼应急部副部长

副秘书长:余　勇　气象局副局长

成　　员:郭卫民　中央宣传部部务会议成员、新闻办副主任

张　勇　发展改革委副主任

陈肇雄　工业和信息化部副部长

侍　俊　公安部副部长

程丽华	财政部副部长
凌月明	自然资源部副部长
倪　虹	住房城乡建设部副部长
何建中	交通运输部副部长
余欣荣	农业农村部副部长
王炳南	商务部副部长
李世宏	文化和旅游部党组成员
崔　丽	卫生健康委副主任
范卫平	广电总局副局长
刘宝华	能源局副局长
于春孝	铁路局副局长
蔡　军	中央军委联合参谋部作战局副局长
孙从军	中央军委国防动员部民兵预备役局副局长
张红生	武警部队参谋长助理
李文新	中国铁路总公司副总经理

国务院办公厅关于做好证明事项清理工作的通知

（2018 年 6 月 15 日　国办发〔2018〕47 号）

为贯彻落实党中央、国务院关于减证便民、优化服务的部署要求，做好证明事项清理工作，切实做到没有法律法规规定的证明事项一律取消，经国务院同意，现就有关事项通知如下：

一、各部门要对本部门规章和规范性文件等设定的各类证明事项进行全面清理，尽可能予以取消。对可直接取消的，要作出决定，立即停止执行，同时启动修改或废止规章和规范性文件程序；对应当取消但立即取消存在困难的，应采取必要措施，确保最迟在 2018 年年底前取消；对个别确需保留的，要在广泛征求意见、充分研究论证的基础上，通过提请制定或修改法律、行政法规予以设定。部门规章和规范性文件等设定的证明事项清理情况，包括已经取消的证明事项目录、拟保留的证明事项目录等，于 2018 年 10 月底前报送司法部。

二、各部门要结合本部门职责，对法律、行政法规设定的证明事项，本着尽可能取消的原则，逐项提出取消或保留的建议，于 2018 年 9 月底前报送司法部。对可以通过法定证照、书面告知承诺、政府部门内部核查和部门间核查、网络核验、合同凭证等办理的，能被其他材料涵盖或者替代的，开具单位无法调查核实的，以及不适应形势需要的，要提出取消建议；对实践中确需保留的，要列出目录。对于建议取消和保留的证明事项，要逐项列明设定依据、取消或保留理由、实施基本情况（包括年受理量、索要单位、开具单位）、相关部门意见等。

三、各地区要对法律、行政法规、部门规章和部门规范性文件设定的、在本行政区域内实施的证明事项进行梳理，逐项提出取消或保留的建议，于 2018 年 9 月底前报送司法部。对本地区自行设定的证明事项，除地方性法规设定的外，最迟要于 2018 年年底前取消。对地方性法规设定的证明事项，也要根据本次清理工作精神，逐一研究，尽可能予以取消。

四、司法部要做好本次清理的组织实施工作。对各地区、各部门的建议进行汇总并梳理审核，加强对国务院各部门清理工作的跟踪、督促和指导，确保于 2018 年年底前完成证明事项清理工作，清理工作完成后向国务院报告情况。根据各地区、各部门的建议，对确需保留的证明事项，组织各地区、各部门公布清单，逐项列明设定依据、开具单位、办理指南等。清单之外，政府部门、公用事业单位和服务机构不得索要证明。对取消证明事项涉及修改法律、行政法规的，及时启动法律、行政法规修订程序。

五、各地区、各部门要以本次清理工作为契机，进一步转变行政管理方式，规范行政行为，切实改进服务作风，提升监管效能。已取消的证明事项要及时通过互联网等向社会公布目录并做好宣传解读工作，公布新的办事指南，保证平稳过渡，防止出现管理和服务“真空”。要加强督促检查，对下级机关违法增加证明事项和证明材料、提高证明要求、随意将行政机关的核查义务转嫁给群众和企业的，及时纠正查处；对未及时纠正查处、引发不良社会影响的，严肃追究相关责任人的责任。要进一步加强协同协作，促进信息系统互联互通，打破政府部门间、部门内部“信息孤岛”，从根本上铲除“奇葩”证明、循环证明、重复证明滋生的土壤。要大力推行告知承诺制，同时加强信用体系建设，强化对群众和企业承诺事项的事后审查，对不实承诺甚至弄虚作假的，依法予以严厉处罚。

本次清理工作时间紧、任务重，各地区、各部门要高度重视，切实加强组织领导，制定工作方案，细化分解任务，明确牵头单位和时间节点，层层压实责任，采取有力措施确保实现预期目标。各地区、各部门要于 2018 年 6 月 30 日前，将本次清理工作的有关负责同志和联络员名单报送司法部。

中共中央 国务院关于全面加强生态环境保护 坚决打好污染防治攻坚战的意见

（2018 年 6 月 16 日）

良好生态环境是实现中华民族永续发展的内在要求，是增进民生福祉的优先领域。为深入学习贯彻习近平新时代中国特色社会主义思想和党的十九大精神，决胜全面建成小康社会，全面加强生态环境保护，打好污染防治攻坚战，提升生态文明，建设美丽中国，现提出如下意见。

一、深刻认识生态环境保护面临的形势

党的十八大以来，以习近平同志为核心的党中央把生态文明建设作为统筹推进“五位一体”总体布局和协调推进“四个全面”战略布局的重要内容，谋划开展了一系列根本性、长远性、开创性工作，推动生态文明建设和生态环境保护从实践到认识发生了历史性、转折性、全局性变化。各地区各部门认真贯彻落实党中央、国务院决策部署，生态文明建设和生态环境保护制度体系加快形成，全面节约资源有效推进，大气、水、土壤污染防治行动计划深入实施，生态系统保护和修复重大工程进展顺利，核与辐射安全得到有效保障，生态文明建设成效显著，美丽中国建设迈出重要步伐，我国成为全球生态文明建设的重要参与者、贡献者、引领者。

同时，我国生态文明建设和生态环境保护面临不少困难和挑战，存在许多不足。一些地方和部门对生态环境保护认识不到位，责任落实不到位；经济社会发展同生态环境保护的矛盾仍然突出，资源环境承载能力已经达到或接近上限；城乡区域统筹不够，新老环境问题交织，区域性、布局性、结构性环境风险凸显，重污染天气、黑臭水体、垃圾围城、生态破坏等问题时有发生。这些问题，成为重要的民生之患、民心之痛，成为经济社会可持续发展的瓶颈制约，成为全面建成小康社会的明显短板。

进入新时代，解决人民日益增长的美好生活需要和不平衡不充分的发展之间的矛盾对生态环境保护提出许多新要求。当前，生态文明建设正处于压力叠加、负重前行的关键期，已进入提供更多优质生态产品以满足人民日益增长的优美生态环境需要的攻坚期，也到了有条件有能力解决突出生态环境问题的窗口期。必须加大力度、加快治理、加紧攻坚，打好标志性的重大战役，为人民创造良好生产生活环境。

二、深入贯彻习近平生态文明思想

习近平总书记传承中华民族传统文化、顺应时代潮流和人民意愿，站在坚持和发展中国特色社会主义、实现中华民族伟大复兴中国梦的战略高度，深刻回答了为什么建设生态文明、建设什么样的生态文明、怎样建设生态文明等重大理论和实践问题，系统形成了习近平生态文明思想，有力指导生态文明建设和生态环境保护取得历史性成就、发生历史性变革。

坚持生态兴则文明兴。建设生态文明是关系中华民族永续发展的根本大计，功在当代、利在千秋，关系人民福祉，关乎民族未来。

坚持人与自然和谐共生。保护自然就是保护人类，建设生态文明就是造福人类。必须尊重自然、顺应自然、保护自然，像保护眼睛一样保护生态环境，像对待生命一样对待生态环境，推动形成人与自然和谐发展现代化建设新格局，还自然以宁静、和谐、美丽。

坚持绿水青山就是金山银山。绿水青山既是自然财富、生态财富，又是社会财富、经济财富。保护生态环境就是保护生产力，改善生态环境就是发展生产力。必须坚持和贯彻绿色发展理念，平衡和处理好发展与保护的关系，推动形成绿色发展方式和生活方式，坚定不移走生产发展、生活富裕、生态良好的文明发展道路。

坚持良好生态环境是最普惠的民生福祉。生态文明建设同每个人息息相关。环境就是民生，青山就是美丽，蓝天也是幸福。必须坚持以人民为中心，重点解决损害群众健康的突出环境问题，提供更多优质生态产品。

坚持山水林田湖草是生命共同体。生态环境是统一的有机整体。必须按照系统工程的思路，构建生态环境治理体系，着力扩大环境容量和生态空间，全方位、全地域、全过程开展生态环境保护。

坚持用最严格制度最严密法治保护生态环境。保护生态环境必须依靠制度、依靠法治。必须构建产权清晰、多元参与、激励约束并重、系统完整的生态文明制度体系，让制度成为刚性约束和不可触碰的高压线。

坚持建设美丽中国全民行动。美丽中国是人民群众共同参与共同建设共同享有的事业。必须加强生态文明宣传教育，牢固树立生态文明价值观念和行为准则，把建设美丽中国化为全民自觉行动。

坚持共谋全球生态文明建设。生态文明建设是构建人类命运共同体的重要内容。必须同舟共济、共同努力，构筑尊崇自然、绿色发展的生态体系，推动全球生态环境治理，建设清洁美丽世界。

习近平生态文明思想为推进美丽中国建设、实现人与自然和谐共生的现代化提供了方向指引和根本遵循，必须用以武装头脑、指导实践、推动工作。

要教育广大干部增强“四个意识”，树立正确政绩观，把生态文明建设重大部署和重要任务落到实处，让良好生态环境成为人民幸福生活的增长点、成为经济社会持续健康发展的支撑点、成为展现我国良好形象的发力点。

三、全面加强党对生态环境保护的领导

加强生态环境保护、坚决打好污染防治攻坚战是党和国家的重大决策部署，各级党委和政府要强化对生态文明建设和生态环境保护的总体设计和组织领导，统筹协调处理重大问题，指导、推动、督促各地区各部门落实党中央、国务院重大政策措施。

（一）*落实党政主体责任*。落实领导干部生态文明建设责任制，严格实行党政同责、一岗双责。地方各级党委和政府必须坚决扛起生态文明建设和生态环境保护的政治责任，对本行政区域的生态环境保护工作及生态环境质量负总责，主要负责人是本行政区域生态环境保护第一责任人，至少每季度研究一次生态环境保护工作，其他有关领导成员在职责范围内承担相应责任。各地要制定责任清单，把任务分解落实到有关部门。抓紧出台中央和国家机关相关部门生态环境保护责任清单。各相关部门要履行好生态环境保护职责，制定生态环境保护年度工作计划和措施。各地区各部门落实情况每年向党中央、国务院报告。

健全环境保护督察机制。完善中央和省级环境保护督察体系，制定环境保护督察工作规定，以解决突出生态环境问题、改善生态环境质量、推动高质量发展为重点，夯实生态文明建设和生态环境保护政治责任，推动环境保护督察向纵深发展。完善督查、交办、巡查、约谈、专项督察机制，开展重点区域、重点领域、重点行业专项督察。

（二）*强化考核问责*。制定对省（自治区、直辖市）党委、人大、政府以及中央和国家机关有关部门污染防治攻坚战成效考核办法，对生态环境保护立法执法情况、年度工作目标任务完成情况、生态环境质量状况、资金投入使用情况、公众满意程度等相关方面开展考核。各地参照制定考核实施细则。开展领导干部自然资源资产离任审计。考核结果作为领导班子和领导干部综合考核评价、奖惩任免的重要依据。

严格责任追究。对省（自治区、直辖市）党委和政府以及负有生态环境保护责任的中央和国家机关有关部门贯彻落实党中央、国务院决策部署不坚决不彻底、生态文明建设和生态环境保护责任制执行不到位、污染防治攻坚任务完成严重滞后、区域生态环境问题突出的，约谈主要负责人，同时责成其向党中央、国务院作出深刻检查。对年度目标任务未完成、考核不合格的市、县，党政主要负责人和相关领导班子成员不得评优评先。对在生态环境方面造成严重破坏负有责任的干部，不得提拔使用或者转任重要职务。对不顾生态环境盲目决策、违法违规审批开发利用规划和建设项目的，对造成生态环境质量恶化、生态严重破坏的，对生态环境事件多发高发、应对不力、群众反映强烈的，对生态环境保护责任没有落实、推诿扯皮、没有完成工作任务的，依纪依法严格问责、终身追责。

四、总体目标和基本原则

（一）总体目标。到2020年，生态环境质量总体改善，主要污染物排放总量大幅减少，环境风险得到有效管控，生态环境保护水平同全面建成小康社会目标相适应。

具体指标：全国细颗粒物（$PM_{2.5}$）未达标地级及以上城市浓度比2015年下降18%以上，地级及以上城市空气质量优良天数比率达到80%以上；全国地表水Ⅰ-Ⅲ类水体比例达到70%以上，劣Ⅴ类水体比例控制在5%以内；近岸海域水质优良（一、二类）比例达到70%左右；二氧化硫、氮氧化物排放量比2015年减少15%以上，化学需氧量、氨氮排放量减少10%以上；受污染耕地安全利用率达到90%左右，污染地块安全利用率达到90%以上；生态保护红线面积占比达到25%左右；森林覆盖率达到23.04%以上。

通过加快构建生态文明体系，确保到2035年节约资源和保护生态环境的空间格局、产业结构、生产方式、生活方式总体形成，生态环境质量实现根本好转，美丽中国目标基本实现。到本世纪中叶，生态文明全面提升，实现生态环境领域国家治理体系和治理能力现代化。

（二）基本原则

——坚持保护优先。落实生态保护红线、环境质量底线、资源利用上线硬约束，深化供给侧结构性改革，推动形成绿色发展方式和生活方式，坚定不移走生产发展、生活富裕、生态良好的文明发展道路。

——强化问题导向。以改善生态环境质量为核心，针对流域、区域、行业特点，聚焦问题、分类施策、精准发力，不断取得新成效，让人民群众有更多获得感。

——突出改革创新。深化生态环境保护体制机制改革，统筹兼顾、系统谋划，强化协调、整合力量，区域协作、条块结合，严格环境标准，完善经济政策，增强科技支撑和能力保障，提升生态环境治理的系统性、整体性、协同性。

——注重依法监管。完善生态环境保护法律法规体系，健全生态环境保护行政执法和刑事司法衔接机制，依法严惩重罚生态环境违法犯罪行为。

——推进全民共治。政府、企业、公众各尽其责、共同发力，政府积极发挥主导作用，企业主动承担环境治理主体责任，公众自觉践行绿色生活。

五、推动形成绿色发展方式和生活方式

坚持节约优先，加强源头管控，转变发展方式，培育壮大新兴产业，推动传统产业智能化、清洁化改造，加快发展节能环保产业，全面节约能源资源，协同推动经济高质量发展和生态环境高水平保护。

（一）促进经济绿色低碳循环发展。对重点区域、重点流域、重点行业和产业布局开展规划环评，调整优化不符合生态环境功能定位的产业布局、规模和结构。严格控制重点流域、重点区域环境风险项目。对国家级新区、工业园区、高新区等进行集中整治，限期进行达标改造。加快城市建成区、重点流域的重污染企业和危险化学品企业搬迁改造，2018 年年底前，相关城市政府就此制定专项计划并向社会公开。促进传统产业优化升级，构建绿色产业链体系。继续化解过剩产能，严禁钢铁、水泥、电解铝、平板玻璃等行业新增产能，对确有必要新建的必须实施等量或减量置换。加快推进危险化学品生产企业搬迁改造工程。提高污染排放标准，加大钢铁等重点行业落后产能淘汰力度，鼓励各地制定范围更广、标准更严的落后产能淘汰政策。构建市场导向的绿色技术创新体系，强化产品全生命周期绿色管理。大力发展节能环保产业、清洁生产产业、清洁能源产业，加强科技创新引领，着力引导绿色消费，大力提高节能、环保、资源循环利用等绿色产业技术装备水平，培育发展一批骨干企业。大力发展节能和环境服务业，推行合同能源管理、合同节水管理，积极探索区域环境托管服务等新模式。鼓励新业态发展和模式创新。在能源、冶金、建材、有色、化工、电镀、造纸、印染、农副食品加工等行业，全面推进清洁生产改造或清洁化改造。

（二）推进能源资源全面节约。强化能源和水资源消耗、建设用地等总量和强度双控行动，实行最严格的耕地保护、节约用地和水资源管理制度。实施国家节水行动，完善水价形成机制，推进节水型社会和节水型城市建设，到 2020 年，全国用水总量控制在 6700 亿立方米以内。健全节能、节水、节地、节材、节矿标准体系，大幅降低重点行业和企业能耗、物耗，推行生产者责任延伸制度，实现生产系统和生活系统循环链接。鼓励新建建筑采用绿色建材，大力发展装配式建筑，提高新建绿色建筑比例。以北方采暖地区为重点，推进既有居住建筑节能改造。积极应对气候变化，采取有力措施确保完成 2020 年控制温室气体排放行动目标。扎实推进全国碳排放权交易市场建设，统筹深化低碳试点。

（三）引导公众绿色生活。加强生态文明宣传教育，倡导简约适度、绿色低碳的生活方式，反对奢侈浪费和不合理消费。开展创建绿色家庭、绿色学校、绿色社区、绿色商场、绿色餐馆等行动。推行绿色消费，出台快递业、共享经济

等新业态的规范标准，推广环境标志产品、有机产品等绿色产品。提倡绿色居住，节约用水用电，合理控制夏季空调和冬季取暖室内温度。大力发展公共交通，鼓励自行车、步行等绿色出行。

六、坚决打赢蓝天保卫战

编制实施打赢蓝天保卫战三年作战计划，以京津冀及周边、长三角、汾渭平原等重点区域为主战场，调整优化产业结构、能源结构、运输结构、用地结构，强化区域联防联控和重污染天气应对，进一步明显降低$PM_{2.5}$浓度，明显减少重污染天数，明显改善大气环境质量，明显增强人民的蓝天幸福感。

（一）加强工业企业大气污染综合治理。全面整治"散乱污"企业及集群，实行拉网式排查和清单式、台账式、网格化管理，分类实施关停取缔、整合搬迁、整改提升等措施，京津冀及周边区域2018年年底前完成，其他重点区域2019年年底前完成。坚决关停用地、工商手续不全并难以通过改造达标的企业，限期治理可以达标改造的企业，逾期依法一律关停。强化工业企业无组织排放管理，推进挥发性有机物排放综合整治，开展大气氨排放控制试点。到2020年，挥发性有机物排放总量比2015年下降10%以上。重点区域和大气污染严重城市加大钢铁、铸造、炼焦、建材、电解铝等产能压减力度，实施大气污染物特别排放限值。加大排放高、污染重的煤电机组淘汰力度，在重点区域加快推进。到2020年，具备改造条件的燃煤电厂全部完成超低排放改造，重点区域不具备改造条件的高污染燃煤电厂逐步关停。推动钢铁等行业超低排放改造。

（二）大力推进散煤治理和煤炭消费减量替代。增加清洁能源使用，拓宽清洁能源消纳渠道，落实可再生能源发电全额保障性收购政策。安全高效发展核电。推动清洁低碳能源优先上网。加快重点输电通道建设，提高重点区域接受外输电比例。因地制宜、加快实施北方地区冬季清洁取暖五年规划。鼓励余热、浅层地热能等清洁能源取暖。加强煤层气（煤矿瓦斯）综合利用，实施生物天然气工程。到2020年，京津冀及周边、汾渭平原的平原地区基本完成生活和冬季取暖散煤替代；北京、天津、河北、山东、河南及珠三角区域煤炭消费总量比2015年均下降10%左右，上海、江苏、浙江、安徽及汾渭平原煤炭消费总量均下降5%左右；重点区域基本淘汰每小时35蒸吨以下燃煤锅炉。推广清洁高效燃煤锅炉。

（三）打好柴油货车污染治理攻坚战。以开展柴油货车超标排放专项整治为抓手，统筹开展油、路、车治理和机动车船污染防治。严厉打击生产销售不达标车辆、排放检验机构检测弄虚作假等违法行为。加快淘汰老旧车，鼓励清洁能源车辆、船舶的推广使用。建设"天地车人"一体化的机动车排放监控系统，完善机动车遥感监测网络。推进钢铁、电力、电解铝、焦化等重点工业企业和工业园区货物由公路运输转向铁路运输。显著提高重点区域大宗货物铁路水路货运比例，提高沿海港口集装箱铁路集疏港比例。重点区域提前实施机动车国六排放标准，严格实施船舶和非道路移动机械大气排放标准。鼓励淘汰老旧船舶、工程机械和农业机械。落实珠三角、长三角、环渤海京津冀水域船舶排放控制区管理政策，全国主要港口和排放控制区内港口靠港船舶率先使用岸电。到2020年，长江干线、西江航运干线、京杭运河水上服务区和待闸锚地基本具备船舶岸电供应能力。2019年1月1日起，全国供应符合国六标准的车用汽油和车用柴油，力争重点区域提前供应。尽快实现车用柴油、普通柴油和部分船舶用油标准并轨。内河和江海直达船舶必须使用硫含量不大于10毫克/千克的柴油。严厉打击生产、销售和使用非标车（船）用燃料行为，彻底清除黑加油站点。

（四）强化国土绿化和扬尘管控。积极推进露天矿山综合整治，加快环境修复和绿化。开展大规模国土绿化行动，加强北方防沙带建设，实施京津风沙源治理工程、重点防护林工程，增加林草覆盖率。在城市功能疏解、更新和调整中，将腾退空间优先用于留白增绿。落实城市道路和城市范围内施工工地等扬尘管控。

（五）有效应对重污染天气。强化重点区域联防联控联治，统一预警分级标准、信息发布、应急响应，提前采取应急减排措施，实施区域应急联动，有效降低污染程度。完善应急预案，明确政府、部门及企业的应急责任，科学确定重污染期间管控措施和污染源减排清单。指导公众做好重污染天气健康防护。推进预测预报预警体系建设，2018年年底前，进一步提升国家级空气质量预报能力，区域预报中心具备7至10天空气质量预报能力，省级预报中心具备7天空气质量预报能力并精确到所辖各城市。重点区域采暖季节，对钢铁、焦化、建材、铸造、电解铝、化工等重点行业企业实施错峰生产。重污染期间，对钢铁、焦化、有色、电力、化工等涉及大宗原材料及产品运输的重点企业实施错峰运输；强化城市建设施工工地扬尘管控措施，加强道路机扫。依法严禁秸秆露天焚烧，全面推进综合利用。到2020年，地级及以上城市重污染天数比2015年减少25%。

七、着力打好碧水保卫战

深入实施水污染防治行动计划，扎实推进河长制湖长制，坚持污染减排和生态扩容两手发力，加快工业、农业、生活污染源和水生态系统整治，保障饮用水安全，消除城市黑臭水体，减少污染严重水体和不达标水体。

（一）打好水源地保护攻坚战。加强水源水、出厂水、管网水、末梢水的全过程管理。划定集中式饮用水水源保护区，推进规范化建设。强化南水北调水源地及沿线生态环境保护。深化地下水污染防治。全面排查和整治县级及以上城市水源保护区内的违法违规问题，长江经济带于2018年年底前、其他地区于2019年年底前完成。单一水源供水的地级及以上城市应当建设应急水源或备用水源。定期监（检）测、评估集中式饮用水水源、供水单位供水和用户水龙头水质状况，县级及以上城市至少每季度向社会公开一次。

（二）打好城市黑臭水体治理攻坚战。实施城镇污水处理"提质增效"三年行动，加快补齐城镇污水收集和处理设施短板，尽快实现污水管网全覆盖、全收集、全处理。完善污水处理收费政策，各地要按规定将污水处理收费标准尽快调整到位，原则上应补偿到污水处理和污泥处置设施正常运营并合理盈利。对中西部地区，中央财政给予适当支持。加强城市初期雨水收集处理设施建设，有效减少城市面源污染。到2020年，地级及以上城市建成区黑臭水体消除比例达90%以上。鼓励京津冀、长三角、珠三角区域城市建成区尽早全面消除黑臭水体。

（三）打好长江保护修复攻坚战。开展长江流域生态隐患和环境风险调查评估，划定高风险区域，从严实施生态环境风险防控措施。优化长江经济带产业布局和规模，严禁污染型产业、企业向上中游地区转移。排查整治入河入湖排污口及不达标水体，市、县级政府制定实施不达标水体限期达标规划。到2020年，长江流域基本消除劣V类水体。强化船舶和港口污染防治，现有船舶到2020年全部完成达标改造，港口、船舶修造厂环卫设施、污水处理设施纳入城市设施建设规划。加强沿河环湖生态保护，修复湿地等水生态系统，因地制宜建设人工湿地水质净化工程。实施长江流域上中游水库群联合调度，保障干流、主要支流和湖泊基本生态用水。

（四）打好渤海综合治理攻坚战。以渤海海区的渤海湾、辽东湾、莱州湾、辽河口、黄河口等为重点，推动河口海湾综合整治。全面整治入海污染源，规范入海排污口设置，全部清理非法排污口。严格控制海水养殖等造成的海上污染，推进海洋垃圾防治和清理。率先在渤海实施主要污染物排海总量控制制度，强化陆海污染联防联控，加强入海河流治理与监管。实施最严格的围填海和岸线开发管控，统筹安排海洋空间利用活动。渤海禁止审批新增围填海项目，引导符合国家产业政策的项目消化存量围填海资源，已审批但未开工的项目要依法重新进行评估和清理。

（五）打好农业农村污染治理攻坚战。以建设美丽宜居村庄为导向，持续开展农村人居环境整治行动，实现全国行政村环境整治全覆盖。到2020年，农村人居环境明显改善，村庄环境基本干净整洁有序，东部地区、中西部城市近郊区等有基础、有条件的地区人居环境质量全面提升，管护长效机制初步建立；中西部有较好基础、基本具备条件的地区力争实现90%左右的村庄生活垃圾得到治理，卫生厕所普及率达到85%左右，生活污水乱排乱放得到管控。减少化肥农药使用量，制修订并严格执行化肥农药等农业投入品质量标准，严格控制高毒高风险农药使用，推进有机肥替代化肥、病虫害绿色防控替代化学防治和废弃农膜回收，完善废旧地膜和包装废弃物等回收处理制度。到2020年，化肥农药使用量实现零增长。坚持种植和养殖相结合，就地就近消纳利用畜禽养殖废弃物。合理布局水产养殖空间，深入推进水产健康养殖，开展重点江河湖库及重点近岸海域破坏生态环境的养殖方式综合整治。到2020年，全国畜禽粪污综合利用率达到75%以上，规模养殖场粪污处理设施装备配套率达到95%以上。

八、扎实推进净土保卫战

全面实施土壤污染防治行动计划，突出重点区域、行业和污染物，有效管控农用地和城市建设用地土壤环境风险。

（一）强化土壤污染管控和修复。加强耕地土壤环境分类管理。严格管控重度污染耕地，严禁在重度污染耕地种植食用农产品。实施耕地土壤环境治理保护重大工程，开展重点地区涉重金属行业排查和整治。2018年年底前，完成农用地土壤污染状况详查。2020年年底前，编制完成耕地土壤环境质量分类清单。建立建设用地土壤污染风险管控和修复名录，列入名录且未完成治理修复的地块不得作为住宅、公共管理与公共服务用地。建立污染地块联动监管机制，将建设用地土壤环境管理要求纳入用地规划和供地管理，严格控制用地准入，强化暂不开发污染地块的风险管控。2020年年底前，完成重点行业企业用地土壤污染状况调查。严格土壤污染重点行业企业搬迁改造过程中拆除活动的环境监管。

（二）加快推进垃圾分类处理。到2020年，实现所有城市和县城生活垃圾处理能力全覆盖，基本完成非正规垃圾堆放点整治；直辖市、计划单列市、省会城市和第一批分类示范城市基本建成生活垃圾分类处理系统。推进垃圾资源化利用，大力发展垃圾焚烧发电。推进农村垃圾就地分类、资源化利用和处理，建立农村有机废弃物收集、转化、利用网络体系。

（三）强化固体废物污染防治。全面禁止洋垃圾入境，严厉打击走私，大幅减少固体废物进口种类和数量，力争2020年年底前基本实现固体废物零进口。开展“无废城市”试点，推动固体废物资源化利用。调查、评估重点工业行业危险废物产生、贮存、利用、处置情况。完善危险废物经营许可、转移等管理制度，建立信息化监管体系，提升危险废物处理处置能力，实施全过程监管。

严厉打击危险废物非法跨界转移、倾倒等违法犯罪活动。深入推进长江经济带固体废物大排查活动。评估有毒有害化学品在生态环境中的风险状况,严格限制高风险化学品生产、使用、进出口,并逐步淘汰、替代。

九、加快生态保护与修复

坚持自然恢复为主,统筹开展全国生态保护与修复,全面划定并严守生态保护红线,提升生态系统质量和稳定性。

(一)划定并严守生态保护红线。按照应保尽保、应划尽划的原则,将生态功能重要区域、生态环境敏感脆弱区域纳入生态保护红线。到2020年,全面完成全国生态保护红线划定、勘界定标,形成生态保护红线全国"一张图",实现一条红线管控重要生态空间。制定实施生态保护红线管理办法、保护修复方案,建设国家生态保护红线监管平台,开展生态保护红线监测预警与评估考核。

(二)坚决查处生态破坏行为。2018年年底前,县级及以上地方政府全面排查违法违规挤占生态空间、破坏自然遗迹等行为,制定治理和修复计划并向社会公开。开展病危险尾矿库和"头顶库"专项整治。持续开展"绿盾"自然保护区监督检查专项行动,严肃查处各类违法违规行为,限期进行整治修复。

(三)建立以国家公园为主体的自然保护地体系。到2020年,完成全国自然保护区范围界限核准和勘界立标,整合设立一批国家公园,自然保护地相关法规和管理制度基本建立。对生态严重退化地区实行封禁管理,稳步实施退耕还林还草和退牧还草,扩大轮作休耕试点,全面推行草原禁牧休牧和草畜平衡制度。依法依规解决自然保护地内的矿业权合理退出问题。全面保护天然林,推进荒漠化、石漠化、水土流失综合治理,强化湿地保护和恢复。加强休渔禁渔管理,推进长江、渤海等重点水域禁捕限捕,加强海洋牧场建设,加大渔业资源增殖放流。推动耕地草原森林河流湖泊海洋休养生息。

十、改革完善生态环境治理体系

深化生态环境保护管理体制改革,完善生态环境管理制度,加快构建生态环境治理体系,健全保障举措,增强系统性和完整性,大幅提升治理能力。

(一)完善生态环境监管体系。整合分散的生态环境保护职责,强化生态保护修复和污染防治统一监管,建立健全生态环境保护领导和管理体制、激励约束并举的制度体系、政府企业公众共治体系。全面完成省以下生态环境机构监测监察执法垂直管理制度改革,推进综合执法队伍特别是基层队伍的能力建设。完善农村环境治理体制。健全区域流域海域生态环境管理体制,推进跨地区环保机构试点,加快组建流域环境监管执法机构,按海域设置监管机构。建立独立权威高效的生态环境监测体系,构建天地一体化的生态环境监测网络，实现国家和区域生态环境质量预报预警和质控，按照适度上收生态环境质量监测事权的要求加快推进有关工作。省级党委和政府加快确定生态保护红线、环境质量底线、资源利用上线，制定生态环境准入清单，在地方立法、政策制定、规划编制、执法监管中不得变通突破、降低标准，不符合不衔接不适应的于2020年年底前完成调整。实施生态环境统一监管。推行生态环境损害赔偿制度。编制生态环境保护规划，开展全国生态环境状况评估，建立生态环境保护综合监控平台。推动生态文明示范创建、绿水青山就是金山银山实践创新基地建设活动。

严格生态环境质量管理。生态环境质量只能更好、不能变坏。生态环境质量达标地区要保持稳定并持续改善；生态环境质量不达标地区的市、县级政府，要于2018年年底前制定实施限期达标规划，向上级政府备案并向社会公开。加快推行排污许可制度，对固定污染源实施全过程管理和多污染物协同控制，按行业、地区、时限核发排污许可证，全面落实企业治污责任，强化证后监管和处罚。在长江经济带率先实施入河污染源排放、排污口排放和水体水质联动管理。2020年，将排污许可证制度建设成为固定源环境管理核心制度，实现"一证式"管理。健全环保信用评价、信息强制性披露、严惩重罚等制度。将企业环境信用信息纳入全国信用信息共享平台和国家企业信用信息公示系统，依法通过"信用中国"网站和国家企业信用信息公示系统向社会公示。监督上市公司、发债企业等市场主体全面、及时、准确地披露环境信息。建立跨部门联合奖惩机制。完善国家核安全工作协调机制，强化对核安全工作的统筹。

（二）健全生态环境保护经济政策体系。资金投入向污染防治攻坚战倾斜，坚持投入同攻坚任务相匹配，加大财政投入力度。逐步建立常态化、稳定的财政资金投入机制。扩大中央财政支持北方地区清洁取暖的试点城市范围，国有资本要加大对污染防治的投入。完善居民取暖用气用电定价机制和补贴政策。增加中央财政对国家重点生态功能区、生态保护红线区域等生态功能重要地区的转移支付，继续安排中央预算内投资对重点生态功能区给予支持。各省（自治区、直辖市）合理确定补偿标准，并逐步提高补偿水平。完善助力绿色产业发展的价格、财税、投资等政策。大力发展绿色信贷、绿色债券等金融产品。设立国家绿色发展基金。落实有利于资源节约和生态环境保护的价格政策，落实相关税收优惠政策。研究对从事污染防治的第三方企业比照高新技术企业实行所得税优惠政策，研究出台"散乱污"企业综合治理激励政策。推动环境污染责任保险发展，在环境高风险领域建立环境污染强制责任保险制度。推进社会化生态环境治理和保护。采用直接投资、投资补助、运营补贴等方式，规范支持政府和社会资本合作项目；对政府实施的环境绩效合同服务项目，公共财政支付水平同治理绩效挂钩。鼓励通过政府购买服务方式实施生态环境治理和保护。

（三）健全生态环境保护法治体系。依靠法治保护生态环境，增强全社会生态环境保护法治意识。加快建立绿色生产消费的法律制度和政策导向。加快制定和修改土壤污染防治、固体废物污染防治、长江生态环境保护、海洋环境保护、国家公园、湿地、生态环境监测、排污许可、资源综合利用、空间规划、碳排放权交易管理等方面的法律法规。鼓励地方在生态环境保护领域先于国家进行立法。建立生态环境保护综合执法机关、公安机关、检察机关、审判机关信息共享、案情通报、案件移送制度，完善生态环境保护领域民事、行政公益诉讼制度，加大生态环境违法犯罪行为的制裁和惩处力度。加强涉生态环境保护的司法力量建设。整合组建生态环境保护综合执法队伍，统一实行生态环境保护执法。将生态环境保护综合执法机构列入政府行政执法机构序列，推进执法规范化建设，统一着装、统一标识、统一证件、统一保障执法用车和装备。

（四）强化生态环境保护能力保障体系。增强科技支撑，开展大气污染成因与治理、水体污染控制与治理、土壤污染防治等重点领域科技攻关，实施京津冀环境综合治理重大项目，推进区域性、流域性生态环境问题研究。完成第二次全国污染源普查。开展大数据应用和环境承载力监测预警。开展重点区域、流域、行业环境与健康调查，建立风险监测网络及风险评估体系。健全跨部门、跨区域环境应急协调联动机制，建立全国统一的环境应急预案电子备案系统。国家建立环境应急物资储备信息库，省、市级政府建设环境应急物资储备库，企业环境应急装备和储备物资应纳入储备体系。落实全面从严治党要求，建设规范化、标准化、专业化的生态环境保护人才队伍，打造政治强、本领高、作风硬、敢担当，特别能吃苦、特别能战斗、特别能奉献的生态环境保护铁军。按省、市、县、乡不同层级工作职责配备相应工作力量，保障履职需要，确保同生态环境保护任务相匹配。加强国际交流和履约能力建设，推进生态环境保护国际技术交流和务实合作，支撑核安全和核电共同走出去，积极推动落实2030年可持续发展议程和绿色"一带一路"建设。

（五）构建生态环境保护社会行动体系。把生态环境保护纳入国民教育体系和党政领导干部培训体系，推进国家及各地生态环境教育设施和场所建设，培育普及生态文化。公共机构尤其是党政机关带头使用节能环保产品，推行绿色办公，创建节约型机关。健全生态环境新闻发布机制，充分发挥各类媒体作用。省、市两级要依托党报、电视台、政府网站，曝光突出环境问题，报道整改进展情况。建立政府、企业环境社会风险预防与化解机制。完善环境信息公开制度，加强重特大突发环境事件信息公开，对涉及群众切身利益的重大项目及时主动公开。2020 年年底前，地级及以上城市符合条件的环保设施和城市污水垃圾处理设施向社会开放，接受公众参观。强化排污者主体责任，企业应严格守法，规范自身环境行为，落实资金投入、物资保障、生态环境保护措施和应急处置主体责任。实施工业污染源全面达标排放计划。2018 年年底前，重点排污单位全部安装自动在线监控设备并同生态环境主管部门联网，依法公开排污信息。到 2020 年，实现长江经济带入河排污口监测全覆盖，并将监测数据纳入长江经济带综合信息平台。推动环保社会组织和志愿者队伍规范健康发展，引导环保社会组织依法开展生态环境保护公益诉讼等活动。按照国家有关规定表彰对保护和改善生态环境有显著成绩的单位和个人。完善公众监督、举报反馈机制，保护举报人的合法权益，鼓励设立有奖举报基金。

新思想引领新时代，新使命开启新征程。让我们更加紧密地团结在以习近平同志为核心的党中央周围，以习近平新时代中国特色社会主义思想为指导，不忘初心、牢记使命，锐意进取、勇于担当，全面加强生态环境保护，坚决打好污染防治攻坚战，为决胜全面建成小康社会、实现中华民族伟大复兴的中国梦不懈奋斗。

国务院关于印发《国务院工作规则》的通知

（2018 年 6 月 25 日　国发〔2018〕21 号）

现将修订后的《国务院工作规则》印发给你们，自印发之日起施行。

国务院工作规则

第一章　总　　则

一、第十三届全国人民代表大会第一次会议产生的新一届中央人民政府，根据《中华人民共和国宪法》和《中华人民共和国国务院组织法》，制定本规则。

二、国务院工作的指导思想是，在以习近平同志为核心的党中央坚强领导下，高举中国特色社会主义伟大旗帜，以马克思列宁主义、毛泽东思想、邓小平理论、“三个代表”重要思想、科学发展观、习近平新时代中国特色社会主义思想为指导，认真贯彻党的基本理论、基本路线、基本方略，坚持和加强党的全面领导，严格遵守宪法和法律，全面正确履行政府职能，建设人民满意的法治政府、创新政府、廉洁政府和服务型政府。

三、国务院工作的准则是，执政为民，依法行政，实事求是，民主公开，务实清廉。

第二章　组成人员职责

四、国务院组成人员要牢固树立政治意识、大局意识、核心意识、看齐意识，坚定维护以习近平同志为核心的党中央权威和集中统一领导，模范遵守宪法和法律，认真履行职责，为民务实，严守纪律，勤勉廉洁。

五、国务院实行总理负责制。总理领导国务院的工作。副总理、国务委员协助总理工作。

六、总理召集和主持国务院全体会议和国务院常务会议。国务院工作中的重大事项，必须经国务院全体会议或国务院常务会议讨论决定。

七、副总理、国务委员按分工负责处理分管工作；受总理委托，负责其他方面的工作或专项任务，并可代表国务院进行外事活动。

八、秘书长在总理领导下，负责处理国务院的日常工作。

九、总理出国访问期间，受总理委托，由负责常务工作的副总理代行总理职务。

十、各部、各委员会、人民银行、审计署实行部长、主任、行长、审计长负责制，由其领导本部门的工作。

各部、各委员会、人民银行、审计署根据法律、行政法规和国务院的决定、命令，在本部门的职权范围内，制定规章，发布命令。

国务院各部门要各司其职，各负其责，顾全大局，协调配合，切实维护团结统一、政令畅通，坚决贯彻落实党中央、国务院各项工作部署。

第三章　全面正确履行政府职能

十一、国务院要深入贯彻新发展理念，围绕推动高质量发展，建设现代化经济体系，加强和完善经济调节、市场监管、社会管理、公共服务、生态环境保护职能，深化简政放权、放管结合、优化服务改革，全面提高政府效能，创造良好发展环境，提供基本公共服务，维护社会公平正义。

十二、完善宏观调控体系，加强经济发展趋势研判，科学确定调控目标和政策取向，加强预期引导，有效实施区间调控、定向调控、相机调控、精准调控，主要运用经济、法律手段并辅之以必要的行政手段引导和调控经济运行，促进国民经济持续健康发展。

十三、依法严格市场监管，推进公平准入，加强信用体系建设，强化事中事后监管，健全综合执法体系，规范市场执法，规范行政裁量权，维护全国市场的统一开放、公平诚信、竞争有序，促进大众创业、万众创新，激发市场活力和社会创造力。

十四、加强社会管理制度和能力建设，健全公共安全体系、社会治安防控体系、应急管理体系、社区治理体系，打造共建共治共享的社会治理格局，维护社会公平正义与和谐稳定，维护国家安全。

十五、更加注重公共服务，完善公共政策，健全政府主导、社会参与、全民覆盖、普惠共享、城乡一体、可持续的基本公共服务体系，增强基本公共服务能力，加快推进基本公共服务均等化。

十六、加强生态环境保护，实行最严格的生态环境保护制度，构建政府为主导、企业为主体、社会组织和公众共同参与的环境治理体系，推进绿色发展，建设美丽中国。

十七、持续深化"放管服"改革，深入推进"互联网＋政务服务"，完善办事流程，创新服务方式，提高行政效率，优化营商环境，便利企业和群众办事。

第四章　坚持依法行政

十八、国务院及各部门要带头维护宪法和法律权威，建设职能科学、权责法定、执法严明、公开公正、廉洁高效、守法诚信的法治政府，依法行使权力、履行职责、承担责任。

十九、国务院根据经济社会发展需要，适时向全国人大及其常委会提出法律案，制定、修改或废止行政法规，规定行政措施，发布决定和命令。

提请国务院讨论的法律草案和审议的行政法规草案由司法部审查或组织起草，行政法规的解释工作由司法部承办。

二十、国务院及各部门要坚持科学民主依法立法，不断提高政府立法质量。起草法律草案、制定行政法规和部门规章，要坚持从实际出发，及时准确反映经济社会发展要求，充分反映人民意愿，使所确立的制度能够切实解决问题，备而不繁，简明易行。

完善政府立法工作机制，扩大公众参与，除依法需要保密的外，所有行政法规和部门规章的草案都要公开征求意见。加强立法协调，对部门间争议较大的重要立法事项，应引入第三方评估，充分听取各方意见；对经协调仍达不成一致意见的问题，司法部要列明各方理据，提出倾向性意见，及时报请国务院决定。

行政法规和部门规章实施后要进行后评估，发现问题，及时完善。

二十一、国务院各部门制定规章和规范性文件，要符合宪法、法律、行政法规和国务院有关决定、命令的规定，严格遵守法定权限和程序。

涉及两个及以上部门职权范围的事项，要充分听取相关部门的意见，并由国务院制定行政法规、发布决定或命令，或由有关部门联合制定规章或规范性文件。其中，涉及公众权益、社会关注度高的事项等，应当事先请示国务院；部门联合制定的重要规章及规范性文件发布前须经国务院批准。

严格合法性审查，规范性文件不得设定行政许可、行政处罚、行政强制等事项，不得减损公民、法人和其他组织合法权益或者增加其义务。

部门规章应当依法及时报国务院备案，由司法部定期向社会公布目录。对违反宪法、法律、行政法规或国务院决定、命令或者规定不适当的部门规章和规范性文件，要依法责令制定部门纠正或由国务院予以改变、撤销。

二十二、国务院各部门要严格规范公正文明执法，健全规则，规范程序，落实责任，强化监督，做到有法必依、执法必严、违法必究，维护公共利益、人民权益和社会秩序。

第五章　实行科学民主决策

二十三、国务院及各部门要完善行政决策程序规则，把公众参与、专家论证、风险评估、合法性审查和集体讨论决定作为重大决策的法定程序，增强公共政策制定透明度和公众参与度。

二十四、国民经济和社会发展计划及国家预算，重大规划，宏观调控和改革开放的重大政策措施，国家和社会管理重要事务、法律议案和行政法规等，由国务院全体会议或国务院常务会议讨论和决定。

二十五、国务院各部门提请国务院研究决定的重大事项，都必须经过深入调查研究，并进行合法性、必要性、科学性、可行性和可控性评估论证；涉及相关部门的，应当充分协商；涉及地方的，应当事先征求意见；涉及重大公共利益和公众权益、容易引发社会稳定问题的，要进行社会稳定风险评估，并采取听证会等多种形式听取各方面意见。

在重大决策执行过程中，要跟踪决策的实施情况，了解利益相关方和社会公众对决策实施的意见和建议，全面评估决策执行效果，及时调整完善。

二十六、国务院在作出重大决策前，根据需要通过多种方式，直接听取民主党派、社会团体、专家学者、社会公众等方面的意见和建议。

二十七、国务院领导同志要亲力亲为抓落实，主动谋划政策举措，解决矛盾问题，加强工作推进，确保政令畅通。

国务院各部门必须坚决贯彻落实党中央、国务院的决定，部门主要负责同志是第一责任人。要细化任务措施，层层压实责任，加强政策配套，加强协同攻坚，及时跟踪和反馈执行情况。涉及多部门参与的工作，牵头部门要发挥主导作用，协办部门要积极配合，形成工作合力。

国务院办公厅要加强对各地区各部门的督查，坚持全面督查与专项督查相结合，健全限期报告、核查复核、督促整改、情况通报及第三方评估等制度，推动国务院重大决策部署和国务院领导同志批示指示精神贯彻落实。

第六章　推进政务公开

二十八、国务院及各部门要把公开透明作为政府工作的基本制度，坚持以公开为常态、不公开为例外，全面推进决策、执行、管理、服务、结果公开。

二十九、国务院全体会议和常务会议讨论决定的事项、国务院及各部门制定的政策，除依法需要保密的外，应及时公布。

三十、凡涉及公共利益、公众权益、需要广泛知晓的事项和社会关切的事项以及法律和国务院规定需要公开的事项，均应通过政府网站、政府公报、新闻发布会以及报刊、广播、电视、网络、新媒体等方式，依法、及时、全面、准确、具体地向社会公开。

三十一、国务院及各部门要加强政策解读，准确传递政策意图，重视市场和社会反映，及时回应公众关切，解疑释惑，稳定预期。

第七章　健全监督制度

三十二、国务院要自觉接受全国人大及其常委会的监督，认真负责地报告工作，接受询问和质询，依法备案行政法规；自觉接受全国政协的民主监督，虚心听取意见和建议。

国务院各部门要依法认真办理全国人大代表建议和全国政协委员提案，加强与代表委员沟通，严格责任，限时办结，主动公开办理结果。

三十三、国务院及各部门公职人员要依照有关法律的规定自觉接受国家监察机关的监督。国务院各部门要依照有关法律的规定接受人民法院依法实施的监督，做好行政应诉工作，尊重并自觉履行人民法院的生效判决、裁定，同时要自觉接受审计等部门的监督。对监督中发现的问题，要认真整改并向国务院报告。

三十四、国务院及各部门要严格执行行政复议法，加强行政复议指导监督，纠正违法或不当的行政行为，依法及时化解行政争议。

三十五、国务院及各部门要接受社会公众和新闻舆论的监督，认真调查核实有关情况，及时依法处理和改进工作。重大问题要向社会公布处理结果。

三十六、国务院及各部门要重视信访工作，进一步完善信访制度，畅通和规范群众诉求表达、利益协调、权益保障渠道；国务院领导同志及各部门负责人要亲自阅批重要的群众来信，督促解决重大信访问题。

三十七、国务院及各部门要严格执行工作责任制，严格绩效管理和行政问责，加强对重大决策部署落实、部门职责履行、重点工作推进以及自身建设等方面的考核评估，建立健全重大决策终身责任追究制度及责任倒查机制，健全激励约束、容错纠错机制，严格责任追究，提高政府公信力和执行力。

第八章　会议制度

三十八、国务院实行国务院全体会议和国务院常务会议制度。

三十九、国务院全体会议由总理、副总理、国务委员、各部部长、各委员会主任、人民银行行长、审计长、秘书长组成，由总理召集和主持。国务院全体会议的主要任务是：

（一）讨论决定国务院工作中的重大事项；

（二）部署国务院的重要工作。

国务院全体会议根据需要可安排其他有关部门、单位负责人列席会议。

四十、国务院常务会议由总理、副总理、国务委员、秘书长组成，由总理召集和主持。国务院常务会议的主要任务是：

（一）讨论决定国务院工作中的重要事项；

（二）讨论法律草案、审议行政法规草案；

（三）通报和讨论其他重要事项。

国务院常务会议一般每周召开一次。根据需要可安排有关部门、单位负责人列席会议。

四十一、提请国务院全体会议和国务院常务会议讨论的议题，由国务院分管领导同志协调或审核后提出,由国务院办公厅汇总报总理确定;会议文件由总理批印。国务院全体会议和国务院常务会议的组织工作由国务院办公厅负责,议题和文件于会前送达与会人员。

国务院全体会议和国务院常务会议文件由议题汇报部门牵头会同有关部门起草。会议文件应全面准确客观反映议题情况和各方面意见,注重解决实际问题,突出针对性、指导性、前瞻性和可操作性。涉及法律法规和规范性文件的,应备而不繁,逻辑严密,条文明确具体,用语准确简洁。国务院办公厅要加强审核把关。

四十二、国务院领导同志和有关部门主要负责同志应提前做好工作安排,确保按时参加国务院全体会议和国务院常务会议。除特殊原因外,原则上不应请假。国务院领导同志不能出席的,向总理请假;其他参会人员请假,由国务院办公厅向总理报告。

四十三、国务院全体会议和国务院常务会议的纪要,由国务院办公厅起草,按程序报总理签发。

国务院全体会议和国务院常务会议讨论通过决定印发的文件,原则上须在会议结束后7个工作日内印发。

四十四、国务院及各部门召开的工作会议,要减少数量,控制规模和时间,严格审批。以部门名义召开全国性会议,主办部门应事先征得国务院分管领导同志同意,再正式向国务院报送请示。

应由各部门召开的全国性会议,不以国务院或国务院办公厅名义召开,不邀请省、自治区、直辖市人民政府负责人出席。国务院领导同志一般不出席部门的工作会议。全国性会议应尽可能采用视频会议形式召开。各类会议都要充分准备,严肃会风会纪,提高效率和质量,重在解决问题。

第九章　公文审批

四十五、各地区、各部门向国务院报送公文,应当符合《党政机关公文处理工作条例》的规定,严格遵循行文规则和程序。行文应当确有必要,讲求实效;未经批准不得越级行文,不得多头报文;请示应当一文一事,报告不得夹带请示事项。除国务院领导同志交办事项和必须直接报送的绝密级事项外,一般不得直接向国务院领导同志个人报送公文。

拟提请中央有关会议审议或提请以党中央、国务院名义联合发文的文件稿,内容主要涉及政府职责且牵头起草部门为国务院部门的,应依照中央有关规定,先按程序报国务院履行相关审议或审批程序。

四十六、各部门报送国务院的请示性公文，凡涉及其他部门职权的，必须主动与相关部门充分协商，由主办部门主要负责人与相关部门负责人会签或联合报国务院审批。部门之间有分歧的，主办部门主要负责人要主动协商；协商后仍不能取得一致意见的，主办部门应列明各方理据，提出办理建议，与相关部门负责人会签后报国务院决定。

部门之间征求意见或会签文件时，除主办部门另有时限要求外，一般应在7个工作日内回复；特殊情况不能按期回复的，应主动与主办部门沟通并商定回复时限及方式，逾期不回复视为无不同意见。

四十七、对各地区、各部门报送国务院审批的公文，国务院办公厅要切实履行审核把关责任，提出明确办理意见。对部门之间有分歧的事项，国务院分管领导同志应主动加强协调，取得一致意见或提出倾向性建议。国务院副秘书长要协助国务院分管领导同志做好协调工作。

公文及办理意见由国务院办公厅按照国务院领导同志分工呈批，并根据需要由国务院领导同志转请国务院其他领导同志核批，重大事项报总理审批。

四十八、国务院制定的行政法规、发布的命令、向全国人大或全国人大常委会提出的议案，由总理签署。

以国务院名义发文，经国务院分管领导同志审核后，由总理签发。

以国务院办公厅名义发文，由国务院秘书长签发；如有必要，报国务院分管领导同志签发或报总理签发。

四十九、国务院及各部门要精简文件简报。加强发文统筹，从严控制发文数量、发文规格和文件篇幅。属部门职权范围内事务、应由部门自行发文或联合发文的，不以国务院或国务院办公厅名义发文。凡法律、行政法规已作出明确规定、现行文件已有部署且仍然适用的，一律不再制发文件。分工方案原则上应与文件合并印发，不单独发文。每个部门原则上只向国务院报送1种简报。没有实质内容、可发可不发的文件简报，一律不发。

第十章　工作纪律

五十、国务院组成人员要坚决贯彻执行党和国家的路线方针政策和党中央、国务院工作部署，严格遵守纪律，严格执行请示报告制度，有令必行，有禁必止。

五十一、国务院组成人员必须坚决执行国务院的决定，如有不同意见可在内部提出，在没有重新作出决定前，不得有任何与国务院决定相违背的言论和行为。

五十二、国务院领导同志代表国务院发表讲话或文章,个人发表讲话或文章,事先须按程序报国务院批准;国务院其他组成人员代表国务院发表讲话或文章,个人发表涉及未经国务院研究决定的重大问题及事项的讲话或文章,事先须按程序报国务院批准。

五十三、国务院组成人员要严格执行请销假制度。副总理、国务委员、秘书长离京出访、出差和休养,应事先报告总理,由国务院办公厅通报国务院其他领导同志。

各部门主要负责人离京外出,应事先向国务院办公厅报告,由国务院办公厅向国务院总理和分管领导同志报告。

五十四、国务院各部门发布涉及政府重要工作部署、经济社会发展重要问题的信息,要经过严格审定,重大情况要及时向国务院报告。

五十五、国务院组成人员要严格遵守保密纪律和外事纪律,严禁泄露国家秘密、工作秘密或因履行职责掌握的商业秘密等,坚决维护国家的安全、荣誉和利益。

第十一章　廉政和作风建设

五十六、国务院及各部门要认真贯彻全面从严治党要求,严格落实中央八项规定及其实施细则精神,严格执行廉洁从政各项规定,切实加强廉政建设和作风建设。

五十七、国务院及各部门要从严治政。对职权范围内的事项要按程序和时限积极负责地办理,对不符合规定的事项要坚持原则不得办理;对因推诿、拖延等官僚作风及失职、渎职造成影响和损失的,要追究责任;对越权办事、以权谋私等违规、违纪、违法行为,要严肃查处。

五十八、国务院及各部门要严格执行财经纪律,艰苦奋斗、勤俭节约,坚决制止奢侈浪费,严格执行住房、办公用房、车辆配备等方面的规定,严格控制差旅、会议经费等一般性支出,切实降低行政成本,建设节约型机关。

严格控制因公出国(境)团组数量和规模。改革和规范公务接待工作,不得违反规定用公款送礼和宴请,不得接受地方的送礼和宴请。严格控制和规范国际会议、论坛、庆典、节会等活动。各类会议活动经费要全部纳入预算管理。

五十九、国务院组成人员要廉洁从政,严格执行领导干部个人有关事项报告制度,不得利用职权和职务影响为本人或特定关系人谋取不正当利益;不得违反规定干预或插手市场经济活动;加强对亲属和身边工作人员的教育和约束，决不允许搞特权。

六十、国务院组成人员要强化责任担当，勤勉干事创业，真抓实干、埋头苦干，不能简单以会议贯彻会议、以文件落实文件，力戒形式主义、官僚主义、享乐主义和奢靡之风。

六十一、国务院组成人员要做学习的表率，国务院及各部门要建设学习型机关。

六十二、国务院领导同志要深入基层，调查研究，指导工作，研究解决问题。要改进调查研究，注重实际效果，减少陪同人员，简化接待工作。

六十三、国务院领导同志不为部门和地方的会议活动等发贺信、贺电，不题词、题字、作序，因特殊需要发贺信、贺电和题词等，一般不公开发表。国务院领导同志出席会议活动、考察调研等的新闻报道和外事活动安排，按有关规定办理。

六十四、国务院直属特设机构、直属机构、办事机构、直属事业单位适用本规则。

国务院关于印发打赢蓝天保卫战三年行动计划的通知

（2018 年 6 月 27 日　国发〔2018〕22 号）

现将《打赢蓝天保卫战三年行动计划》印发给你们，请认真贯彻执行。

打赢蓝天保卫战三年行动计划

打赢蓝天保卫战，是党的十九大作出的重大决策部署，事关满足人民日益增长的美好生活需要，事关全面建成小康社会，事关经济高质量发展和美丽中国建设。为加快改善环境空气质量，打赢蓝天保卫战，制定本行动计划。

一、总体要求

（一）指导思想。以习近平新时代中国特色社会主义思想为指导，全面贯彻党的十九大和十九届二中、三中全会精神，认真落实党中央、国务院决策部署和全国生态环境保护大会要求，坚持新发展理念，坚持全民共治、源头防治、标本兼治，以京津冀及周边地区、长三角地区、汾渭平原等区域（以下称重点区域）为重点，持续开展大气污染防治行动，综合运用经济、法律、技术和必要的行政手段，大力调整优化产业结构、能源结构、运输结构和用地结构，强化区域联防联控，狠抓秋冬季污染治理，统筹兼顾、系统谋划、精准施策，坚决打赢蓝天保卫战，实现环境效益、经济效益和社会效益多赢。

（二）目标指标。经过3年努力，大幅减少主要大气污染物排放总量，协同减少温室气体排放，进一步明显降低细颗粒物（$PM_{2.5}$）浓度，明显减少重污染天数，明显改善环境空气质量，明显增强人民的蓝天幸福感。

到2020年，二氧化硫、氮氧化物排放总量分别比2015年下降15%以上；$PM_{2.5}$未达标地级及以上城市浓度比2015年下降18%以上，地级及以上城市空气质量优良天数比率达到80%，重度及以上污染天数比率比2015年下降25%以上；提前完成"十三五"目标任务的省份，要保持和巩固改善成果；尚未完成的，要确保全面实现"十三五"约束性目标；北京市环境空气质量改善目标应在"十三五"目标基础上进一步提高。

（三）重点区域范围。京津冀及周边地区，包含北京市，天津市，河北省石家庄、唐山、邯郸、邢台、保定、沧州、廊坊、衡水市以及雄安新区，山西省太原、阳泉、长治、晋城市，山东省济南、淄博、济宁、德州、聊城、滨州、菏泽市，河南省郑州、开封、安阳、鹤壁、新乡、焦作、濮阳市等；长三角地区，包含上海市、江苏省、浙江省、安徽省；汾渭平原，包含山西省晋中、运城、临汾、吕梁市，河南省洛阳、三门峡市，陕西省西安、铜川、宝鸡、咸阳、渭南市以及杨凌示范区等。

二、调整优化产业结构，推进产业绿色发展

（四）优化产业布局。各地完成生态保护红线、环境质量底线、资源利用上线、环境准入清单编制工作，明确禁止和限制发展的行业、生产工艺和产业目录。修订完善高耗能、高污染和资源型行业准入条件，环境空气质量未达标城市应制订更严格的产业准入门槛。积极推行区域、规划环境影响评价，新、改、扩建钢铁、石化、化工、焦化、建材、有色等项目的环境影响评价，应满足区域、规划环评要求。（生态环境部牵头，发展改革委、工业和信息化部、自然资源部参与，地方各级人民政府负责落实。以下均需地方各级人民政府落实，不再列出）

加大区域产业布局调整力度。加快城市建成区重污染企业搬迁改造或关闭退出，推动实施一批水泥、平板玻璃、焦化、化工等重污染企业搬迁工程；重点区域城市钢铁企业要切实采取彻底关停、转型发展、就地改造、域外搬迁等方式，推动转型升级。重点区域禁止新增化工园区，加大现有化工园区整治力度。各地已明确的退城企业，要明确时间表，逾期不退城的予以停产。（工业和信息化部、发展改革委、生态环境部等按职责负责）

（五）严控“两高”行业产能。重点区域严禁新增钢铁、焦化、电解铝、铸造、水泥和平板玻璃等产能；严格执行钢铁、水泥、平板玻璃等行业产能置换实施办法；新、改、扩建涉及大宗物料运输的建设项目，原则上不得采用公路运输。（工业和信息化部、发展改革委牵头，生态环境部等参与）

加大落后产能淘汰和过剩产能压减力度。严格执行质量、环保、能耗、安全等法规标准。修订《产业结构调整指导目录》，提高重点区域过剩产能淘汰标准。重点区域加大独立焦化企业淘汰力度，京津冀及周边地区实施“以钢定焦”，力争2020年炼焦产能与钢铁产能比达到0.4左右。严防“地条钢”死灰复燃。2020年，河北省钢铁产能控制在2亿吨以内；列入去产能计划的钢铁企业，需一并退出配套的烧结、焦炉、高炉等设备。（发展改革委、工业和信息化部牵头，生态环境部、财政部、市场监管总局等参与）

（六）强化“散乱污”企业综合整治。全面开展“散乱污”企业及集群综合整治行动。根据产业政策、产业布局规划，以及土地、环保、质量、安全、能耗等要求，制定“散乱污”企业及集群整治标准。实行拉网式排查，建立管理台账。按照“先停后治”的原则，实施分类处置。列入关停取缔类的，基本做到“两断三清”（切断工业用水、用电，清除原料、产品、生产设备）；列入整合搬迁类的，要按照产业发展规模化、现代化的原则，搬迁至工业园区并实施升级改造；列入升级改造类的，树立行业标杆，实施清洁生产技术改造，全面提升污染治理水平。建立“散乱污”企业动态管理机制，坚决杜绝“散乱污”企业项目建设和已取缔的“散乱污”企业异地转移、死灰复燃。京津冀及周边地区2018年底前全面完成；长三角地区、汾渭平原2019年底前基本完成；全国2020年底前基本完成。（生态环境部、工业和信息化部牵头，发展改革委、市场监管总局、自然资源部等参与）

（七）深化工业污染治理。持续推进工业污染源全面达标排放，将烟气在线监测数据作为执法依据，加大超标处罚和联合惩戒力度，未达标排放的企业一律依法停产整治。建立覆盖所有固定污染源的企业排放许可制度，2020年底前，完成排污许可管理名录规定的行业许可证核发。（生态环境部负责）

推进重点行业污染治理升级改造。重点区域二氧化硫、氮氧化物、颗粒物、挥发性有机物（VOCs）全面执行大气污染物特别排放限值。推动实施钢铁等行业超低排放改造，重点区域城市建成区内焦炉实施炉体加罩封闭，并对废气进行收集处理。强化工业企业无组织排放管控。开展钢铁、建材、有色、火电、焦化、铸造等重点行业及燃煤锅炉无组织排放排查，建立管理台账，对物料（含废渣）运输、装卸、储存、转移和工艺过程等无组织排放实施深度治理，2018年底前京津冀及周边地区基本完成治理任务，长三角地区和汾渭平原2019年

底前完成,全国2020年底前基本完成。(生态环境部牵头,发展改革委、工业和信息化部参与)

推进各类园区循环化改造、规范发展和提质增效。大力推进企业清洁生产。对开发区、工业园区、高新区等进行集中整治,限期进行达标改造,减少工业集聚区污染。完善园区集中供热设施,积极推广集中供热。有条件的工业集聚区建设集中喷涂工程中心,配备高效治污设施,替代企业独立喷涂工序。(发展改革委牵头,工业和信息化部、生态环境部、科技部、商务部等参与)

(八)大力培育绿色环保产业。壮大绿色产业规模,发展节能环保产业、清洁生产产业、清洁能源产业,培育发展新动能。积极支持培育一批具有国际竞争力的大型节能环保龙头企业,支持企业技术创新能力建设,加快掌握重大关键核心技术,促进大气治理重点技术装备等产业化发展和推广应用。积极推行节能环保整体解决方案,加快发展合同能源管理、环境污染第三方治理和社会化监测等新业态,培育一批高水平、专业化节能环保服务公司。(发展改革委牵头,工业和信息化部、生态环境部、科技部等参与)

三、加快调整能源结构,构建清洁低碳高效能源体系

(九)有效推进北方地区清洁取暖。坚持从实际出发,宜电则电、宜气则气、宜煤则煤、宜热则热,确保北方地区群众安全取暖过冬。集中资源推进京津冀及周边地区、汾渭平原等区域散煤治理,优先以乡镇或区县为单元整体推进。2020年采暖季前,在保障能源供应的前提下,京津冀及周边地区、汾渭平原的平原地区基本完成生活和冬季取暖散煤替代;对暂不具备清洁能源替代条件的山区,积极推广洁净煤,并加强煤质监管,严厉打击销售使用劣质煤行为。燃气壁挂炉能效不得低于2级水平。(能源局、发展改革委、财政部、生态环境部、住房城乡建设部牵头,市场监管总局等参与)

抓好天然气产供储销体系建设。力争2020年天然气占能源消费总量比重达到10%。新增天然气量优先用于城镇居民和大气污染严重地区的生活和冬季取暖散煤替代,重点支持京津冀及周边地区和汾渭平原,实现“增气减煤”。“煤改气”坚持“以气定改”,确保安全施工、安全使用、安全管理。有序发展天然气调峰电站等可中断用户,原则上不再新建天然气热电联产和天然气化工项目。限时完成天然气管网互联互通,打通“南气北送”输气通道。加快储气设施建设步伐,2020年采暖季前,地方政府、城镇燃气企业和上游供气企业的储备能力达到量化指标要求。建立完善调峰用户清单,采暖季实行“压非保民”。(发展改革委、能源局牵头,生态环境部、财政部、住房城乡建设部等参与)

加快农村“煤改电”电网升级改造。制定实施工作方案。电网企业要统筹推进输变电工程建设，满足居民采暖用电需求。鼓励推进蓄热式等电供暖。地方政府对“煤改电”配套电网工程建设应给予支持，统筹协调“煤改电”、“煤改气”建设用地。（能源局、发展改革委牵头，生态环境部、自然资源部参与）

（十）重点区域继续实施煤炭消费总量控制。到2020年，全国煤炭占能源消费总量比重下降到58%以下；北京、天津、河北、山东、河南五省（直辖市）煤炭消费总量比2015年下降10%，长三角地区下降5%，汾渭平原实现负增长；新建耗煤项目实行煤炭减量替代。按照煤炭集中使用、清洁利用的原则，重点削减非电力用煤，提高电力用煤比例，2020年全国电力用煤占煤炭消费总量比重达到55%以上。继续推进电能替代燃煤和燃油，替代规模达到1000亿度以上。（发展改革委牵头，能源局、生态环境部参与）

制定专项方案，大力淘汰关停环保、能耗、安全等不达标的30万千瓦以下燃煤机组。对于关停机组的装机容量、煤炭消费量和污染物排放量指标，允许进行交易或置换，可统筹安排建设等容量超低排放燃煤机组。重点区域严格控制燃煤机组新增装机规模，新增用电量主要依靠区域内非化石能源发电和外送电满足。限时完成重点输电通道建设，在保障电力系统安全稳定运行的前提下，到2020年，京津冀、长三角地区接受外送电量比例比2017年显著提高。（能源局、发展改革委牵头，生态环境部等参与）

（十一）开展燃煤锅炉综合整治。加大燃煤小锅炉淘汰力度。县级及以上城市建成区基本淘汰每小时10蒸吨及以下燃煤锅炉及茶水炉、经营性炉灶、储粮烘干设备等燃煤设施，原则上不再新建每小时35蒸吨以下的燃煤锅炉，其他地区原则上不再新建每小时10蒸吨以下的燃煤锅炉。环境空气质量未达标城市应进一步加大淘汰力度。重点区域基本淘汰每小时35蒸吨以下燃煤锅炉，每小时65蒸吨及以上燃煤锅炉全部完成节能和超低排放改造；燃气锅炉基本完成低氮改造；城市建成区生物质锅炉实施超低排放改造。（生态环境部、市场监管总局牵头，发展改革委、住房城乡建设部、工业和信息化部、能源局等参与）

加大对纯凝机组和热电联产机组技术改造力度，加快供热管网建设，充分释放和提高供热能力，淘汰管网覆盖范围内的燃煤锅炉和散煤。在不具备热电联产集中供热条件的地区，现有多台燃煤小锅炉的，可按照等容量替代原则建设大容量燃煤锅炉。2020年底前，重点区域30万千瓦及以上热电联产电厂供热半径15公里范围内的燃煤锅炉和落后燃煤小热电全部关停整合。（能源局、发展改革委牵头，生态环境部、住房城乡建设部等参与）

（十二）提高能源利用效率。继续实施能源消耗总量和强度双控行动。健全节能标准体系，大力开发、推广节能高效技术和产品，实现重点用能行业、设备节能标准全覆盖。重点区域新建高耗能项目单位产品(产值)能耗要达到国际先进水平。因地制宜提高建筑节能标准,加大绿色建筑推广力度,引导有条件地区和城市新建建筑全面执行绿色建筑标准。进一步健全能源计量体系,持续推进供热计量改革,推进既有居住建筑节能改造,重点推动北方采暖地区有改造价值的城镇居住建筑节能改造。鼓励开展农村住房节能改造。(发展改革委、住房城乡建设部、市场监管总局牵头,能源局、工业和信息化部等参与)

(十三)加快发展清洁能源和新能源。到2020年,非化石能源占能源消费总量比重达到15%。有序发展水电,安全高效发展核电,优化风能、太阳能开发布局,因地制宜发展生物质能、地热能等。在具备资源条件的地方,鼓励发展县域生物质热电联产、生物质成型燃料锅炉及生物天然气。加大可再生能源消纳力度,基本解决弃水、弃风、弃光问题。(能源局、发展改革委、财政部负责)

四、积极调整运输结构,发展绿色交通体系

(十四)优化调整货物运输结构。大幅提升铁路货运比例。到2020年,全国铁路货运量比2017年增长30%,京津冀及周边地区增长40%、长三角地区增长10%、汾渭平原增长25%。大力推进海铁联运,全国重点港口集装箱铁水联运量年均增长10%以上。制定实施运输结构调整行动计划。(发展改革委、交通运输部、铁路局、中国铁路总公司牵头,财政部、生态环境部参与)

推动铁路货运重点项目建设。加大货运铁路建设投入,加快完成蒙华、唐曹、水曹等货运铁路建设。大力提升张唐、瓦日等铁路线煤炭运输量。在环渤海地区、山东省、长三角地区,2018年底前,沿海主要港口和唐山港、黄骅港的煤炭集港改由铁路或水路运输;2020年采暖季前,沿海主要港口和唐山港、黄骅港的矿石、焦炭等大宗货物原则上主要改由铁路或水路运输。钢铁、电解铝、电力、焦化等重点企业要加快铁路专用线建设,充分利用已有铁路专用线能力,大幅提高铁路运输比例,2020年重点区域达到50%以上。(发展改革委、交通运输部、铁路局、中国铁路总公司牵头,财政部、生态环境部参与)

大力发展多式联运。依托铁路物流基地、公路港、沿海和内河港口等,推进多式联运型和干支衔接型货运枢纽(物流园区)建设,加快推广集装箱多式联运。建设城市绿色物流体系,支持利用城市现有铁路货场物流货场转型升级为城市配送中心。鼓励发展江海联运、江海直达、滚装运输、甩挂运输等运输组织方式。降低货物运输空载率。(发展改革委、交通运输部牵头,财政部、生态环境部、铁路局、中国铁路总公司参与)

(十五)加快车船结构升级。推广使用新能源汽车。2020年新能源汽车产销量达到200万辆左右。加快推进城市建成区新增和更新的公交、环卫、邮政、出租、通勤、轻型物流配送车辆使用新能源或清洁能源汽车,重点区域使用比例达到80%；重点区域港口、机场、铁路货场等新增或更换作业车辆主要使用新能源或清洁能源汽车。2020年底前，重点区域的直辖市、省会城市、计划单列市建成区公交车全部更换为新能源汽车。在物流园、产业园、工业园、大型商业购物中心、农贸批发市场等物流集散地建设集中式充电桩和快速充电桩。为承担物流配送的新能源车辆在城市通行提供便利。（工业和信息化部、交通运输部牵头，财政部、住房城乡建设部、生态环境部、能源局、铁路局、民航局、中国铁路总公司等参与）

大力淘汰老旧车辆。重点区域采取经济补偿、限制使用、严格超标排放监管等方式，大力推进国三及以下排放标准营运柴油货车提前淘汰更新，加快淘汰采用稀薄燃烧技术和“油改气”的老旧燃气车辆。各地制定营运柴油货车和燃气车辆提前淘汰更新目标及实施计划。2020年底前，京津冀及周边地区、汾渭平原淘汰国三及以下排放标准营运中型和重型柴油货车100万辆以上。2019年7月1日起，重点区域、珠三角地区、成渝地区提前实施国六排放标准。推广使用达到国六排放标准的燃气车辆。（交通运输部、生态环境部牵头，工业和信息化部、公安部、财政部、商务部等参与）

推进船舶更新升级。2018年7月1日起，全面实施新生产船舶发动机第一阶段排放标准。推广使用电、天然气等新能源或清洁能源船舶。长三角地区等重点区域内河应采取禁限行等措施，限制高排放船舶使用，鼓励淘汰使用20年以上的内河航运船舶。（交通运输部牵头，生态环境部、工业和信息化部参与）

（十六）加快油品质量升级。2019年1月1日起，全国全面供应符合国六标准的车用汽柴油，停止销售低于国六标准的汽柴油，实现车用柴油、普通柴油、部分船舶用油“三油并轨”，取消普通柴油标准，重点区域、珠三角地区、成渝地区等提前实施。研究销售前在车用汽柴油中加入符合环保要求的燃油清净增效剂。（能源局、财政部牵头，市场监管总局、商务部、生态环境部等参与）

（十七）强化移动源污染防治。严厉打击新生产销售机动车环保不达标等违法行为。严格新车环保装置检验，在新车销售、检验、登记等场所开展环保装置抽查，保证新车环保装置生产一致性。取消地方环保达标公告和目录审批。构建全国机动车超标排放信息数据库，追溯超标排放机动车生产和进口企业、注册登记地、排放检验机构、维修单位、运输企业等，实现全链条监管。推进老旧柴油车深度治理，具备条件的安装污染控制装置、配备实时排放监控终端，并与生态环境等有关部门联网，协同控制颗粒物和氮氧化物排放，稳定达标的可免于上线排放检验。有条件的城市定期更换出租车三元催化装置。（生态环境部、交通运输部牵头，公安部、工业和信息化部、市场监管总局等参与）

加强非道路移动机械和船舶污染防治。开展非道路移动机械摸底调查，划定非道路移动机械低排放控制区，严格管控高排放非道路移动机械，重点区域2019年底前完成。推进排放不达标工程机械、港作机械清洁化改造和淘汰，重点区域港口、机场新增和更换的作业机械主要采用清洁能源或新能源。2019年底前，调整扩大船舶排放控制区范围，覆盖沿海重点港口。推动内河船舶改造，加强颗粒物排放控制，开展减少氮氧化物排放试点工作。（生态环境部、交通运输部、农业农村部负责）

推动靠港船舶和飞机使用岸电。加快港口码头和机场岸电设施建设，提高港口码头和机场岸电设施使用率。2020年底前，沿海主要港口50%以上专业化泊位（危险货物泊位除外）具备向船舶供应岸电的能力。新建码头同步规划、设计、建设岸电设施。重点区域沿海港口新增、更换拖船优先使用清洁能源。推广地面电源替代飞机辅助动力装置，重点区域民航机场在飞机停靠期间主要使用岸电。（交通运输部、民航局牵头，发展改革委、财政部、生态环境部、能源局等参与）

五、优化调整用地结构，推进面源污染治理

（十八）实施防风固沙绿化工程。建设北方防沙带生态安全屏障，重点加强三北防护林体系建设、京津风沙源治理、太行山绿化、草原保护和防风固沙。推广保护性耕作、林间覆盖等方式，抑制季节性裸地农田扬尘。在城市功能疏解、更新和调整中，将腾退空间优先用于留白增绿。建设城市绿道绿廊，实施“退工还林还草”。大力提高城市建成区绿化覆盖率。（自然资源部牵头，住房城乡建设部、农业农村部、林草局参与）

（十九）推进露天矿山综合整治。全面完成露天矿山摸底排查。对违反资源环境法律法规、规划，污染环境、破坏生态、乱采滥挖的露天矿山，依法予以关闭；对污染治理不规范的露天矿山，依法责令停产整治，整治完成并经相关部门组织验收合格后方可恢复生产，对拒不停产或擅自恢复生产的依法强制关闭；对责任主体灭失的露天矿山，要加强修复绿化、减尘抑尘。重点区域原则上禁止新建露天矿山建设项目。加强矸石山治理。（自然资源部牵头，生态环境部等参与）

（二十）加强扬尘综合治理。严格施工扬尘监管。2018年底前，各地建立施工工地管理清单。因地制宜稳步发展装配式建筑。将施工工地扬尘污染防治纳入文明施工管理范畴，建立扬尘控制责任制度，扬尘治理费用列入工程造价。重点区域建筑施工工地要做到工地周边围挡、物料堆放覆盖、土方开挖湿法作业、路面硬化、出入车辆清洗、渣土车辆密闭运输“六个百分之百”，安装在线监测和视频监控设备，并与当地有关主管部门联网。将扬尘管理工作不到位的不良信息纳入建筑市场信用管理体系，情节严重的，列入建筑市场主体“黑名单”。加强道路扬尘综合整治。大力推进道路清扫保洁机械化作业，提高道路机械化清扫率，2020年底前，地级及以上城市建成区达到70%以上，县城达到60%以上，重点区域要显著提高。严格渣土运输车辆规范化管理，渣土运输车要密闭。(住房城乡建设部牵头，生态环境部参与)

实施重点区域降尘考核。京津冀及周边地区、汾渭平原各市平均降尘量不得高于9吨/月·平方公里；长三角地区不得高于5吨/月·平方公里，其中苏北、皖北不得高于7吨/月·平方公里。(生态环境部负责)

(二十一)加强秸秆综合利用和氨排放控制。切实加强秸秆禁烧管控，强化地方各级政府秸秆禁烧主体责任。重点区域建立网格化监管制度，在夏收和秋收阶段开展秸秆禁烧专项巡查。东北地区要针对秋冬季秸秆集中焚烧和采暖季初锅炉集中起炉的问题，制定专项工作方案，加强科学有序疏导。严防因秸秆露天焚烧造成区域性重污染天气。坚持堵疏结合，加大政策支持力度，全面加强秸秆综合利用，到2020年，全国秸秆综合利用率达到85%。(生态环境部、农业农村部、发展改革委按职责负责)

控制农业源氨排放。减少化肥农药使用量，增加有机肥使用量，实现化肥农药使用量负增长。提高化肥利用率，到2020年，京津冀及周边地区、长三角地区达到40%以上。强化畜禽粪污资源化利用，改善养殖场通风环境，提高畜禽粪污综合利用率，减少氨挥发排放。(农业农村部牵头，生态环境部等参与)

六、实施重大专项行动，大幅降低污染物排放

(二十二)开展重点区域秋冬季攻坚行动。制定并实施京津冀及周边地区、长三角地区、汾渭平原秋冬季大气污染综合治理攻坚行动方案，以减少重污染天气为着力点，狠抓秋冬季大气污染防治，聚焦重点领域，将攻坚目标、任务措施分解落实到城市。各市要制定具体实施方案，督促企业制定落实措施。京津冀及周边地区要以北京为重中之重，雄安新区环境空气质量要力争达到北京市南部地区同等水平。统筹调配全国环境执法力量，实行异地交叉执法、驻地督办，确保各项措施落实到位。(生态环境部牵头，发展改革委、工业和信息化部、财政部、住房城乡建设部、交通运输部、能源局等参与)

(二十三)打好柴油货车污染治理攻坚战。制定柴油货车污染治理攻坚战行动方案，统筹油、路、车治理，实施清洁柴油车(机)、清洁运输和清洁油品行动，确保柴油货车污染排放总量明显下降。加强柴油货车生产销售、注册使用、检验维修等环节的监督管理，建立天地车人一体化的全方位监控体系，实施在用汽车排放检测与强制维护制度。各地开展多部门联合执法专项行动。(生态环境部、交通运输部、财政部、市场监管总局牵头，工业和信息化部、公安

部、商务部、能源局等参与)

(二十四)开展工业炉窑治理专项行动。各地制定工业炉窑综合整治实施方案。开展拉网式排查,建立各类工业炉窑管理清单。制定行业规范,修订完善涉各类工业炉窑的环保、能耗等标准,提高重点区域排放标准。加大不达标工业炉窑淘汰力度,加快淘汰中小型煤气发生炉。鼓励工业炉窑使用电、天然气等清洁能源或由周边热电厂供热。重点区域取缔燃煤热风炉,基本淘汰热电联产供热管网覆盖范围内的燃煤加热、烘干炉(窑);淘汰炉膛直径3米以下燃料类煤气发生炉,加大化肥行业固定床间歇式煤气化炉整改力度;集中使用煤气发生炉的工业园区,暂不具备改用天然气条件的,原则上应建设统一的清洁煤制气中心;禁止掺烧高硫石油焦。将工业炉窑治理作为环保强化督查重点任务,凡未列入清单的工业炉窑均纳入秋冬季错峰生产方案。(生态环境部牵头,发展改革委、工业和信息化部、市场监管总局等参与)

(二十五)实施VOCs专项整治方案。制定石化、化工、工业涂装、包装印刷等VOCs排放重点行业和油品储运销综合整治方案,出台泄漏检测与修复标准,编制VOCs治理技术指南。重点区域禁止建设生产和使用高VOCs含量的溶剂型涂料、油墨、胶粘剂等项目,加大餐饮油烟治理力度。开展VOCs整治专项执法行动,严厉打击违法排污行为,对治理效果差、技术服务能力弱、运营管理水平低的治理单位,公布名单,实行联合惩戒,扶持培育VOCs治理和服务专业化规模化龙头企业。2020年,VOCs排放总量较2015年下降10%以上。(生态环境部牵头,发展改革委、工业和信息化部、商务部、市场监管总局、能源局等参与)

七、强化区域联防联控,有效应对重污染天气

(二十六)建立完善区域大气污染防治协作机制。将京津冀及周边地区大气污染防治协作小组调整为京津冀及周边地区大气污染防治领导小组;建立汾渭平原大气污染防治协作机制,纳入京津冀及周边地区大气污染防治领导小组统筹领导;继续发挥长三角区域大气污染防治协作小组作用。相关协作机制负责研究审议区域大气污染防治实施方案、年度计划、目标、重大措施,以及区域重点产业发展规划、重大项目建设等事关大气污染防治工作的重要事项,部署区域重污染天气联合应对工作。(生态环境部负责)

(二十七)加强重污染天气应急联动。强化区域环境空气质量预测预报中心能力建设,2019年底前实现7-10天预报能力,省级预报中心实现以城市为单位的7天预报能力。开展环境空气质量中长期趋势预测工作。完善预警分级标准体系,区分不同区域不同季节应急响应标准,同一区域内要统一应急预警标准。当预测到区域将出现大范围重污染天气时,统一发布预警信息,各相

关城市按级别启动应急响应措施,实施区域应急联动。(生态环境部牵头,气象局等参与)

(二十八)夯实应急减排措施。制定完善重污染天气应急预案。提高应急预案中污染物减排比例,黄色、橙色、红色级别减排比例原则上分别不低于10%、20%、30%。细化应急减排措施,落实到企业各工艺环节,实施"一厂一策"清单化管理。在黄色及以上重污染天气预警期间,对钢铁、建材、焦化、有色、化工、矿山等涉及大宗物料运输的重点用车企业,实施应急运输响应。(生态环境部牵头,交通运输部、工业和信息化部参与)

重点区域实施秋冬季重点行业错峰生产。加大秋冬季工业企业生产调控力度,各地针对钢铁、建材、焦化、铸造、有色、化工等高排放行业,制定错峰生产方案,实施差别化管理。要将错峰生产方案细化到企业生产线、工序和设备,载入排污许可证。企业未按期完成治理改造任务的,一并纳入当地错峰生产方案,实施停产。属于《产业结构调整指导目录》限制类的,要提高错峰限产比例或实施停产。(工业和信息化部、生态环境部负责)

八、健全法律法规体系,完善环境经济政策

(二十九)完善法律法规标准体系。研究将 VOCs 纳入环境保护税征收范围。制定排污许可管理条例、京津冀及周边地区大气污染防治条例。2019 年底前,完成涂料、油墨、胶粘剂、清洗剂等产品 VOCs 含量限值强制性国家标准制定工作,2020 年 7 月 1 日起在重点区域率先执行。研究制定石油焦质量标准。修改《环境空气质量标准》中关于监测状态的有关规定,实现与国际接轨。加快制修订制药、农药、日用玻璃、铸造、工业涂装类、餐饮油烟等重点行业污染物排放标准,以及 VOCs 无组织排放控制标准。鼓励各地制定实施更严格的污染物排放标准。研究制定内河大型船舶用燃料油标准和更加严格的汽柴油质量标准,降低烯烃、芳烃和多环芳烃含量。制定更严格的机动车、非道路移动机械和船舶大气污染物排放标准。制定机动车排放检测与强制维修管理办法,修订《报废汽车回收管理办法》。(生态环境部、财政部、工业和信息化部、交通运输部、商务部、市场监管总局牵头,司法部、税务总局等参与)

(三十)拓宽投融资渠道。各级财政支出要向打赢蓝天保卫战倾斜。增加中央大气污染防治专项资金投入,扩大中央财政支持北方地区冬季清洁取暖的试点城市范围,将京津冀及周边地区、汾渭平原全部纳入。环境空气质量未达标地区要加大大气污染防治资金投入。(财政部牵头,生态环境部等参与)

支持依法合规开展大气污染防治领域的政府和社会资本合作(PPP)项目建设。鼓励开展合同环境服务,推广环境污染第三方治理。出台对北方地区清洁取暖的金融支持政策,选择具备条件的地区,开展金融支持清洁取暖试点工作。鼓励政策性、开发性金融机构在业务范围内，对大气污染防治、清洁取暖和产业升级等领域符合条件的项目提供信贷支持，引导社会资本投入。支持符合条件的金融机构、企业发行债券，募集资金用于大气污染治理和节能改造。将"煤改电"超出核价投资的配套电网投资纳入下一轮输配电价核价周期，核算准许成本。（财政部、发展改革委、人民银行牵头，生态环境部、银保监会、证监会等参与）

（三十一）加大经济政策支持力度。建立中央大气污染防治专项资金安排与地方环境空气质量改善绩效联动机制，调动地方政府治理大气污染积极性。健全环保信用评价制度，实施跨部门联合奖惩。研究将致密气纳入中央财政开采利用补贴范围，以鼓励企业增加冬季供应量为目标调整完善非常规天然气补贴政策。研究制定推进储气调峰设施建设的扶持政策。推行上网侧峰谷分时电价政策，延长采暖用电谷段时长至10个小时以上，支持具备条件的地区建立采暖用电的市场化竞价采购机制，采暖用电参加电力市场化交易谷段输配电价减半执行。农村地区利用地热能向居民供暖（制冷）的项目运行电价参照居民用电价格执行。健全供热价格机制，合理制定清洁取暖价格。完善跨省跨区输电价格形成机制，降低促进清洁能源消纳的跨省跨区专项输电工程增送电量的输配电价，优化电力资源配置。落实好燃煤电厂超低排放环保电价。全面清理取消对高耗能行业的优待类电价以及其他各种不合理价格优惠政策。建立高污染、高耗能、低产出企业执行差别化电价、水价政策的动态调整机制，对限制类、淘汰类企业大幅提高电价，支持各地进一步提高加价幅度。加大对钢铁等行业超低排放改造支持力度。研究制定"散乱污"企业综合治理激励政策。进一步完善货运价格市场化运行机制，科学规范两端费用。大力支持港口和机场岸基供电，降低岸电运营商用电成本。支持车船和作业机械使用清洁能源。研究完善对有机肥生产销售运输等环节的支持政策。利用生物质发电价格政策，支持秸秆等生物质资源消纳处置。（发展改革委、财政部牵头，能源局、生态环境部、交通运输部、农业农村部、铁路局、中国铁路总公司等参与）

加大税收政策支持力度。严格执行环境保护税法，落实购置环境保护专用设备企业所得税抵免优惠政策。研究对从事污染防治的第三方企业给予企业所得税优惠政策。对符合条件的新能源汽车免征车辆购置税，继续落实并完善对节能、新能源车船减免车船税的政策。（财政部、税务总局牵头，交通运输部、生态环境部、工业和信息化部、交通运输部等参与）

九、加强基础能力建设，严格环境执法督察

（三十二）完善环境监测监控网络。加强环境空气质量监测，优化调整扩展国控环境空气质量监测站点。加强区县环境空气质量自动监测网络建设,2020年底前,东部、中部区县和西部大气污染严重城市的区县实现监测站点全覆盖,并与中国环境监测总站实现数据直联。国家级新区、高新区、重点工业园区及港口设置环境空气质量监测站点。加强降尘量监测,2018年底前,重点区域各区县布设降尘量监测点位。重点区域各城市和其他臭氧污染严重的城市,开展环境空气VOCs监测。重点区域建设国家大气颗粒物组分监测网、大气光化学监测网以及大气环境天地空大型立体综合观测网。研究发射大气环境监测专用卫星。(生态环境部牵头,国防科工局等参与)

强化重点污染源自动监控体系建设。排气口高度超过45米的高架源,以及石化、化工、包装印刷、工业涂装等VOCs排放重点源,纳入重点排污单位名录,督促企业安装烟气排放自动监控设施,2019年底前,重点区域基本完成;2020年底前,全国基本完成。(生态环境部负责)

加强移动源排放监管能力建设。建设完善遥感监测网络、定期排放检验机构国家—省—市三级联网,构建重型柴油车车载诊断系统远程监控系统,强化现场路检路查和停放地监督抽测。2018年底前,重点区域建成三级联网的遥感监测系统平台,其他区域2019年底前建成。推进工程机械安装实时定位和排放监控装置,建设排放监控平台,重点区域2020年底前基本完成。研究成立国家机动车污染防治中心,建设区域性国家机动车排放检测实验室。(生态环境部牵头,公安部、交通运输部、科技部等参与)

强化监测数据质量控制。城市和区县各类开发区环境空气质量自动监测站点运维全部上收到省级环境监测部门。加强对环境监测和运维机构的监管,建立质控考核与实验室比对、第三方质控、信誉评级等机制,健全环境监测量值传递溯源体系,加强环境监测相关标准物质研制,建立“谁出数谁负责、谁签字谁负责”的责任追溯制度。开展环境监测数据质量监督检查专项行动,严厉惩处环境监测数据弄虚作假行为。对地方不当干预环境监测行为的,监测机构运行维护不到位及篡改、伪造、干扰监测数据的,排污单位弄虚作假的,依纪依法从严处罚,追究责任。(生态环境部负责)

(三十三)强化科技基础支撑。汇聚跨部门科研资源,组织优秀科研团队,开展重点区域及成渝地区等其他区域大气重污染成因、重污染积累与天气过程双向反馈机制、重点行业与污染物排放管控技术、居民健康防护等科技攻坚。大气污染成因与控制技术研究、大气重污染成因与治理攻关等重点项目,要紧密围绕打赢蓝天保卫战需求,以目标和问题为导向,边研究、边产出、边应用。加强区域性臭氧形成机理与控制路径研究,深化VOCs全过程控制及监管技术研发。开展钢铁等行业超低排放改造、污染排放源头控制、货物运输多式联运、内燃机及锅炉清洁燃烧等技术研究。常态化开展重点区域和城市源排放清单编制、源解析等工作，形成污染动态溯源的基础能力。开展氨排放与控制技术研究。（科技部、生态环境部牵头，卫生健康委、气象局、市场监管总局等参与）

（三十四）加大环境执法力度。坚持铁腕治污，综合运用按日连续处罚、查封扣押、限产停产等手段依法从严处罚环境违法行为，强化排污者责任。未依法取得排污许可证、未按证排污的，依法依规从严处罚。加强区县级环境执法能力建设。创新环境监管方式，推广"双随机、一公开"等监管。严格环境执法检查，开展重点区域大气污染热点网格监管，加强工业炉窑排放、工业无组织排放、VOCs 污染治理等环境执法，严厉打击"散乱污"企业。加强生态环境执法与刑事司法衔接。（生态环境部牵头，公安部等参与）

严厉打击生产销售排放不合格机动车和违反信息公开要求的行为，撤销相关企业车辆产品公告、油耗公告和强制性产品认证。开展在用车超标排放联合执法，建立完善环境部门检测、公安交管部门处罚、交通运输部门监督维修的联合监管机制。严厉打击机动车排放检验机构尾气检测弄虚作假、屏蔽和修改车辆环保监控参数等违法行为。加强对油品制售企业的质量监督管理，严厉打击生产、销售、使用不合格油品和车用尿素行为，禁止以化工原料名义出售调和油组分，禁止以化工原料勾兑调和油，严禁运输企业储存使用非标油，坚决取缔黑加油站点。（生态环境部、公安部、交通运输部、工业和信息化部牵头，商务部、市场监管总局等参与）

（三十五）深入开展环境保护督察。将大气污染防治作为中央环境保护督察及其"回头看"的重要内容，并针对重点区域统筹安排专项督察，夯实地方政府及有关部门责任。针对大气污染防治工作不力、重污染天气频发、环境质量改善达不到进度要求甚至恶化的城市，开展机动式、点穴式专项督察，强化督察问责。全面开展省级环境保护督察，实现对地市督察全覆盖。建立完善排查、交办、核查、约谈、专项督察"五步法"监管机制。（生态环境部负责）

十、明确落实各方责任，动员全社会广泛参与

（三十六）加强组织领导。有关部门要根据本行动计划要求，按照管发展的管环保、管生产的管环保、管行业的管环保原则，进一步细化分工任务，制定配套政策措施，落实"一岗双责"。有关地方和部门的落实情况，纳入国务院大督查和相关专项督查，对真抓实干成效明显的强化表扬激励，对庸政懒政怠政的严肃追责问责。地方各级政府要把打赢蓝天保卫战放在重要位置，主要领导是本行政区域第一责任人，切实加强组织领导，制定实施方案，细化分解目标任务，科学安排指标进度，防止脱离实际层层加码，要确保各项工作有力有序完成。完善有关部门和地方各级政府的责任清单，健全责任体系。各地建立完善“网格长”制度，压实各方责任，层层抓落实。生态环境部要加强统筹协调，定期调度，及时向国务院报告。（生态环境部牵头，各有关部门参与）

（三十七）严格考核问责。将打赢蓝天保卫战年度和终期目标任务完成情况作为重要内容，纳入污染防治攻坚战成效考核，做好考核结果应用。考核不合格的地区，由上级生态环境部门会同有关部门公开约谈地方政府主要负责人，实行区域环评限批，取消国家授予的有关生态文明荣誉称号。发现篡改、伪造监测数据的，考核结果直接认定为不合格，并依纪依法追究责任。对工作不力、责任不实、污染严重、问题突出的地区，由生态环境部公开约谈当地政府主要负责人。制定量化问责办法，对重点攻坚任务完成不到位或环境质量改善不到位的实施量化问责。对打赢蓝天保卫战工作中涌现出的先进典型予以表彰奖励。（生态环境部牵头，中央组织部等参与）

（三十八）加强环境信息公开。各地要加强环境空气质量信息公开力度。扩大国家城市环境空气质量排名范围，包含重点区域和珠三角、成渝、长江中游等地区的地级及以上城市，以及其他省会城市、计划单列市等，依据重点因素每月公布环境空气质量、改善幅度最差的 20 个城市和最好的 20 个城市名单。各省（自治区、直辖市）要公布本行政区域内地级及以上城市环境空气质量排名，鼓励对区县环境空气质量排名。各地要公开重污染天气应急预案及应急措施清单，及时发布重污染天气预警提示信息。（生态环境部负责）

建立健全环保信息强制性公开制度。重点排污单位应及时公布自行监测和污染排放数据、污染治理措施、重污染天气应对、环保违法处罚及整改等信息。已核发排污许可证的企业应按要求及时公布执行报告。机动车和非道路移动机械生产、进口企业应依法向社会公开排放检验、污染控制技术等环保信息。（生态环境部负责）

（三十九）构建全民行动格局。环境治理，人人有责。倡导全社会“同呼吸共奋斗”，动员社会各方力量，群防群治，打赢蓝天保卫战。鼓励公众通过多种渠道举报环境违法行为。树立绿色消费理念，积极推进绿色采购，倡导绿色低碳生活方式。强化企业治污主体责任，中央企业要起到模范带头作用，引导绿色生产。（生态环境部牵头，各有关部门参与）

积极开展多种形式的宣传教育。普及大气污染防治科学知识，纳入国民教育体系和党政领导干部培训内容。各地建立宣传引导协调机制，发布权威信息，及时回应群众关心的热点、难点问题。新闻媒体要充分发挥监督引导作用，积极宣传大气环境管理法律法规、政策文件、工作动态和经验做法等。（生态环境部牵头，各有关部门参与）

国务院部门规章

必须招标的工程项目规定

（2018 年 3 月 27 日国家发展和改革委员会令第 16 号公布　自 2018 年 6 月 1 日起施行　国法备字[2018000798]）

第一条　为了确定必须招标的工程项目，规范招标投标活动，提高工作效率、降低企业成本、预防腐败，根据《中华人民共和国招标投标法》第三条的规定，制定本规定。

第二条　全部或者部分使用国有资金投资或者国家融资的项目包括：

（一）使用预算资金 200 万元人民币以上，并且该资金占投资额 10% 以上的项目；

（二）使用国有企业事业单位资金，并且该资金占控股或者主导地位的项目。

第三条　使用国际组织或者外国政府贷款、援助资金的项目包括：

（一）使用世界银行、亚洲开发银行等国际组织贷款、援助资金的项目；

（二）使用外国政府及其机构贷款、援助资金的项目。

第四条　不属于本规定第二条、第三条规定情形的大型基础设施、公用事业等关系社会公共利益、公众安全的项目，必须招标的具体范围由国务院发展改革部门会同国务院有关部门按照确有必要、严格限定的原则制订，报国务院批准。

第五条　本规定第二条至第四条规定范围内的项目，其勘察、设计、施工、监理以及与工程建设有关的重要设备、材料等的采购达到下列标准之一的，必须招标：

（一）施工单项合同估算价在 400 万元人民币以上；

（二）重要设备、材料等货物的采购，单项合同估算价在 200 万元人民币以上；

（三）勘察、设计、监理等服务的采购，单项合同估算价在 100 万元人民币以上。

同一项目中可以合并进行的勘察、设计、施工、监理以及与工程建设有关的重要设备、材料等的采购，合同估算价合计达到前款规定标准的，必须招标。

第六条 本规定自 2018 年 6 月 1 日起施行。

交通运输部、国家发展改革委关于修改《港口岸线使用审批管理办法》的决定

（2018 年 5 月 3 日交通运输部、国家发展改革委员会令 2018 年第 5 号公布 自 2018 年 7 月 1 日起施行 国法备字[2018000884]）

交通运输部、国家发展改革委决定对《港口岸线使用审批管理办法》（交通运输部 国家发展改革委令 2012 年第 6 号）作如下修改：

一、删去第十四条、第十九条。

二、将第十三条中的“施工许可”修改为“水上水下活动许可”。

三、将第十六条第一款修改为“批准使用港口岸线的建设项目，应当在取得岸线批准文件之日起两年内开工建设。需要延期的，应当在有效期届满六十日前，按照本办法规定的程序报原批准机关审批。延期申请只能申请一次，延期时间不超过两年。逾期未开工建设，批准文件失效。”

四、将第十七条中的“港口岸线使用证的有效期不超过五十年”修改为“港口岸线使用有效期不超过五十年”。

五、删去第十八条中的“或者取得港口岸线使用证”。

六、增加一条，作为第十八条：“港口行政管理部门应当加强港口岸线使用情况的事中事后监管，并按照规定将有关信用信息纳入相关信用信息共享平台。”

条文序号作相应调整。

本决定自 2018 年 7 月 1 日起施行。

《港口岸线使用审批管理办法》根据本决定作相应修改，重新公布。

港口岸线使用审批管理办法

（2012年5月22日交通运输部、国家发展改革委令2012年第6号公布　根据2018年5月3日《交通运输部　国家发展改革委关于修改〈港口岸线使用审批管理办法〉的决定》修订）

第一条　为了规范港口岸线使用审批管理，保障港口岸线资源的合理开发与利用，保护当事人的合法权益，根据《中华人民共和国港口法》和有关法律、法规，制定本办法。

第二条　在港口总体规划区内建设码头等港口设施使用港口岸线，应当按照本办法开展岸线使用审批。

第三条　港口岸线的开发利用应当符合港口规划，坚持深水深用、节约高效、合理利用、有序开发的原则。

第四条　交通运输部主管全国的港口岸线工作，会同国家发展改革委具体实施对港口深水岸线的使用审批工作。

县级以上地方人民政府港口行政管理部门按照本办法和省级人民政府规定的职责，具体实施港口岸线使用审批的相关工作。

第五条　本办法所称港口岸线，含维持港口设施正常运营所需的相关水域和陆域。

港口岸线分为港口深水岸线和非深水岸线。港口深水岸线和非深水岸线划分标准及范围由交通运输部另行制定并公布。

第六条　需要使用港口岸线的建设项目，应当在报送项目申请报告或者可行性研究报告前，向港口所在地港口行政管理部门提出港口岸线使用申请，申请材料包括：

（一）港口岸线使用申请表；

（二）申请人情况及相关证明材料；

（三）建设项目工程可行性研究报告或者项目申请报告；

（四）海事、航道部门关于建设项目的意见；

（五）法律、法规规定的其他材料。

前款规定的港口岸线使用申请表样式，由交通运输部统一规定。

第七条　港口所在地港口行政管理部门收到申请材料后，对申请材料符合法定形式的，应当当场受理；对申请材料不齐全或者不符合法定形式的，应当当场或者在五个工作日内一次告知申请人需要补正的全部内容。

第八条 使用港口深水岸线的，港口所在地港口行政管理部门收到申请后，应当对申请使用的岸线进行现场核查，核实申请材料，转报至省级港口行政管理部门。

省级港口行政管理部门收到港口岸线使用申请材料后，应当组织专家评审，并征求省级发展改革部门意见后，提出初审意见，连同申请材料报交通运输部。

交通运输部收到申请材料和初审意见后，进行审查，会同国家发展改革委作出批准或者不予批准的决定。

第九条 申请使用港口深水岸线的，港口所在地港口行政管理部门和省级人民政府港口行政管理部门应当在收到港口岸线使用申请材料后二十个工作日内完成现场核查、初审和转报工作。

交通运输部应当在收到港口岸线使用申请材料后二十个工作日内完成审查，并会同国家发展改革委作出审批决定。二十个工作日内不能办结的，经负责人批准，可以延长十个工作日。

岸线使用专家评审所需时间不计算在期限内。

第十条 港口岸线使用申请审查、专家评审的主要内容包括：

（一）建设项目是否符合产业政策和港口规划；

（二）建设项目的必要性分析；

（三）工程可行性研究报告或者项目申请报告提出的岸线使用方案是否符合国家技术标准和规范；

（四）岸线使用方案的合理性分析；

（五）岸线使用方案是否满足航道、通航安全的相关要求；

（六）法律、法规和国家规定的其他要求。

第十一条 由国务院或者国家发展改革委审批、核准的港口建设项目，向国家发展改革委报送可行性研究报告或者项目申请报告时，应当同时抄报交通运输部。交通运输部对港口建设项目提出行业意见时，一并提出岸线使用意见。

由国务院或者国家发展改革委审批、核准的其他建设项目，在港口总体规划区内建设港口设施，使用港口深水岸线的，国家发展改革委在审批、核准之前，征求交通运输部关于建设项目使用港口岸线的意见。

本条第一款、第二款所指建设项目，不再另行办理使用港口岸线的审批手续。

第十二条 港口岸线使用审批机关审查决定批准港口岸线使用申请的，应当出具港口岸线使用批准文件。

审批机关决定不予批准使用港口岸线的，应当书面告知申请人，并且说明理由。

第十三条 使用港口岸线的港口设施项目未取得港口岸线使用批准文件或者交通运输部关于使用港口岸线的意见，不予批准港口设施项目初步设计和水上水下活动许可。

第十四条 港口行政管理部门应当及时在相关政府网站发布港口岸线使用批准情况的信息。

第十五条 批准使用港口岸线的建设项目，应当在取得岸线批准文件之日起两年内开工建设。需要延期的，应当在有效期届满六十日前，按照本办法规定的程序报原批准机关审批。延期申请只能申请一次，延期时间不超过两年。逾期未开工建设，批准文件失效。

批准文件失效后，如继续建设该项目需要使用港口岸线，应当重新办理港口岸线使用审批手续。

第十六条 港口岸线使用有效期不超过五十年。超过期限继续使用的，港口岸线使用人应当在期限届满三个月前向原批准机关提出申请。

第十七条 批准使用港口岸线后，如因企业更名或者控股权转移导致岸线实际使用人发生改变，或者改变批准的岸线用途，应当按照本办法规定的程序报原批准机关审批。

第十八条 港口行政管理部门应当加强港口岸线使用情况的事中事后监管，并按照规定将有关信用信息纳入相关信用信息共享平台。

第十九条 港口岸线使用审批机关及其工作人员滥用职权、玩忽职守、徇私舞弊的，由有关行政主管部门予以行政处分；构成犯罪的，由司法机关依法追究刑事责任。

第二十条 港口岸线使用申请人隐瞒有关情况或者提供虚假材料申请岸线使用许可的，不予受理或者不予许可。港口岸线申请人以欺骗、贿赂等不正当手段取得港口岸线使用许可的，应当予以撤销。

第二十一条 未按本办法规定取得使用港口岸线的批准，擅自使用岸线的，由县级以上地方人民政府或者港口行政管理部门依照《中华人民共和国港口法》第四十五条的规定予以处罚。

第二十二条 本办法自 2012 年 7 月 1 日起施行。

上市公司国有股权监督管理办法

（2018 年 5 月 16 日国务院国有资产监督管理委员会、财政部、中国证券监督管理委员会令第 36 号公布　自 2018 年 7 月 1 日起施行　国法备字[2018000842]）

第一章　总　　则

第一条　为规范上市公司国有股权变动行为，推动国有资源优化配置，平等保护各类投资者合法权益，防止国有资产流失，根据《中华人民共和国公司法》、《中华人民共和国证券法》、《中华人民共和国企业国有资产法》、《企业国有资产监督管理暂行条例》等法律法规，制定本办法。

第二条　本办法所称上市公司国有股权变动行为，是指上市公司国有股权持股主体、数量或比例等发生变化的行为，具体包括：国有股东所持上市公司股份通过证券交易系统转让、公开征集转让、非公开协议转让、无偿划转、间接转让、国有股东发行可交换公司债券；国有股东通过证券交易系统增持、协议受让、间接受让、要约收购上市公司股份和认购上市公司发行股票；国有股东所控股上市公司吸收合并、发行证券；国有股东与上市公司进行资产重组等行为。

第三条　本办法所称国有股东是指符合以下情形之一的企业和单位，其证券账户标注“SS”：

（一）政府部门、机构、事业单位、境内国有独资或全资企业；

（二）第一款中所述单位或企业独家持股比例超过 50%，或合计持股比例超过 50%，且其中之一为第一大股东的境内企业；

（三）第二款中所述企业直接或间接持股的各级境内独资或全资企业。

第四条　上市公司国有股权变动行为应坚持公开、公平、公正原则，遵守国家有关法律、行政法规和规章制度规定，符合国家产业政策和国有经济布局结构调整方向，有利于国有资本保值增值，提高企业核心竞争力。

第五条　上市公司国有股权变动涉及的股份应当权属清晰，不存在受法律法规规定限制的情形。

第六条　上市公司国有股权变动的监督管理由省级以上国有资产监督管理机构负责。省级国有资产监督管理机构报经省级人民政府同意，可以将地市级以下有关上市公司国有股权变动的监督管理交由地市级国有资产监督管理机构负责。省级国有资产监督管理机构需建立相应的监督检查工作机制。

上市公司国有股权变动涉及政府社会公共管理事项的，应当依法报政府有关部门审核。受让方为境外投资者的，应当符合外商投资产业指导目录或负面清单管理的要求，以及外商投资安全审查的规定，涉及该类情形的，各审核主体在接到相关申请后，应就转让行为是否符合吸收外商投资政策向同级商务部门征求意见，具体申报程序由省级以上国有资产监督管理机构商同级商务部门按《关于上市公司国有股向外国投资者及外商投资企业转让申报程序有关问题的通知》（商资字〔2004〕1号）确定的原则制定。

按照法律、行政法规和本级人民政府有关规定，须经本级人民政府批准的上市公司国有股权变动事项，国有资产监督管理机构应当履行报批程序。

第七条 国家出资企业负责管理以下事项：

（一）国有股东通过证券交易系统转让所持上市公司股份，未达到本办法第十二条规定的比例或数量的事项；

（二）国有股东所持上市公司股份在本企业集团内部进行的无偿划转、非公开协议转让事项；

（三）国有控股股东所持上市公司股份公开征集转让、发行可交换公司债券及所控股上市公司发行证券，未导致其持股比例低于合理持股比例的事项；国有参股股东所持上市公司股份公开征集转让、发行可交换公司债券事项；

（四）国有股东通过证券交易系统增持、协议受让、认购上市公司发行股票等未导致上市公司控股权转移的事项；

（五）国有股东与所控股上市公司进行资产重组，不属于中国证监会规定的重大资产重组范围的事项。

第八条 国有控股股东的合理持股比例（与国有控股股东属于同一控制人的，其所持股份的比例应合并计算）由国家出资企业研究确定，并报国有资产监督管理机构备案。

确定合理持股比例的具体办法由省级以上国有资产监督管理机构另行制定。

第九条 国有股东所持上市公司股份变动应在作充分可行性研究的基础上制定方案，严格履行决策、审批程序，规范操作，按照证券监管的相关规定履行信息披露等义务。在上市公司国有股权变动信息披露前，各关联方要严格遵守保密规定。违反保密规定的，应依法依规追究相关人员责任。

第十条 上市公司国有股权变动应当根据证券市场公开交易价格、可比公司股票交易价格、每股净资产值等因素合理定价。

第十一条 国有资产监督管理机构通过上市公司国有股权管理信息系统

(以下简称管理信息系统)对上市公司国有股权变动实施统一监管。

国家出资企业应通过管理信息系统,及时、完整、准确将所持上市公司股份变动情况报送国有资产监督管理机构。

其中,按照本办法规定由国家出资企业审核批准的变动事项须通过管理信息系统作备案管理,并取得统一编号的备案表。

第二章　国有股东所持上市公司股份通过证券交易系统转让

第十二条　国有股东通过证券交易系统转让上市公司股份,按照国家出资企业内部决策程序决定,有以下情形之一的,应报国有资产监督管理机构审核批准:

(一)国有控股股东转让上市公司股份可能导致持股比例低于合理持股比例的;

(二)总股本不超过10亿股的上市公司,国有控股股东拟于一个会计年度内累计净转让(累计转让股份扣除累计增持股份后的余额,下同)达到总股本5%及以上的;总股本超过10亿股的上市公司,国有控股股东拟于一个会计年度内累计净转让数量达到5000万股及以上的;

(三)国有参股股东拟于一个会计年度内累计净转让达到上市公司总股本5%及以上的。

第十三条　国家出资企业、国有资产监督管理机构决定或批准国有股东通过证券交易系统转让上市公司股份时,应当审核以下文件:

(一)国有股东转让上市公司股份的内部决策文件;

(二)国有股东转让上市公司股份方案,内容包括但不限于:转让的必要性,国有股东及上市公司基本情况、主要财务数据,拟转让股份权属情况,转让底价及确定依据,转让数量、转让时限等;

(三)上市公司股份转让的可行性研究报告;

(四)国家出资企业、国有资产监督管理机构认为必要的其他文件。

第三章　国有股东所持上市公司股份公开征集转让

第十四条　公开征集转让是指国有股东依法公开披露信息,征集受让方转让上市公司股份的行为。

第十五条　国有股东拟公开征集转让上市公司股份的,在履行内部决策程序后，应书面告知上市公司，由上市公司依法披露，进行提示性公告。国有控股股东公开征集转让上市公司股份可能导致上市公司控股权转移的，应当一并通知上市公司申请停牌。

第十六条 上市公司发布提示性公告后，国有股东应及时将转让方案、可行性研究报告、内部决策文件、拟发布的公开征集信息等内容通过管理信息系统报送国有资产监督管理机构。

第十七条 公开征集信息内容包括但不限于：拟转让股份权属情况、数量，受让方应当具备的资格条件，受让方的选择规则，公开征集期限等。

公开征集信息对受让方的资格条件不得设定指向性或违反公平竞争要求的条款，公开征集期限不得少于10个交易日。

第十八条 国有资产监督管理机构通过管理信息系统对公开征集转让事项出具意见。国有股东在获得国有资产监督管理机构同意意见后书面通知上市公司发布公开征集信息。

第十九条 国有股东收到拟受让方提交的受让申请及受让方案后，应当成立由内部职能部门人员以及法律、财务等独立外部专家组成的工作小组，严格按照已公告的规则选择确定受让方。

第二十条 公开征集转让可能导致上市公司控股权转移的，国有股东应当聘请具有上市公司并购重组财务顾问业务资格的证券公司、证券投资咨询机构或者其他符合条件的财务顾问机构担任财务顾问（以下简称财务顾问）。财务顾问应当具有良好的信誉，近三年内无重大违法违规记录，且与受让方不存在利益关联。

第二十一条 财务顾问应当勤勉尽责，遵守行业规范和职业道德，对上市公司股份的转让方式、转让价格、股份转让对国有股东和上市公司的影响等方面出具专业意见；并对拟受让方进行尽职调查，出具尽职调查报告。尽职调查应当包括但不限于以下内容：

（一）拟受让方受让股份的目的；

（二）拟受让方的经营情况、财务状况、资金实力及是否有重大违法违规记录和不良诚信记录；

（三）拟受让方是否具有及时足额支付转让价款的能力、受让资金的来源及合法性；

（四）拟受让方是否具有促进上市公司持续发展和改善上市公司法人治理结构的能力。

第二十二条 国有股东确定受让方后，应当及时与受让方签订股份转让协议。股份转让协议应当包括但不限于以下内容：

（一）转让方、上市公司、拟受让方的名称、法定代表人及住所；

（二）转让方持股数量、拟转让股份数量及价格；

（三）转让方、受让方的权利和义务；

（四）股份转让价款支付方式及期限；

（五）股份登记过户的条件；

（六）协议生效、变更和解除条件、争议解决方式、违约责任等。

第二十三条 国有股东公开征集转让上市公司股份的价格不得低于下列两者之中的较高者：

（一）提示性公告日前30个交易日的每日加权平均价格的算术平均值；

（二）最近一个会计年度上市公司经审计的每股净资产值。

第二十四条 国有股东与受让方签订协议后，属于本办法第七条规定情形的，由国家出资企业审核批准，其他情形由国有资产监督管理机构审核批准。

第二十五条 国家出资企业、国有资产监督管理机构批准国有股东所持上市公司股份公开征集转让时，应当审核以下文件：

（一）受让方的征集及选择情况；

（二）国有股东基本情况、受让方基本情况及上一年度经审计的财务会计报告；

（三）股份转让协议及股份转让价格的定价说明；

（四）受让方与国有股东、上市公司之间在最近12个月内股权转让、资产置换、投资等重大情况及债权债务情况；

（五）律师事务所出具的法律意见书；

（六）财务顾问出具的尽职调查报告（适用于上市公司控股权转移的）；

（七）国家出资企业、国有资产监督管理机构认为必要的其他文件。

第二十六条 国有股东应在股份转让协议签订后5个工作日内收取不低于转让价款30%的保证金，其余价款应在股份过户前全部结清。在全部转让价款支付完毕或交由转让双方共同认可的第三方妥善保管前，不得办理股份过户登记手续。

第二十七条 国有资产监督管理机构关于国有股东公开征集转让上市公司股份的批准文件或国有资产监督管理机构、管理信息系统出具的统一编号的备案表和全部转让价款支付凭证是证券交易所、中国证券登记结算有限责任公司办理上市公司股份过户登记手续的必备文件。

上市公司股份过户前，原则上受让方人员不能提前进入上市公司董事会和经理层，不得干预上市公司正常生产经营。

第四章　国有股东所持上市公司股份非公开协议转让

第二十八条　非公开协议转让是指不公开征集受让方，通过直接签订协议转让上市公司股份的行为。

第二十九条　符合以下情形之一的，国有股东可以非公开协议转让上市公司股份：

（一）上市公司连续两年亏损并存在退市风险或严重财务危机，受让方提出重大资产重组计划及具体时间表的；

（二）企业主业处于关系国家安全、国民经济命脉的重要行业和关键领域，主要承担重大专项任务，对受让方有特殊要求的；

（三）为实施国有资源整合或资产重组，在国有股东、潜在国有股东（经本次国有资源整合或资产重组后成为上市公司国有股东的，以下统称国有股东）之间转让的；

（四）上市公司回购股份涉及国有股东所持股份的；

（五）国有股东因接受要约收购方式转让其所持上市公司股份的；

（六）国有股东因解散、破产、减资、被依法责令关闭等原因转让其所持上市公司股份的；

（七）国有股东以所持上市公司股份出资的。

第三十条　国有股东在履行内部决策程序后，应当及时与受让方签订股份转让协议。涉及上市公司控股权转移的，在转让协议签订前，应按本办法第二十条、第二十一条规定聘请财务顾问，对拟受让方进行尽职调查，出具尽职调查报告。

第三十一条　国有股东与受让方签订协议后，属于本办法第七条规定情形的，由国家出资企业审核批准，其他情形由国有资产监督管理机构审核批准。

第三十二条　国有股东非公开协议转让上市公司股份的价格不得低于下列两者之中的较高者：

（一）提示性公告日前30个交易日的每日加权平均价格的算术平均值；

（二）最近一个会计年度上市公司经审计的每股净资产值。

第三十三条　国有股东非公开协议转让上市公司股份存在下列特殊情形的，可按以下原则确定股份转让价格：

（一）国有股东为实施资源整合或重组上市公司，并在其所持上市公司股份转让完成后全部回购上市公司主业资产的，股份转让价格由国有股东根据中介机构出具的该上市公司股票价格的合理估值结果确定；

（二）为实施国有资源整合或资产重组，在国有股东之间转让且上市公司中的国有权益并不因此减少的，股份转让价格应当根据上市公司股票的每股净资产值、净资产收益率、合理的市盈率等因素合理确定。

第三十四条 国家出资企业、国有资产监督管理机构批准国有股东非公开协议转让上市公司股份时，应当审核以下文件：

（一）国有股东转让上市公司股份的决策文件；

（二）国有股东转让上市公司股份的方案，内容包括但不限于：不公开征集受让方的原因，转让价格及确定依据，转让的数量，转让收入的使用计划等；

（三）国有股东基本情况、受让方基本情况及上一年度经审计的财务会计报告；

（四）可行性研究报告；

（五）股份转让协议；

（六）以非货币资产支付的说明；

（七）拟受让方与国有股东、上市公司之间在最近12个月内股权转让、资产置换、投资等重大情况及债权债务情况；

（八）律师事务所出具的法律意见书；

（九）财务顾问出具的尽职调查报告（适用于上市公司控股权转移的）；

（十）国家出资企业、国有资产监督管理机构认为必要的其他文件。

第三十五条 以现金支付股份转让价款的，转让价款收取按照本办法第二十六条规定办理；以非货币资产支付股份转让价款的，应当符合国家相关规定。

第三十六条 国有资产监督管理机构关于国有股东非公开协议转让上市公司股份的批准文件或国有资产监督管理机构、管理信息系统出具的统一编号的备案表和全部转让价款支付凭证（包括非货币资产的交割凭证）是证券交易所、中国证券登记结算有限责任公司办理上市公司股份过户登记手续的必备文件。

第五章　国有股东所持上市公司股份无偿划转

第三十七条 政府部门、机构、事业单位、国有独资或全资企业之间可以依法无偿划转所持上市公司股份。

第三十八条 国有股东所持上市公司股份无偿划转属于本办法第七条规定情形的，由国家出资企业审核批准，其他情形由国有资产监督管理机构审核批准。

第三十九条 国家出资企业、国有资产监督管理机构批准国有股东所持上市公司股份无偿划转时,应当审核以下文件:

(一)国有股东无偿划转上市公司股份的内部决策文件;

(二)国有股东无偿划转上市公司股份的方案和可行性研究报告;

(三)上市公司股份无偿划转协议;

(四)划转双方基本情况、上一年度经审计的财务会计报告;

(五)划出方债务处置方案及或有负债的解决方案,及主要债权人对无偿划转的无异议函;

(六)划入方未来12个月内对上市公司的重组计划或未来三年发展规划(适用于上市公司控股权转移的);

(七)律师事务所出具的法律意见书;

(八)国家出资企业、国有资产监督管理机构认为必要的其他文件。

第四十条 国有资产监督管理机构关于国有股东无偿划转上市公司股份的批准文件或国有资产监督管理机构、管理信息系统出具的统一编号的备案表是证券交易所、中国证券登记结算有限责任公司办理股份过户登记手续的必备文件。

第六章 国有股东所持上市公司股份间接转让

第四十一条 本办法所称国有股东所持上市公司股份间接转让是指因国有产权转让或增资扩股等原因导致国有股东不再符合本办法第三条规定情形的行为。

第四十二条 国有股东拟间接转让上市公司股份的,履行内部决策程序后,应书面通知上市公司进行信息披露,涉及国有控股股东的,应当一并通知上市公司申请停牌。

第四十三条 国有股东所持上市公司股份间接转让应当按照本办法第二十三条规定确定其所持上市公司股份价值,上市公司股份价值确定的基准日应与国有股东资产评估的基准日一致,且与国有股东产权直接持有单位对该产权变动决策的日期相差不得超过一个月。

国有产权转让或增资扩股到产权交易机构挂牌时,因上市公司股价发生大幅变化等原因,导致资产评估报告的结论已不能反映交易标的真实价值的,原决策机构应对间接转让行为重新审议。

第四十四条 国有控股股东所持上市公司股份间接转让,应当按本办法

第二十条、第二十一条规定聘请财务顾问，对国有产权拟受让方或投资人进行尽职调查，并出具尽职调查报告。

第四十五条 国有股东所持上市公司股份间接转让的，国有股东应在产权转让或增资扩股协议签订后，产权交易机构出具交易凭证前报国有资产监督管理机构审核批准。

第四十六条 国有资产监督管理机构批准国有股东所持上市公司股份间接转让时，应当审核以下文件：

（一）产权转让或增资扩股决策文件、资产评估结果核准、备案文件及可行性研究报告；

（二）经批准的产权转让或增资扩股方案；

（三）受让方或投资人征集、选择情况；

（四）国有产权转让协议或增资扩股协议；

（五）国有股东资产作价金额，包括国有股东所持上市公司股份的作价说明；

（六）受让方或投资人基本情况及上一年度经审计的财务会计报告；

（七）财务顾问出具的尽职调查报告（适用于国有控股股东国有产权变动的）；

（八）律师事务所出具的法律意见书；

（九）国有资产监督管理机构认为必要的其他文件。

第四十七条 国有股东产权转让或增资扩股未构成间接转让的，其资产评估涉及上市公司股份作价按照本办法第四十三条规定确定。

第七章 国有股东发行可交换公司债券

第四十八条 本办法所称国有股东发行可交换公司债券，是指上市公司国有股东依法发行、在一定期限内依据约定条件可以交换成该股东所持特定上市公司股份的公司债券的行为。

第四十九条 国有股东发行的可交换公司债券交换为上市公司每股股份的价格，应不低于债券募集说明书公告日前1个交易日、前20个交易日、前30个交易日该上市公司股票均价中的最高者。

第五十条 国有股东发行的可交换公司债券，其利率应当在参照同期银行贷款利率、银行票据利率、同行业其他企业发行的债券利率，以及标的公司股票每股交换价格、上市公司未来发展前景等因素的前提下，通过市场询价合理确定。

第五十一条 国有股东发行可交换公司债券属于本办法第七条规定情形的，由国家出资企业审核批准，其他情形由国有资产监督管理机构审核批准。

第五十二条 国家出资企业、国有资产监督管理机构批准国有股东发行可交换公司债券时，应当审核以下文件：

（一）国有股东发行可交换公司债券的内部决策文件；

（二）国有股东发行可交换公司债券的方案，内容包括但不限于：国有股东、上市公司基本情况及主要财务数据，预备用于交换的股份数量及保证方式，风险评估论证情况、偿本付息及应对债务风险的具体方案，对国有股东控股地位影响的分析等；

（三）可行性研究报告；

（四）律师事务所出具的法律意见书；

（五）国家出资企业、国有资产监督管理机构认为必要的其他文件。

第八章　国有股东受让上市公司股份

第五十三条 本办法所称国有股东受让上市公司股份行为主要包括国有股东通过证券交易系统增持、协议受让、间接受让、要约收购上市公司股份和认购上市公司发行股票等。

第五十四条 国有股东受让上市公司股份属于本办法第七条规定情形的，由国家出资企业审核批准，其他情形由国有资产监督管理机构审核批准。

第五十五条 国家出资企业、国有资产监督管理机构批准国有股东受让上市公司股份时，应当审核以下文件：

（一）国有股东受让上市公司股份的内部决策文件；

（二）国有股东受让上市公司股份方案，内容包括但不限于：国有股东及上市公司的基本情况、主要财务数据、价格上限及确定依据、数量及受让时限等；

（三）可行性研究报告；

（四）股份转让协议（适用于协议受让的）、产权转让或增资扩股协议（适用于间接受让的）；

（五）财务顾问出具的尽职调查报告和上市公司估值报告（适用于取得控股权的）；

（六）律师事务所出具的法律意见书；

（七）国家出资企业、国有资产监督管理机构认为必要的其他文件。

第五十六条 国有股东将其持有的可转换公司债券或可交换公司债券转换、交换成上市公司股票的，通过司法机关强制执行手续取得上市公司股份的,按照相关法律、行政法规及规章制度的规定办理,并在上述行为完成后10个工作日内将相关情况通过管理信息系统按程序报告国有资产监督管理机构。

第九章　国有股东所控股上市公司吸收合并

第五十七条　本办法所称国有股东所控股上市公司吸收合并,是指国有控股上市公司之间或国有控股上市公司与非国有控股上市公司之间的吸收合并。

第五十八条　国有股东所控股上市公司应当聘请财务顾问,对吸收合并的双方进行尽职调查和内部核查,并出具专业意见。

第五十九条　国有股东应指导上市公司根据股票交易价格,并参考可比交易案例,合理确定上市公司换股价格。

第六十条　国有股东应当在上市公司董事会审议吸收合并方案前,将该方案报国有资产监督管理机构审核批准。

第六十一条　国有资产监督管理机构批准国有股东所控股上市公司吸收合并时,应当审核以下文件:

(一)国家出资企业、国有股东的内部决策文件;

(二)国有股东所控股上市公司吸收合并的方案,内容包括但不限于:国有控股股东及上市公司基本情况、换股价格的确定依据、现金选择权安排、吸收合并后的股权结构、债务处置、职工安置、市场应对预案等;

(三)可行性研究报告;

(四)律师事务所出具的法律意见书;

(五)国有资产监督管理机构认为必要的其他文件。

第十章　国有股东所控股上市公司发行证券

第六十二条　本办法所称国有股东所控股上市公司发行证券包括上市公司采用公开方式向原股东配售股份、向不特定对象公开募集股份、采用非公开方式向特定对象发行股份以及发行可转换公司债券等行为。

第六十三条　国有股东所控股上市公司发行证券,应当在股东大会召开前取得批准。属于本办法第七条规定情形的,由国家出资企业审核批准,其他情形报国有资产监督管理机构审核批准。

第六十四条　国家出资企业、国有资产监管机构批准国有股东所控股上市公司发行证券时，应当审核以下文件：

（一）上市公司董事会决议；

（二）国有股东所控股上市公司发行证券的方案，内容包括但不限于：相关国有股东、上市公司基本情况，发行方式、数量、价格，募集资金用途，对国有股东控股地位影响的分析，发行可转换公司债券的风险评估论证情况、偿本付息及应对债务风险的具体方案等；

（三）可行性研究报告；

（四）律师事务所出具的法律意见书；

（五）国家出资企业、国有资产监督管理机构认为必要的其他文件。

第十一章　国有股东与上市公司进行资产重组

第六十五条　本办法所称国有股东与上市公司进行资产重组是指国有股东向上市公司注入、购买或置换资产并涉及国有股东所持上市公司股份发生变化的情形。

第六十六条　国有股东就资产重组事项进行内部决策后，应书面通知上市公司，由上市公司依法披露，并申请股票停牌。在上市公司董事会审议资产重组方案前，应当将可行性研究报告报国家出资企业、国有资产监督管理机构预审核，并由国有资产监督管理机构通过管理信息系统出具意见。

第六十七条　国有股东与上市公司进行资产重组方案经上市公司董事会审议通过后，应当在上市公司股东大会召开前获得相应批准。属于本办法第七条规定情形的，由国家出资企业审核批准，其他情形由国有资产监督管理机构审核批准。

第六十八条　国家出资企业、国有资产监督管理机构批准国有股东与上市公司进行资产重组时，应当审核以下文件：

（一）国有股东决策文件和上市公司董事会决议；

（二）资产重组的方案，内容包括但不限于：资产重组的原因及目的，涉及标的资产范围、业务情况及近三年损益情况、未来盈利预测及其依据，相关资产作价的说明，资产重组对国有股东及上市公司权益、盈利水平和未来发展的影响等；

（三）资产重组涉及相关资产的评估备案表或核准文件；

（四）律师事务所出具的法律意见书；

（五）国家出资企业、国有资产监督管理机构认为必要的其他文件。

第六十九条　国有股东参股的非上市企业参与非国有控股上市公司的资

产重组事项由国家出资企业按照内部决策程序自主决定。

第十二章 法律责任

第七十条 在上市公司国有股权变动中，相关方有下列行为之一的，国有资产监督管理机构或国家出资企业应要求终止上市公司股权变动行为，必要时应向人民法院提起诉讼：

（一）不履行相应的内部决策程序、批准程序或者超越权限，擅自变动上市公司国有股权的；

（二）向中介机构提供虚假资料，导致审计、评估结果失真，造成国有资产损失的；

（三）相关方恶意串通，签订显失公平的协议，造成国有资产损失的；

（四）相关方采取欺诈、隐瞒等手段变动上市公司国有股权，造成国有资产损失的；

（五）相关方未在约定期限内履行承诺义务的；

（六）违反上市公司信息披露规定，涉嫌内幕交易的。

第七十一条 违反有关法律、法规或本办法的规定变动上市公司国有股权并造成国有资产损失的，国有资产监督管理机构可以责令国有股东采取措施限期纠正；国有股东、上市公司负有直接责任的主管人员和其他直接责任人员，由国有资产监督管理机构或者相关企业按照权限给予纪律处分，造成国有资产损失的，应负赔偿责任；涉嫌犯罪的，依法移送司法机关处理。

第七十二条 社会中介机构在上市公司国有股权变动的审计、评估、咨询和法律等服务中违规执业的，由国有资产监督管理机构将有关情况通报其行业主管部门，建议给予相应处罚；情节严重的，国有股东三年内不得再委托其开展相关业务。

第七十三条 上市公司国有股权变动批准机构及其有关人员违反有关法律、法规或本办法的规定，擅自批准或者在批准中以权谋私，造成国有资产损失的，由有关部门按照权限给予纪律处分；涉嫌犯罪的，依法移送司法机关处理。

国有资产监督管理机构违反有关法律、法规或本办法的规定审核批准上市公司国有股权变动并造成国有资产损失的，对直接负责的主管人员和其他责任人员给予纪律处分；涉嫌犯罪的，依法移送司法机关处理。

第十三章 附 则

第七十四条 不符合本办法规定的国有股东标准,但政府部门、机构、事业单位和国有独资或全资企业通过投资关系、协议或者其他安排,能够实际支配其行为的境内外企业,证券账户标注为“CS”,所持上市公司股权变动行为参照本办法管理。

第七十五条 政府部门、机构、事业单位及其所属企业持有的上市公司国有股权变动行为,按照现行监管体制,比照本办法管理。

第七十六条 金融、文化类上市公司国有股权的监督管理,国家另有规定的,依照其规定。

第七十七条 国有或国有控股的专门从事证券业务的证券公司及基金管理公司转让、受让上市公司股份的监督管理按照相关规定办理。

第七十八条 国有出资的有限合伙企业不作国有股东认定,其所持上市公司股份的监督管理另行规定。

第七十九条 本办法自2018年7月1日起施行。

铁路行业统计管理规定

(2018年5月16日交通运输部令2018年第6号公布 自2018年7月1日起施行 国法备字[2018000844])

第一章 总 则

第一条 为了科学有效组织开展铁路行业统计,保障铁路行业统计资料的真实性、准确性、完整性和及时性,按照党中央、国务院关于完善统计体制、提高统计数据质量的有关规定,根据《中华人民共和国统计法》《中华人民共和国铁路法》《中华人民共和国统计法实施条例》等法律、行政法规,结合铁路实际,制定本规定。

第二条 本规定适用于国家铁路局依法组织开展的铁路行业统计活动。

本规定所称铁路统计调查对象,包括在中华人民共和国境内从事铁路管理、运输生产经营、固定资产投资、主要设备制造及运用等活动的国家机关、企业事业单位和其他组织。

本规定所称主要设备,包括铁路机车、客车、动车组、货车、大型养路机械等。

第三条 铁路行业统计的基本任务是开展统计调查，监测分析铁路运行情况，提供统计资料和统计咨询意见，实行统计监督。

第四条 国家铁路局负责开展铁路行业统计工作。国家铁路局综合统计机构负责铁路行业统计归口管理工作，专项统计机构根据铁路行业统计工作需要具体承担铁路行业专项统计相关工作。

铁路综合统计机构、铁路专项统计机构统称为铁路统计机构。

地区铁路监督管理局在国家铁路局领导下协助开展所辖地区铁路行业统计工作。

第五条 铁路统计机构应当根据统计任务的需要，明确统计职责，指定统计负责人，配备专职或者兼职统计人员。

第六条 铁路统计机构负责人对本机构生产的统计数据质量负直接责任；其中铁路综合统计机构负责人还对专项统计机构报送的统计数据质量负监管责任。

铁路统计机构统计人员对职责范围内生产的统计数据质量负直接责任；其中铁路综合统计机构统计人员还对专项统计机构报送的统计数据质量负监管责任。

本规定所称统计数据质量是指统计资料的真实性、准确性、完整性和及时性。

第七条 国家铁路局、铁路统计机构的负责人不得自行修改铁路统计机构、统计人员依法提供的统计资料；不得以任何方式要求铁路统计机构、统计人员及其他机构、人员提供虚假的统计资料或者伪造、篡改原始记录、统计台账和其他统计资料；不得放任、纵容或者袒护统计工作中的弄虚作假行为；不得对拒绝、抵制弄虚作假行为的统计人员打击报复。

铁路统计机构及其统计人员有权拒绝、抵制任何强令或者授意篡改统计资料及编造虚假数据的行为。

第八条 铁路统计调查对象应当依照有关统计法律、行政法规、规章的规定，真实、准确、完整、及时地提供统计资料，不得提供不真实或者不完整的统计资料，不得拒报、迟报、谎报统计资料。

第九条 铁路行业统计工作应当接受社会公众的监督。任何单位和个人有权举报铁路行业统计工作中的弄虚作假等违法违规行为。

第二章 工作职责

第十条 铁路综合统计机构的主要职责是：

(一)拟订铁路行业统计规划、统计规章制度、铁路行业统计标准、铁路行业统计报表;审查铁路专项统计机构拟订的统计调查方案;组织开展全国铁路行业统计工作。

(二)搜集、审核、汇总、报送、发布铁路行业统计数据;组织实施国家及铁路行业调查和普查;组织监测分析铁路运行情况,提供统计咨询服务,实行统计监督。

(三)组织开展铁路行业统计监督检查,协助有关部门查处统计违法行为。

(四)按照职责分工,承担综合交通运输统计中涉及铁路领域的相关工作。

第十一条 铁路专项统计机构的主要职责是:

(一)负责统计法律法规和铁路行业统计规章制度的贯彻落实;组织、实施国家铁路局部署的专项统计调查任务。

(二)搜集、整理、管理、提供统计资料;组织开展统计分析,提供统计咨询建议。

第十二条 铁路统计机构及其统计人员依法独立行使下列职权:

(一)统计调查权:调查、搜集有关资料,要求有关单位和部门如实提供统计资料,检查与统计资料有关的各种原始记录、统计台账和统计报表等。

(二)统计报告权:整理、分析统计调查资料,及时准确地向本单位负责人和国家铁路局提出统计报告等。

(三)统计监督权:对铁路行业生产经营、建设发展等情况进行统计监督,指出存在问题,提出改进建议。

铁路统计机构及其统计人员依法独立行使统计调查、统计报告和统计监督的职权不受侵犯。

第十三条 铁路统计人员应当熟悉和贯彻执行统计法律法规和铁路行业统计规章制度,坚持实事求是,恪守职业道德,对其负责搜集、审核、录入的统计资料与统计调查对象报送的统计资料的一致性负责,拒绝、抵制并按照职权纠正各种统计违法违规行为。

第十四条 铁路统计调查对象的主要责任是:

(一)贯彻执行统计法律法规和铁路行业统计规章制度;按要求配合国家统计调查、铁路行业普查和专项调查;

(二)按制发的铁路行业统计报表制度报送数据;

(三)制定本单位统计制度并组织实施;

(四)为铁路统计工作提供稳定的人员、经费、技术装备保障;相关人员应当具备执行铁路统计任务所需的专业知识和业务能力。

第三章 统计调查管理

第十五条 铁路行业统计调查项目由国家铁路局制定并报国家统计局审批或者备案后组织实施。

制定统计调查项目,应当同时制定该项目的统计调查制度,并将统计调查项目及其调查制度一并报送审批或者备案。

统计调查制度的内容应当包括总说明、报表目录、调查表式、分类目录、指标解释、指标间逻辑关系;采用抽样调查方法的还应当包括抽样方案。

统计调查制度总说明应当对调查目的、调查对象、统计范围、调查内容、调查频率、调查时间、调查方法、组织实施方式、质量控制、报送要求、信息共享、资料公布等作出规定。

统计调查项目和统计调查制度规定的内容变更的,应当报经原审批机关批准或者原备案机关备案。

铁路行业统计调查项目的具体管理办法由国家铁路局另行制定。

第十六条 国家铁路局制定的统计调查项目的主要内容不得与国家统计调查项目的内容重复、矛盾。

第十七条 铁路综合统计机构归口管理和统一申报铁路行业统计调查项目。

第十八条 国家铁路局根据国家标准和相关要求统一制定铁路行业统计标准,保证铁路行业统计调查采用的指标涵义、计算方法、分类目录、调查表式和统计编码等的标准化。

第十九条 铁路行业统计调查表应当在右上角标明表号、制定机关、批准机关或者备案机关、批准文号或者备案文号、有效期限等标志。

未经批准或者备案、超过有效期限的统计调查表,铁路统计调查对象有权拒绝填报并予以举报。

第二十条 铁路统计机构开展统计调查,应当以规定的铁路行业统计报表制度为基础,辅之以抽样调查、重点调查和科学推算。

铁路统计机构应当积极推进完善统计调查方法,做好各种统计调查方法的衔接和配套。

第二十一条 铁路统计调查对象应当执行国家和国家铁路局统一制定的统计调查计划、统计制度方法、统计标准,保证铁路行业统计调查方法、统计指标体系、统计报表制度的完整和统一。

第四章　统计资料的管理和公布

第二十二条　铁路综合统计机构归口管理铁路行业统计资料，按相关规定建立健全铁路行业统计资料共享机制。

第二十三条　铁路统计调查对象应当根据统计法律法规和铁路行业统计规章制度，设置原始记录和统计台账，并保证其真实、准确、完整。

铁路统计调查对象应当建立健全统计数据的审核、签署、交接、归档等制度。提供的统计资料，应当由填报人员和单位负责人签字，并加盖公章后上报，统计调查制度规定不需要签字、加盖公章的除外。使用网络提供统计资料时，按照国家有关规定执行。

统计资料的审核、签署人员应当对其审核、签署的统计资料的真实性、准确性和完整性负责。

第二十四条　铁路统计人员应当对铁路统计调查对象提供的统计资料进行审核。统计资料不完整或者存在明显错误的，应当由铁路统计调查对象依法予以补充或者改正。

第二十五条　铁路统计机构应当建立健全纸介质和其他介质的统计资料的交接、保密和归档管理制度，对原始记录、统计台账、统计报表及电子数据信息等统计资料，实行专人管理，按国家以及铁路行业统计资料管理规定的时限保存，不得涂改、丢损和随意销毁。

第二十六条　铁路综合统计机构负责审定、公布铁路行业统计资料，发布年度铁道统计公报，定期公布铁路行业主要统计指标数据。铁路行业统计资料未经铁路综合统计机构审核认定，不得对外公布。

第二十七条　铁路统计机构及其统计人员应当遵守国家有关规定，加强对统计资料的保密管理，对在统计工作中知悉的国家秘密、商业秘密和个人信息，负有保密义务。

任何单位和个人在公布和使用铁路行业统计资料时，应当遵守国家有关统计资料保密的规定。

第五章　监 督 检 查

第二十八条　铁路综合统计机构应当加强对铁路统计调查对象执行统计法律、行政法规和规章的监督检查，对发现的统计违法行为依法移送有关部门处理。

第二十九条 铁路综合统计机构应当积极协助有关部门查处统计违法行为,及时移送有关统计违法案件材料。

第三十条 铁路统计调查对象应当配合铁路综合统计机构开展的铁路行业统计监督检查工作。

第三十一条 铁路综合统计机构开展统计监督检查时,有权采取下列措施:

(一)检查铁路统计调查对象统计工作情况,听取被检查单位负责人和有关人员的情况介绍,调阅、审查及复制与统计业务相关的各种规章、制度、文件、原始记录、台账、报表和其他资料、信息;

(二)向被检查单位查询有关事项,询问相关人员并做好记录;

(三)根据检查结果整理填发铁路行业统计监督检查记录,由被检查单位负责人签字确认;

(四)将检查情况在行业予以通报;对检查发现的统计违法行为及时移交有关部门处理。

开展统计监督检查时,监督检查人员不得少于 2 人,并应当出示工作证件;未出示的,有关部门和企业有权拒绝检查。

第三十二条 铁路统计机构负责人和统计人员有违反《中华人民共和国统计法》《中华人民共和国统计法实施条例》和党中央、国务院有关规定的行为的,应当依法依规处理。

第六章 附 则

第三十三条 国家铁路局委托其他统计机构开展相关统计工作的,按照依法签订的委托协议执行。

第三十四条 本规定自 2018 年 7 月 1 日起施行。原铁道部于 2006 年 9 月 21 日公布的《铁路行业统计管理规定》(铁道部令第 28 号)同时废止。

通信建设工程质量监督管理规定

(2018 年 5 月 17 日工业和信息化部令第 47 号公布 自 2018 年 7 月 1 日起施行 国法备字[2018000843])

第一章 总 则

第一条 为了加强通信建设工程质量监督管理,保证通信建设工程质量,根据《中华人民共和国建筑法》《中华人民共和国电信条例》《建设工程质量管理条例》等法律、行政法规，制定本规定。

第二条 在中华人民共和国境内实施通信建设工程质量监督管理，适用本规定。

第三条 工业和信息化部负责全国通信建设工程质量的监督管理，省、自治区、直辖市通信管理局负责本行政区域内通信建设工程质量的监督管理。

工业和信息化部和省、自治区、直辖市通信管理局（以下统称电信管理机构）设立的通信建设工程质量监督机构（以下简称通信质量监督机构）依照本规定具体实施通信建设工程质量监督工作。

第四条 通信建设工程的建设单位、勘察单位、设计单位、施工单位、监理单位（以下统称工程质量责任主体）应当遵守工程建设法律、法规及相关规定，履行质量责任和义务，对建设工程质量负责。

第五条 电信管理机构及通信质量监督机构实施通信建设工程质量监督管理应当遵循客观、公开、公平、公正的原则。

第六条 工业和信息化部建立通信建设工程质量监督管理信息平台（以下简称质监管理平台），实行通信建设工程质量监督的信息化管理。

工业和信息化部建立通信建设工程质量违法行为信息库，推进通信建设领域诚信体系建设。

第七条 通信建设工程质量监督经费由同级财政预算予以保障，电信管理机构应当在监管经费中统筹安排。电信管理机构及通信质量监督机构实施质量监督不得向工程质量责任主体收取任何费用。

第八条 任何单位和个人对通信建设工程质量事故、质量缺陷都有权举报和投诉。

第二章 通信质量监督机构及其职责

第九条 工业和信息化部通信质量监督机构（以下简称部通信质量监督机构）具体实施以下通信建设工程质量监督工作：

（一）对省、自治区、直辖市通信管理局设立的通信质量监督机构（以下简称省通信质量监督机构）进行业务指导；

（二）对基础电信业务经营者集团公司管理的通信建设工程实施质量监督，协调省通信质量监督机构联合实施通信建设工程质量监督，对通信建设工程质量监督人员（以下简称质量监督人员）进行培训考核；

（三）受理通信建设工程质量的举报和投诉，参与调查处理通信建设工程质量事故；

（四）记录通信建设工程质量违法行为信息并录入通信建设工程质量违法行为信息库；

（五）工业和信息化部确定的其他工作。

第十条 省通信质量监督机构具体实施以下通信建设工程质量监督工作：

（一）实施本行政区域内通信建设工程质量监督；

（二）受理本行政区域内通信建设工程质量的举报和投诉，参与调查处理本行政区域内通信建设工程质量事故；

（三）记录通信建设工程质量违法行为信息并录入通信建设工程质量违法行为信息库；

（四）省、自治区、直辖市通信管理局确定的其他工作。

省通信质量监督机构可以根据本行政区域实际情况和工作需要，设立分支机构承担通信建设工程质量监督工作。

第十一条 通信质量监督机构应当健全通信建设工程质量监督工作制度，加强对质量监督人员的管理，建立与通信建设工程质量监督工作相适应的信息化管理条件。

第十二条 通信质量监督机构可以聘请通信建设工程专业技术人员参与通信建设工程质量监督工作。

第十三条 通信质量监督机构应当定期汇总、整理通信建设工程质量监督情况并报送电信管理机构。

第十四条 工业和信息化部建立通信质量监督机构和质量监督人员名录库，统一向社会公布通信质量监督机构名录。

第十五条 电信管理机构应当加强对通信质量监督机构的监督管理，定期组织对其考核。

第三章 质量监督内容和程序

第十六条 通信质量监督机构实施通信建设工程质量监督的主要内容包括：

（一）检查工程质量责任主体执行建设工程质量法律、法规和通信建设工程强制性标准的情况；

（二）检查工程质量责任主体落实工程质量责任和义务、建立质量保证体系和质量责任制度情况；

（三）检查影响工程质量、安全和主要使用功能的关键部位和环节；

（四）检查工程使用的主要材料、设备的质量；

（五）检查工程防雷、抗震等情况；

（六）检查工程质量监督申报、工程竣工验收的组织形式及相关资料。

第十七条 建设单位应当在通信建设工程开工5个工作日前办理通信建设工程质量监督申报手续。投资规模较小的通信建设工程项目可以集中办理通信建设工程质量监督申报手续。

建设单位办理通信建设工程质量监督申报手续，应当通过质监管理平台提交《通信建设工程质量监督申报表》和以下文件材料：

（一）项目立项批准文件；

（二）施工图设计审查批准文件；

（三）工程勘察、设计、施工、监理等单位的资质等级证书；

（四）其他相关文件。

第十八条 通信质量监督机构收到通信建设工程质量监督申报后，应当根据通信建设工程的特点，制定通信建设工程质量监督工作方案，确定通信建设工程质量监督的具体内容、方式和监督工作计划，并通过质监管理平台将《通信建设工程质量监督通知书》通知建设单位。

第十九条 通信质量监督机构采用抽查方式对通信建设工程实施质量监督，并填写《通信建设工程质量监督记录表》。

第二十条 通信质量监督机构实施通信建设工程质量监督发现有影响通信建设工程质量的问题时，应当通知有关工程质量责任主体，责令限期改正。

有关工程质量责任主体应当按要求改正，并通过质监管理平台提交《通信建设工程质量问题整改情况反馈表》。

第二十一条 建设单位应当自通信建设工程竣工验收合格之日起15日内，通过质监管理平台提交《通信建设工程竣工验收备案表》及通信建设工程竣工验收报告。

通信质量监督机构收到竣工验收报告后，应当重点对基本建设程序、竣工验收的组织形式、竣工验收资料是否符合有关规定进行监督，发现有违反有关规定的行为的，应当责令停止使用，限期改正。建设单位改正后，应当重新组织工程竣工验收。

第二十二条 通信质量监督机构应当建立通信建设工程质量监督档案，并按照有关规定妥善保存。

第二十三条 电信管理机构组织通信建设工程质量专项检查，检查工程质量责任主体建立工程质量管理制度情况、落实相关责任和义务等情况，并在

《通信建设工程质量专项检查表》中如实记录专项检查情况。

第二十四条 电信管理机构实施通信建设工程质量专项检查,应当随机抽取检查对象,通过质量监督人员名录库随机选派检查人员,并及时向社会公布检查情况及对违法行为的查处结果。

第二十五条 电信管理机构应当建立通信建设工程质量监督通报制度,对建设单位办理通信建设工程质量监督申报手续、竣工验收备案手续,工程质量责任主体落实工程质量责任和义务,违法行为查处,以及相关工程质量责任主体对工程质量问题改正情况等进行通报。

第二十六条 发生通信建设工程质量事故的,参照通信建设工程生产安全事故报告和调查处理程序处理。

第二十七条 电信管理机构及通信质量监督机构实施通信建设工程质量监督检查,有权要求被监督检查单位提供有关工程文件和资料,进入被监督检查单位的施工现场和有关场所进行检查,并采取检测、拍照、录像等方式进行取证,向有关单位和个人调查情况并取得证明材料。

工程质量责任主体应当接受、配合电信管理机构及通信质量监督机构实施的监督检查,不得拒绝或者阻碍质量监督人员依法执行职务。

第四章 法律责任

第二十八条 工程质量责任主体有下列情形之一的,责令改正,可以处一万元以上三万元以下罚款:

(一)违反本规定第二十条的规定,未按要求对影响工程质量的问题进行整改的;

(二)违反本规定第二十七条的规定,不配合通信建设工程质量监督检查的;

(三)通过质监管理平台提交虚假材料的。

建设单位未依法办理通信建设工程质量监督申报或竣工验收备案手续的,依据《建设工程质量管理条例》第五十六条规定予以处罚。

第二十九条 工程质量责任主体违反法律、法规或者不执行通信建设工程强制性标准,降低工程质量的,依据相关法律、法规处理,并在行业内进行通报。

第三十条 瞒报、谎报通信建设工程质量事故或者拖延报告期限的,对直接责任人和其他责任人员,依法给予处分,在行业内进行通报,并通报其他相关部门。

第三十一条 工程质量责任主体违反通信建设工程质量管理规定,受到行政处罚的,由电信管理机构记入信用记录,并依照有关法律、行政法规的规定予以公示。

第三十二条 工程质量责任主体违反通信建设工程质量管理规定的,由工程所在地的省、自治区、直辖市通信管理局处罚;属于基础电信业务经营者集团公司管理通信建设工程的,由工业和信息化部处罚。

电信管理机构和通信质量监督机构工作人员在通信建设工程质量监督管理工作中玩忽职守、滥用职权、徇私舞弊的,依法给予处分;构成犯罪的,依法追究刑事责任。

第五章 附 则

第三十三条 本规定所规定的表格式样,由工业和信息化部统一制作,并根据需要调整。

第三十四条 抢险救灾通信建设工程和涉密通信建设工程不适用本规定。

第三十五条 本规定自2018年7月1日起施行。2001年12月19日公布的《通信工程质量监督管理规定》(原信息产业部令第18号)同时废止。

公路水运工程监理企业资质管理规定

(2018年5月17日交通运输部令2018年第7号公布 自2018年7月1日起施行 国法备字[2018000815])

第一章 总 则

第一条 为加强公路、水运工程监理企业的资质管理,规范公路、水运建设市场秩序,保证公路、水运工程建设质量,根据《建设工程质量管理条例》,制定本规定。

第二条 公路、水运工程监理企业资质的取得及监督管理,适用本规定。

第三条 从事公路、水运工程监理活动,应当按照本规定取得公路、水运工程监理企业资质后方可开展相应的监理业务。

第四条 交通运输部负责全国公路、水运工程监理企业资质监督管理工作。

省、自治区、直辖市人民政府交通运输主管部门负责本行政区域内公路、水运工程监理企业资质管理工作，省、自治区、直辖市人民政府交通运输主管部门可以委托其所属的质量监督机构具体负责本行政区域内公路、水运工程监理企业资质的监督管理工作。

第二章　资质等级和从业范围

第五条　公路、水运工程监理企业资质按专业划分为公路工程和水运工程两个专业。

公路工程专业监理资质分为甲级、乙级、丙级三个等级和特殊独立大桥专项、特殊独立隧道专项、公路机电工程专项；水运工程专业监理资质分为甲级、乙级、丙级三个等级和水运机电工程专项。

第六条　公路、水运工程监理企业应当按照其取得的资质等级在下列业务范围内开展监理业务：

（一）取得公路工程专业甲级监理资质，可在全国范围内从事一、二、三类公路工程、桥梁工程、隧道工程项目的监理业务；

（二）取得公路工程专业乙级监理资质，可在全国范围内从事二、三类公路工程、桥梁工程、隧道工程项目的监理业务；

（三）取得公路工程专业丙级监理资质，可在企业所在地的省级行政区域内从事三类公路工程、桥梁工程、隧道工程项目的监理业务；

（四）取得公路工程专业特殊独立大桥专项监理资质，可在全国范围内从事特殊独立大桥项目的监理业务；

（五）取得公路工程专业特殊独立隧道专项监理资质，可在全国范围内从事特殊独立隧道项目的监理业务；

（六）取得公路工程专业公路机电工程专项监理资质，可在全国范围内从事各等级公路、桥梁、隧道工程通讯、监控、收费等机电工程项目的监理业务；

（七）取得水运工程专业甲级监理资质，可在全国范围内从事大、中、小型水运工程项目的监理业务；

（八）取得水运工程专业乙级监理资质，可在全国范围内从事中、小型水运工程项目的监理业务；

（九）取得水运工程专业丙级监理资质，可在企业所在地的省级行政区域内从事小型水运工程项目的监理业务；

（十）取得水运工程专业水运机电工程专项监理资质，可在全国范围内从事水运机电工程项目的监理业务。

公路、水运工程监理业务的分级标准见本规定附件3。

第三章　申请与许可

第七条　申请公路、水运工程监理资质的企业，应当具备本规定附件1、附件2规定的相应资质条件。

第八条　交通运输部负责公路工程专业甲级、乙级监理资质，公路工程专业特殊独立大桥专项、特殊独立隧道专项、公路机电工程专项监理资质的行政许可工作。

省、自治区、直辖市人民政府交通运输主管部门负责公路工程专业丙级监理资质，水运工程专业甲级、乙级、丙级监理资质，水运机电工程专项监理资质的行政许可工作。

第九条　申请人申请公路、水运工程监理资质应当向第八条规定的许可机关提交下列申请材料：

（一）《公路水运工程监理企业资质申请表》；

（二）《企业法人营业执照》（复印件）；

（三）企业章程和制度；

（四）监理工程师和中级职称以上人员名单；

（五）企业、人员从业业绩清单；

（六）主要试验检测仪器和设备清单。

申请人应当按照规定，将人员、业绩、仪器设备等情况，录入全国或者省级交通运输公路、水运建设市场信用信息管理系统。

全国或者省级交通运输公路、水运建设市场信用信息管理系统应当向社会公开，接受社会监督。

申请人应当如实向许可机关提交有关材料和反映真实情况，并对其提交材料实质内容的真实性负责。

第十条　属于交通运输部受理的申请，申请人在向交通运输部提交申请材料的同时，应当向企业注册地的省、自治区、直辖市人民政府交通运输主管部门提交申请材料副本。

有关省、自治区、直辖市人民政府交通运输主管部门自收到申请人的申请材料副本之日起十日内提出审查意见报交通运输部。

交通运输部自收到申请人完整齐备的申请材料之日起二十日内作出行政许可决定。准予许可的，颁发相应的《监理资质证书》；不予许可的，应当书面通知申请人并说明理由。

第十一条　属于省、自治区、直辖市人民政府交通运输主管部门受理的申请，申请人应当向企业注册地的省、自治区、直辖市人民政府交通运输主管部门提交本规定第九条规定的申请材料。省、自治区、直辖市人民政府交通运输主管部门自收到完整齐备的申请材料之日起二十日内作出行政许可决定。准予许可的，颁发相应的《监理资质证书》，并在三十日内向交通运输部报备；不予许可的，应当书面通知申请人并说明理由。

第十二条 许可机关在作出行政许可决定的过程中可以聘请专家对申请材料进行评审，并且将评审结果向社会公示。

专家评审的时间不计算在行政许可期限内，但应当将专家评审需要的时间告知申请人。专家评审的时间最长不得超过六十日。

第十三条 许可机关聘请的评审专家应当从其建立的公路、水运工程监理专家库中选定。

选择专家应当符合回避的要求；参与评审的专家应当履行公正评审、保守企业商业秘密的义务。

第十四条 许可机关在许可过程中需要核查申请人有关条件的，可以对申请人的有关情况进行实地核查，申请人应当配合。

第十五条 许可机关作出的准予许可决定，应当向社会公开，公众有权查阅。

第十六条 《监理资质证书》有效期限为四年。

第十七条 《监理资质证书》有效期届满，企业拟继续从事监理业务的，应当在《监理资质证书》有效期届满六十日前，向原许可机关提出延续资质申请，提交《公路水运工程监理企业延续资质申请表》，并按照资质延续的相关要求提交材料。

第十八条 许可机关对提出延续资质申请企业的各项条件进行审查，自收到企业资质申请之日起二十日内作出是否准予延续许可的决定。对符合资质延续条件的企业，许可机关准予资质延续四年。

第十九条 监理企业在领取新的资质证书时，应当将原资质证书交回原许可机关。

第四章 监督检查

第二十条 监理企业应当依法、依合同对公路、水运工程建设项目实施监理。

第二十一条 监理企业和各有关机构必须如实填写《项目监理评定书》。《项目监理评定书》的格式由交通运输部规定。

第二十二条 监理企业资质实行定期检验制度,每两年检验一次。

定期检验的内容是检查监理企业现状与资质等级条件的符合程度以及监理企业在检验期内的业绩情况。

第二十三条 申请定期检验的企业应当在其资质证书使用期满两年前三十日内向检验机构提出定期检验申请,并提交以下材料:

(一)《公路水运工程监理企业资质检验表》。

(二)本检验期内的《项目监理评定书》。

第二十四条 监理企业的定期检验工作由作出许可决定的许可机关或者委托其所属的质量监督机构负责。

负责检验的许可机关或者质量监督机构应当自收到完整齐备的申请材料二十日内作出定期检验结论。

第二十五条 对定期检验合格的监理企业,由原许可机关或者质量监督机构在其《监理资质证书》上签署意见并盖章。

对定期检验不合格的监理企业,原许可机关或者质量监督机构应当责令其在六个月内进行整改。整改期满仍不能达到规定条件的,由原许可机关对其予以降低资质等级或者撤销对其的资质许可。

第二十六条 监理企业未按照规定的期限申请资质定期检验的,其资质证书失效。

第二十七条 有下列情形之一的,监理企业应当及时向许可机关交回资质证书,许可机关应当注销其监理资质:

(一)未按照规定期限申请资质延续的;

(二)企业依法终止的;

(三)资质被依法撤销、撤回或者资质证书依法被吊销的;

(四)法律、法规规定的应当注销资质的其他情形。

第二十八条 监理企业遗失《监理资质证书》,应当在公开媒体和许可机关指定的网站上声明作废,并到原许可机关办理补证手续。

第二十九条 监理企业的名称、地址、法定代表人等一般事项变更,应当在变更事项发生后十日内向原许可机关申请签注变更。

监理企业发生合并、分立、重组、改制等重大事项变更,应当在变更事项发生后十日内向原许可机关申请变更,由原许可机关重新核定企业资质等级。

第三十条 各级交通运输主管部门及其质量监督机构应当加强对监理企业以及监理现场工作的监督检查,有关单位应当配合。

第三十一条 交通运输部和省、自治区、直辖市人民政府交通运输主管部门依据职权有权对利害关系人的举报进行调查核实,有关单位应当配合。

第三十二条 监理企业违反本规定,由交通运输部或者省、自治区、直辖市人民政府交通运输主管部门依据《建设工程质量管理条例》及有关规定给予相应处罚。

第三十三条 交通运输主管部门工作人员在资质许可和监督管理工作中玩忽职守、滥用职权、徇私舞弊等严重失职的,由所在单位或者其上级机关依照国家有关规定给予行政处分;构成犯罪的,依法追究刑事责任。

第五章 附 则

第三十四条 监理企业的《监理资质证书》由许可机关按照交通运输部规定的统一格式印制,正本一份,副本二份,副本与正本具有同等法律效力。

第三十五条 本规定自 2018 年 7 月 1 日起施行。2004 年 6 月 30 日以交通部令 2004 年第 5 号发布的《公路水运工程监理企业资质管理规定》、2014 年 4 月 9 日以交通运输部令 2014 年第 7 号发布的《关于修改〈公路水运工程监理企业资质管理规定〉的决定》、2015 年 5 月 12 日以交通运输部令 2015 年第 4 号发布的《关于修改〈公路水运工程监理企业资质管理规定〉的决定》同时废止。

附件1：

公路水运工程监理企业资质等级条件

一、公路工程

(一)甲级监理资质条件

1. 人员、业绩和人员结构条件

企业负责人和技术负责人中至少有2人具有公路或者相关专业高级技术职称，10年以上从事公路、桥梁、隧道工程工作经历，5年以上监理或者建设管理工作经历，已取得监理工程师资格。

企业拥有中级职称以上各类专业技术人员不少于50人。其中，持监理工程师资格证书的人数不少于30人，工程系列高级专业技术职称人数不少于10人；高、中级经济师，高、中级会计师或者造价工程师不少于3人。上述各类人员中，与企业签订3年以上劳动合同的人数不低于70%。

企业具有公路工程乙级监理资质，且具备不少于5项二类企业监理业绩，其中桥梁、隧道类业绩不超过2项。持监理工程师证书人员中，不少于9人具有2项一类工程监理业绩，不少于3人具有高级驻地监理工程师经历；上述人员与企业签订的劳动合同期限不少于3年。

企业各类专业技术人员结构合理。主要包括路基路面、桥隧结构、试验检测、工程地质、工程经济、合同管理等专业人员。

2. 企业拥有材料、路基路面等工程试验检测设备和测量放样等仪器，具备建立工地试验室条件（见附件2）。

3. 企业具有完善的规章制度和组织体系。

4. 企业作为工程质量安全事故当事人，已经有关主管部门认定无责任，或者虽受到有关主管部门的行政处罚但处罚实施已满1年。

5. 企业信誉良好。最近一期公路建设市场全国综合信用评价等级不低于A级。

6. 甲级监理资质延续，应当满足上述第1、2、3项条件，并符合下列要求，但第1项条件中的企业业绩、监理工程师的个人业绩和经历不再考核：

(1)原资质有效期内，监理企业具备2项一类业绩，或者同时具备1项一类和2项二类工程业绩。

(2)最近两期公路建设市场全国综合信用评价等级为B级以上（含B级）。

(二)乙级监理资质条件

1. 人员、业绩和人员结构条件

企业负责人和技术负责人中至少有2人具有公路或者相关专业中级技术

职称,8 年以上从事公路、桥梁、隧道工程工作经历,3 年以上监理或者建设管理工作经历,已取得监理工程师资格。

企业拥有中级职称以上各类专业技术人员不少于 30 人。其中,持监理工程师资格证书的人数不少于 18 人,工程系列高级专业技术职称人数不少于 5 人,经济师、会计师或者造价工程师不少于 2 人。上述各类人员中,与企业签订 3 年以上劳动合同的人数不低于 70%。

持监理工程师证书的人员中,不少于 9 人具有 2 项二类及以上工程监理业绩,不少于 3 人具有高级驻地监理工程师经历;上述人员与企业签订的劳动合同期限不少于 3 年。不具备前述监理工程师个人业绩及经历条件,但具备以下条件者视为符合条件:监理企业具备不少于 5 项三类工程业绩。

各类专业技术人员结构合理。主要包括路基路面、桥隧结构、试验检测、工程地质、工程经济、合同管理等专业人员。

2. 企业拥有材料、路基路面等工程试验检测设备和测量放样等仪器,具有建立工地试验室的条件(见附件 2)。

3. 企业具有完善的规章制度和组织体系。

4. 企业作为工程质量安全事故当事人,已经有关主管部门认定无责任,或者虽受到有关主管部门的行政处罚但处罚实施已满 1 年。

5. 企业信誉良好。最近一期公路建设市场全国综合信用评价等级不低于 A 级。

6. 乙级监理资质延续,应当满足上述第 1、2、3 项条件,并符合下列要求,但第 1 项条件中的企业业绩、监理工程师的个人业绩和经历不再考核:

(1)原资质有效期内,监理企业具备 2 项二类业绩,或者同时具备 1 项二类和 2 项三类工程业绩。

(2)最近两期公路建设市场全国综合信用评价等级为 B 级以上(含 B 级)。

(三)丙级监理资质条件

1. 人员、业绩和人员结构条件

企业负责人和技术负责人中至少有 2 人具有公路或者相关专业中级技术职称,5 年以上从事公路、桥梁、隧道工程工作经历,2 年以上监理或者建设管理工作经历,已取得监理工程师资格。

企业拥有中级职称以上各类专业技术人员不少于 20 人。其中,持监理工程师资格证书的人数不少于 8 人,工程系列高级专业技术职称人数不少于 3 人,经济师、会计师或者造价工程师不少于 1 人。上述各类人员中,与企业签订 3 年以上劳动合同的人数不低于 70%。

持监理工程师证书的人员中，不少于3人具有2项三类及以上工程监理业绩，上述人员与企业签订的劳动合同期限不少于3年。

各类专业技术人员结构合理。主要包括路基路面、桥隧结构、试验检测、工程地质、工程经济、合同管理等专业人员。

2. 企业拥有必要的试验检测设备和测量放样仪器(见附件2)。

3. 企业拥有完善的规章制度和组织体系。

4. 企业作为工程质量安全事故当事人，已经有关主管部门认定无责任，或者虽受到有关主管部门的行政处罚但处罚实施已满1年。

5. 丙级监理资质延续应当满足本条第1、2、3、4项条件。

(四)特殊独立大桥专项监理资质条件

1. 已取得公路工程甲级监理资质。

2. 持监理工程师证书人员中，有不少于20人具有特大桥监理业绩，上述人员与企业签订的劳动合同期限不少于3年。不具备本条前述条件，但具备以下条件者视为符合本条条件：监理企业具有4项以上特大桥监理业绩。

3. 企业作为工程质量安全事故当事人，已经有关主管部门认定无责任，或者虽受到有关主管部门的行政处罚但处罚实施已满1年。

4. 企业信誉良好。最近两期公路建设市场全国综合信用评价等级不低于A级。

5. 特殊独立大桥专项监理资质延续，应当满足上述第1项条件，并符合下列要求：

(1)原资质有效期内监理企业具备1项特殊独立大桥或者2项特大桥工程业绩。

(2)最近两期公路建设市场全国综合信用评价等级为B级以上(含B级)。

(五)特殊独立隧道专项监理资质条件

1. 已取得公路工程甲级监理资质。

2. 持监理工程师证书人员中，有不少于20人具有特长隧道监理业绩，有不少于10人是隧道专业监理工程师，上述人员与企业签订的劳动合同期限不少于3年。不具备本条前述条件，但具备以下条件者视为符合本条条件：监理企业具有2项以上特长隧道监理业绩。

3. 企业作为工程质量安全事故当事人，已经有关主管部门认定无责任，或者虽受到有关主管部门的行政处罚但处罚实施已满1年。

4. 企业信誉良好。最近两期公路建设市场全国综合信用评价等级不低于A级。

5. 特殊独立隧道专项监理资质延续，应当满足上述第 1 项条件，并符合下列要求：

（1）原资质有效期内监理企业具备 1 项特殊独立隧道或者 2 项长隧道工程业绩。

（2）最近两期公路建设市场全国综合信用评价等级为 B 级以上（含 B 级）。

（六）公路机电工程专项监理资质条件

1. 人员、业绩和人员结构条件

企业负责人和技术负责人中至少 2 人以上具有机电专业高级技术职称，8 年以上从事相关专业工作经历，5 年以上监理或者建设管理工作经历，已取得公路机电专业监理工程师资格。

企业拥有中级职称以上各类专业技术人员不少于 30 人。其中，持公路机电专业监理工程师资格证书人数不少于 15 人，高级专业技术职称人数不少于 10 人，经济师、会计师或者造价工程师不少于 2 人。上述各类人员中，与企业签订 3 年以上劳动合同的人数不低于 70%。

持监理工程师证书人员中，不少于 8 人具有公路机电工程监理业绩，以上人员与企业签订的劳动合同期限不少于 3 年。

2. 企业拥有公路机电工程所需的常用试验检测设备（见附件 2）。

3. 企业具有完善的规章制度和组织体系。

4. 企业作为工程质量安全事故当事人，已经有关主管部门认定无责任，或者虽受到有关主管部门的行政处罚但处罚实施已满 1 年。

5. 企业信誉良好。最近一期公路建设市场全国综合信用评价等级不低于 A 级。

6. 公路机电工程专项监理资质延续，应当满足上述第 1、2、3 项条件，并符合下列要求，但第 1 项条件中的监理工程师的个人业绩和经历不再考核：

（1）原资质有效期内监理企业具备 2 项公路机电工程业绩。

（2）最近两期公路建设市场全国综合信用评价等级为 B 级以上（含 B 级）。

二、水运工程

（一）甲级监理资质条件

1. 人员、业绩和人员结构条件

企业负责人中至少有 1 人具备 10 年以上水运工程建设的经历，具有监理工程师资格；技术负责人应当具有 15 年以上水运工程建设的经历，承担过大型水运工程项目的总监工作，具有水运工程系列高级专业技术职称和监理工程师资格。

企业拥有中级技术职称以上各类专业技术人员不少于40人。其中,持监理工程师资格证书的人员不少于25人,取得港口、航道监理工程师资格证书的人员不少于18人,工程系列高级技术专业职称人数不少于10人,经济师、会计师或者造价工程师不少于2人。上述各类人员中,与企业签订3年以上劳动合同的人数不低于70%。

企业需具有水运工程乙级监理资质,且具备不少于5项中型水运工程监理业绩。持监理工程师资格证书人员中,不少于9人具有大型工程监理业绩,不少于3人具有大型工程监理项目负责人经历。上述人员与企业签订的劳动合同期限不少于3年。

各类专业技术人员结构合理。主要包括港口、航道、工民建、测量、试验检测、合同管理等专业人员。

2. 企业拥有材料、土工等工程试验仪器和检测设备,具有建立工地试验室的条件(见附件2)。

3. 企业具有完善的规章制度和组织体系。

4. 企业作为工程质量安全事故当事人,已经有关主管部门认定无责任,或者虽受到有关主管部门的行政处罚但处罚实施已满1年。

5. 企业信誉良好。最近一期水运工程建设市场全国综合信用评价等级不低于A级。

6. 甲级监理资质延续,应当满足上述第1、2、3项条件,并符合下列要求,但第1项条件中的企业业绩、监理工程师的个人业绩和经历不再考核:

(1)原资质有效期内,监理企业具备2项大型水运工程业绩,或者同时具备1项大型水运工程业绩和2项中型水运工程业绩。

(2)最近两期公路建设市场全国综合信用评价等级为B级以上(含B级)。

(二)乙级监理资质条件

1. 人员、业绩和人员结构条件

企业负责人中至少有1人具有8年以上水运工程建设的经历,具有监理工程师资格;技术负责人应当具有10年以上水运工程建设的经历,承担过中型水运工程项目的总监工作,具有水运工程系列高级专业技术职称和监理工程师资格。

企业拥有中级技术职称以上各类专业技术人员不少于30人。其中,持监理工程师资格证书的人员不少于15人,取得港口、航道监理工程师资格证书的人员不少于10人,工程系列高级技术专业职称人数不少于5人,经济师、会计师或者造价工程师不少于1人。上述各类人员中，与企业签订3年以上劳动合同的人数不低于70%。

持监理工程师资格证书的人员中，不少于5人具有中型水运工程监理业绩，不少于2人具有中型水运工程监理项目负责人经历，上述人员与企业签订的劳动合同期限不少于3年；不具备前述监理工程师个人业绩及经历条件，但具备以下条件者视为符合条件：具备5项以上小型水运工程业绩。

各类专业技术人员结构合理。主要包括港口、航道、工民建、测量、试验检测、合同管理等专业人员。

2. 企业拥有材料、土工等工程试验仪器和检测设备，具有建立工地试验室的条件(见附件2)。

3. 企业具有完善的规章制度和组织体系。

4. 企业作为工程质量安全事故当事人，已经有关主管部门认定无责任，或者虽受到有关主管部门的行政处罚但处罚实施已满1年。

5. 企业信誉良好。最近一期水运工程建设市场全国综合信用评价等级不低于A级。

6. 乙级监理资质延续，应当满足上述第1、2、3项条件，并符合下列要求，但第1项条件中的企业业绩、监理工程师的个人业绩和经历不再考核：

(1)原资质有效期内，监理企业具备2项中型水运工程业绩，或者同时具备1项中型水运工程业绩和2项小型水运工程业绩。

(2)最近两期公路建设市场全国综合信用评价等级为B级以上(含B级)。

(三)丙级监理资质条件

1. 人员、业绩和人员结构条件

企业负责人中至少有1人具有5年以上水运工程建设的经历，具有监理工程师资格；技术负责人应当具有8年以上水运工程建设的经历，承担过小型水运工程项目的总监工作，具有水运工程监理工程师资格。

企业拥有中级技术职称以上各类专业技术人员不少于15人。其中，持监理工程师资格证书的人员不少于8人，工程系列高级技术专业职称人数不少于3人。上述各类人员中，与企业签订3年以上劳动合同的人数不低于70%。

持监理工程师资格证书的人员中，不少于3人具有小型水运工程监理业绩，不少于2人具有小型水运工程监理项目负责人经历，上述人员与企业签订的劳动合同期限不少于3年。

2. 企业具有完善的规章制度和组织体系。

3. 企业作为工程质量安全事故当事人，已经有关主管部门认定无责任，或者虽受到有关主管部门的行政处罚但处罚实施已满1年。

4. 丙级监理资质延续应当满足本条第1、2、3项条件。

(四)水运机电工程专项监理资质条件

1. 人员、业绩和人员结构条件

企业负责人中至少有1人具备10年以上水运机电工程建设的经历,具有监理工程师资格;技术负责人应当具有15年以上水运机电工程建设的经历,承担过水运机电工程项目的总监工作,具有水运工程系列高级专业技术职称和水运机电监理工程师资格。

企业拥有中级技术职称以上各类专业技术人员不少于25人。其中,持监理工程师资格证书的人员不少于15人,取得机电监理工程师资格证书的人员不少于10人,工程系列高级技术专业职称人数不少于10人,经济师、会计师或者造价工程师不少于2人。上述各类人员中,与企业签订3年以上劳动合同的人数不低于70%。

持监理工程师资格证书人员中,不少于8人具有水运机电工程监理业绩,不少于3人具有水运机电工程监理项目负责人经历,上述人员与企业签订的劳动合同期限不少于3年。

各类专业技术人员结构合理。主要包括机电、测量、试验检测、合同管理等专业人员。

2. 企业拥有机电工程试验仪器和检测设备,具有建立工地试验室的条件(见附件2)。

3. 企业具有完善的规章制度和组织体系。

4. 企业作为工程质量安全事故当事人,已经有关主管部门认定无责任,或者虽受到有关主管部门的行政处罚但处罚实施已满1年。

5. 企业信誉良好。最近一期水运工程建设市场全国综合信用评价等级不低于A级。

6. 水运机电工程专项监理资质延续,应当满足上述第1、2、3项条件,并符合下列要求,但第1项条件中的监理工程师的个人业绩和经历不再考核:

(1)原资质有效期内,监理企业具备2项水运机电工程业绩。

(2)最近两期公路建设市场全国综合信用评价等级为B级以上(含B级)。

说明:

1. 信用评价结果。最近一期无全国综合信用评价结果的,采用其上一年度结果;无全国综合信用评价结果的,可采用省级信用评价结果;无省级信用评价结果且未发现严重不良行为的,可视为信誉良好。

2. 监理工程师。指在公路、水运建设市场信用信息管理系统中完成监理工程师岗位登记的人员。

3. 人员监理业绩。指在公路、水运建设市场信用信息管理系统中登记且已完工的个人监理业绩。

4. 企业监理业绩。新申请资质的，指近 10 年内竣（交）工的工程业绩；延续资质的，包括在建和竣（交）工的工程业绩。其中三级（含）以上公路、独立招标的特大桥、大桥、特长隧道、长隧道、中隧道、公路机电工程等须在公路建设市场信用信息管理系统中完成业绩登记；水运工程业绩应当在水运建设市场信用信息管理系统中完成业绩登记。

附件 2：

公路水运工程监理企业基本试验检测能力或仪器设备配备标准

一、公路工程

（一）甲级监理资质

1. 土工试验（筛分、密度、含水量、塑液限、击实）
2. 石灰试验（有效钙镁含量）
3. 水泥混凝土（塌落度、抗压强度、抗折强度）、砂浆强度试验、配合比设计
4. 沥青指标试验（针入度、延度、软化点）
5. 沥青混凝土配合比设计
6. 路面基层材料试验（击实、无侧限抗压强度、灰剂量、配合比设计）
7. 路基、路面、构造物几何尺寸检测
8. 路基路面检测（压实度、厚度、平整度、弯沉、路面构造深度、摩擦系数）
9. 砌石工程常规试验检测
10. 钢材、焊接试验
11. 测量设备（经纬仪、水准仪、测距仪、全站仪）

（二）乙级监理资质

1. 土工试验（筛分、密度、含水量、塑液限、击实）
2. 石灰试验（有效钙镁含量）
3. 水泥混凝土（塌落度、抗压强度、抗折强度）、砂浆强度试验、配合比设计
4. 沥青指标试验（针入度、延度、软化点）
5. 路面基层材料试验（击实、无侧限抗压强度、灰剂量、配合比设计）
6. 路基、路面、构造物几何尺寸检测

7. 路基路面检测(压实度、厚度、平整度、弯沉、路面构造深度、摩擦系数)
8. 砌石工程常规试验检测
9. 钢材、焊接试验
10. 测量设备(经纬仪、水准仪、测距仪)
(三)丙级监理资质
1. 土工试验(筛分、密度、含水量、塑液限、击实)
2. 石灰试验(有效钙镁含量)
3. 水泥混凝土(塌落度)、砂浆强度试验、配合比设计
4. 路基、路面、构造物几何尺寸检测
5. 路基路面(压实度、厚度、平整度、摩擦系数)
6. 砌石工程常规试验检测
7. 测量设备(经纬仪、水准仪)
(四)公路机电工程专项监理资质
1. 光功率计/光源
2. 光时域反射仪
3. 误码仪
4. 音频信号发生器
5. SDH 综合测试仪
6. 音频性能分析仪
7. 声压计
8. 数据通信测试分析仪
9. PCM 综合测试仪
10. 综合布线认证分析仪
11. 计算机网络分析仪
12. 秒表
13. 低速数据测试仪
14. 脉冲数字线路故障测试器
15. 视频分析仪/信号源
16. 色彩色差计
17. 雷达测速器
18. 数字式功率计
19. 风速仪
20. 闭路电视测试仪
21. 远红外线湿度测试仪

22. 轻便气象综合测试仪
23. 交流电源分析仪
24. 绝缘电阻测试仪
25. 耐压强度测试仪
26. 数字式地阻仪
27. 直流高压发生器
28. 钳流表
29. 照度测试仪
30. 经纬仪
31. 亮度计
32. 电缆故障测试仪
33. 焊口探伤仪
34. 数字万用表
35. 数显卡尺
36. 材料阻燃性能分析仪
37. RCL 测试仪
38. 逆反射系数测定仪
39. 双臂电桥
40. 电子涂层测厚仪
41. 超声波测厚仪
42. 数字存储示波器

二、水运工程

(一)甲级监理资质

1. 测量(经纬仪、水准仪、测距仪、全站仪)
2. 砂试验(筛分、含泥量、泥块含量、密度)
3. 石试验(筛分、含泥量、泥块含量、密度、压碎指标)
4. 混凝土、砂浆试验(配合比设计、稠度、强度)
5. 钢筋试验(钢筋力学和工艺性能、焊接接头机械性能)
6. 土工试验(筛分、密度、含水率、强度)
7. 非破损检测

(二)乙级监理资质

1. 测量(经纬仪、水准仪、测距仪)
2. 砂试验(筛分、含泥量、泥块含量、密度)
3. 石试验(筛分、含泥量、泥块含量、密度、压碎指标)

4. 混凝土、砂浆试验(配合比设计、稠度、强度)
5. 土工试验(筛分、密度、含水量、击实)
6. 非破损检测
(三)水运机电工程专项监理资质
1. 经纬仪、水准仪、测距仪
2. 拉压力传感器
3. 荷重传感器
4. 手持数字转速表
5. 数字多用表
6. 数字钳形表
7. 绝缘电阻表
8. 照度计
9. 超声波测厚仪
10. 超声波探测仪
11. 超声波涂层测厚仪
12. 尺寸检测量具
13. 红外式温度计
14. 接地电阻测试仪
15. 噪声计
16. 水平仪
17. 风速仪

附件 3:

一、公路工程分级标准

表 1

	一类	二类	三类
1. 公路工程	高速公路	高速公路路基工程及一级公路	一级公路路基工程及二级以下各级公路
2. 桥梁工程	特大桥	大桥、中桥	小桥、涵洞
3. 隧道工程	特长隧道、长隧道	中隧道	短隧道

表 2

1. 特殊独立大桥	主跨 250 米以上钢筋混凝土拱桥、单跨 250 米以上预应力混凝土连续结构、400 米以上斜拉桥、800 米以上悬索桥等结构复杂的独立特大桥项目
2. 特殊独立隧道	大于 3000 米的独立特长隧道项目
3. 公路机电工程	通讯、监控、收费等机电工程

注:1. 本标准使用术语含义与交通运输部《公路工程技术标准》(JTG B01 - 2014)规定一致。

2. 一、二、三类分级标准中含配套的交通安全设施、环保工程和沿线附属设施;不含各专项内容。

二、水运工程分级标准

序号	建设项目		计量单位	大型	中型	小型
1	沿海港口工程	集装箱、件杂、多用途等	吨级	≥20000	10000～20000	<10000
		散货、原油	吨级	≥30000	10000～30000	<10000
2	内河港口工程		吨级	≥1000	300～1000	<300
3	通航建筑与整治工程		吨级	≥1000	300～1000	<300
4	航道工程	沿海	吨级	≥30000	10000～30000	<10000
		内河	吨级	≥1000	300～1000	<300
5	修造船水工工程	船坞	船舶吨级	≥10000	3000～10000	<3000
		船台、滑道	船体重量	≥5000	1000～5000	<1000
6	防波堤、导流堤等水工工程		最大水深（米）	≥6	<6	
7	其它水运工程项目	沿海	受监的建安工程费（万元）	≥6000	2000～6000	<2000
		内河	受监的建安工程费（万元）	≥4000	1000～4000	<1000

城市轨道交通运营管理规定

（2018年5月21日交通运输部令2018年第8号公布　自2018年7月1日起施行　国法备字[2018000816]）

第一章　总　　则

第一条　为规范城市轨道交通运营管理，保障运营安全，提高服务质量，促进城市轨道交通行业健康发展，根据国家有关法律、行政法规和国务院有关文件要求，制定本规定。

第二条　地铁、轻轨等城市轨道交通的运营及相关管理活动，适用本规定。

第三条　城市轨道交通运营管理应当遵循以人民为中心、安全可靠、便捷高效、经济舒适的原则。

第四条　交通运输部负责指导全国城市轨道交通运营管理工作。

省、自治区交通运输主管部门负责指导本行政区域内的城市轨道交通运营管理工作。

城市轨道交通所在地城市交通运输主管部门或者城市人民政府指定的城市轨道交通运营主管部门（以下统称城市轨道交通运营主管部门）在本级人民政府的领导下负责组织实施本行政区域内的城市轨道交通运营监督管理工作。

第二章　运营基础要求

第五条　城市轨道交通运营主管部门在城市轨道交通线网规划及建设规划征求意见阶段，应当综合考虑与城市规划的衔接、城市轨道交通客流需求、运营安全保障等因素，对线网布局和规模、换乘枢纽规划、建设时序、资源共享、线网综合应急指挥系统建设、线路功能定位、线路制式、系统规模、交通接驳等提出意见。

城市轨道交通运营主管部门在城市轨道交通工程项目可行性研究报告和初步设计文件编制审批征求意见阶段，应当对客流预测、系统设计运输能力、行车组织、运营管理、运营服务、运营安全等提出意见。

第六条 城市轨道交通工程项目可行性研究报告和初步设计文件中应当设置运营服务专篇，内容应当至少包括：

(一)车站开通运营的出入口数量、站台面积、通道宽度、换乘条件、站厅容纳能力等设施、设备能力与服务需求和安全要求的符合情况；

(二)车辆、通信、信号、供电、自动售检票等设施设备选型与线网中其他线路设施设备的兼容情况；

(三)安全应急设施规划布局、规模等与运营安全的适应性，与主体工程的同步规划和设计情况；

(四)与城市轨道交通线网运力衔接配套情况；

(五)其他交通方式的配套衔接情况；

(六)无障碍环境建设情况。

第七条 城市轨道交通车辆、通信、信号、供电、机电、自动售检票、站台门等设施设备和综合监控系统应当符合国家规定的运营准入技术条件，并实现系统互联互通、兼容共享，满足网络化运营需要。

第八条 城市轨道交通工程项目原则上应当在可行性研究报告编制前，按照有关规定选择确定运营单位。运营单位应当满足以下条件：

(一)具有企业法人资格，经营范围包括城市轨道交通运营管理；

(二)具有健全的行车管理、客运管理、设施设备管理、人员管理等安全生产管理体系和服务质量保障制度；

(三)具有车辆、通信、信号、供电、机电、轨道、土建结构、运营管理等专业管理人员，以及与运营安全相适应的专业技术人员。

第九条 运营单位应当全程参与城市轨道交通工程项目按照规定开展的不载客试运行，熟悉工程设备和标准，察看系统运行的安全可靠性，发现存在质量问题和安全隐患的，应当督促城市轨道交通建设单位(以下简称建设单位)及时处理。

运营单位应当在运营接管协议中明确相关土建工程、设施设备、系统集成的保修范围、保修期限和保修责任，并督促建设单位将上述内容纳入建设工程质量保修书。

第十条 城市轨道交通工程项目验收合格后，由城市轨道交通运营主管部门组织初期运营前安全评估。通过初期运营前安全评估的，方可依法办理初期运营手续。

初期运营期间，运营单位应当按照设计标准和技术规范，对土建工程、设施设备、系统集成的运行状况和质量进行监控，发现存在问题或者安全隐患的，应当要求相关责任单位按照有关规定或者合同约定及时处理。

第十一条 城市轨道交通线路初期运营期满一年，运营单位应当向城市轨道交通运营主管部门报送初期运营报告，并由城市轨道交通运营主管部门组织正式运营前安全评估。通过安全评估的，方可依法办理正式运营手续。对安全评估中发现的问题，城市轨道交通运营主管部门应当报告城市人民政府，同时通告有关责任单位要求限期整改。

开通初期运营的城市轨道交通线路有甩项工程的，甩项工程完工并验收合格后，应当通过城市轨道交通运营主管部门组织的安全评估，方可投入使用。受客观条件限制难以完成甩项工程的，运营单位应当督促建设单位与设计单位履行设计变更手续。全部甩项工程投入使用或者履行设计变更手续后，城市轨道交通工程项目方可依法办理正式运营手续。

第十二条 运营单位承担运营安全生产主体责任，应当建立安全生产责任制，设置安全生产管理机构，配备专职安全管理人员，保障安全运营所必需的资金投入。

第十三条 运营单位应当配置满足运营需求的从业人员，按相关标准进行安全和技能培训教育，并对城市轨道交通列车驾驶员、行车调度员、行车值班员、信号工、通信工等重点岗位人员进行考核，考核不合格的，不得从事岗位工作。运营单位应当对重点岗位人员进行安全背景审查。

城市轨道交通列车驾驶员应当按照法律法规的规定取得驾驶员职业准入资格。

运营单位应当对列车驾驶员定期开展心理测试，对不符合要求的及时调整工作岗位。

第十四条 运营单位应当按照有关规定，完善风险分级管控和隐患排查治理双重预防制度，建立风险数据库和隐患排查手册，对于可能影响安全运营的风险隐患及时整改，并向城市轨道交通运营主管部门报告。

城市轨道交通运营主管部门应当建立运营重大隐患治理督办制度，督促运营单位采取安全防护措施，尽快消除重大隐患；对非运营单位原因不能及时消除的，应当报告城市人民政府依法处理。

第十五条 运营单位应当建立健全本单位的城市轨道交通运营设施设备定期检查、检测评估、养护维修、更新改造制度和技术管理体系，并报城市轨道交通运营主管部门备案。

运营单位应当对设施设备进行定期检查、检测评估，及时养护维修和更新改造，并保存记录。

第十六条 城市轨道交通运营主管部门和运营单位应当建立城市轨道交通智能管理系统，对所有运营过程、区域和关键设施设备进行监管，具备运行控制、关键设施和关键部位监测、风险管控和隐患排查、应急处置、安全监控等功能,并实现运营单位和各级交通运输主管部门之间的信息共享,提高运营安全管理水平。

运营单位应当建立网络安全管理制度,严格落实网络安全有关规定和等级保护要求,加强列车运行控制等关键系统信息安全保护,提升网络安全水平。

第十七条 城市轨道交通运营主管部门应当对运营单位运营安全管理工作进行监督检查,定期委托第三方机构组织专家开展运营期间安全评估工作。

初期运营前、正式运营前以及运营期间的安全评估工作管理办法由交通运输部另行制定。

第十八条 城市轨道交通运营主管部门和运营单位应当建立城市轨道交通运营信息统计分析制度,并按照有关规定及时报送相关信息。

第三章 运营服务

第十九条 运营单位应当按照有关标准为乘客提供安全、可靠、便捷、高效、经济的服务,保证服务质量。

运营单位应当向社会公布运营服务质量承诺并报城市轨道交通运营主管部门备案,定期报告履行情况。

第二十条 运营单位应当根据城市轨道交通沿线乘客出行规律及网络化运输组织要求,合理编制运行图,并报城市轨道交通运营主管部门备案。

运营单位调整运行图严重影响服务质量的,应当向城市轨道交通运营主管部门说明理由。

第二十一条 运营单位应当通过标识、广播、视频设备、网络等多种方式按照下列要求向乘客提供运营服务和安全应急等信息:

(一)在车站醒目位置公布首末班车时间、城市轨道交通线网示意图、进出站指示、换乘指示和票价信息;

(二)在站厅或者站台提供列车到达、间隔时间、方向提示、周边交通方式换乘、安全提示、无障碍出行等信息;

(三)在车厢提供城市轨道交通线网示意图、列车运行方向、到站、换乘、开关车门提示等信息;

(四)首末班车时间调整、车站出入口封闭、设施设备故障、限流、封站、甩站、暂停运营等非正常运营信息。

第二十二条 城市轨道交通票价制定和调整按照国家有关规定执行。

城市轨道交通运营主管部门应当按照有关标准组织实施交通一卡通在轨道交通的建设与推广应用,推动跨区域、跨交通方式的互联互通。

第二十三条 城市轨道交通运营主管部门应当制定城市轨道交通乘客乘车规范,乘客应当遵守。拒不遵守的,运营单位有权劝阻和制止,制止无效的,报告公安机关依法处理。

第二十四条 城市轨道交通运营主管部门应当通过乘客满意度调查等多种形式,定期对运营单位服务质量进行监督和考评,考评结果向社会公布。

第二十五条 城市轨道交通运营主管部门和运营单位应当分别建立投诉受理制度。接到乘客投诉后,应当及时处理,并将处理结果告知乘客。

第二十六条 乘客应当持有效乘车凭证乘车,不得使用无效、伪造、变造的乘车凭证。运营单位有权查验乘客的乘车凭证。

第二十七条 乘客及其他人员因违法违规行为对城市轨道交通运营造成严重影响的,应当依法追究责任。

第二十八条 鼓励运营单位采用大数据分析、移动互联网等先进技术及有关设施设备,提升服务品质。运营单位应当保证乘客个人信息的采集和使用符合国家网络和信息安全有关规定。

第四章 安全支持保障

第二十九条 城市轨道交通工程项目应当按照规定划定保护区。

开通初期运营前,建设单位应当向运营单位提供保护区平面图,并在具备条件的保护区设置提示或者警示标志。

第三十条 在城市轨道交通保护区内进行下列作业的,作业单位应当按照有关规定制定安全防护方案,经运营单位同意后,依法办理相关手续并对作业影响区域进行动态监测:

(一)新建、改建、扩建或者拆除建(构)筑物;

(二)挖掘、爆破、地基加固、打井、基坑施工、桩基础施工、钻探、灌浆、喷锚、地下顶进作业;

(三)敷设或者搭架管线、吊装等架空作业;

(四)取土、采石、采砂、疏浚河道;

(五)大面积增加或者减少建(构)筑物载荷的活动;

(六)电焊、气焊和使用明火等具有火灾危险作业。

第三十一条 运营单位有权进入作业现场进行巡查,发现危及或者可能危及城市轨道交通运营安全的情形,运营单位有权予以制止,并要求相关责任单位或者个人采取措施消除妨害;逾期未改正的,及时报告有关部门依法处理。

第三十二条 使用高架线路桥下空间不得危害城市轨道交通运营安全,并预留高架线路桥梁设施日常检查、检测和养护维修条件。

地面、高架线路沿线建(构)筑物或者植物不得妨碍行车瞭望,不得侵入城市轨道交通线路的限界。沿线建(构)筑物、植物可能妨碍行车瞭望或者侵入线路限界的,责任单位应当及时采取措施消除影响。责任单位不能消除影响,危及城市轨道交通运营安全、情况紧急的,运营单位可以先行处置,并及时报告有关部门依法处理。

第三十三条 禁止下列危害城市轨道交通运营设施设备安全的行为:

(一)损坏隧道、轨道、路基、高架、车站、通风亭、冷却塔、变电站、管线、护栏护网等设施;

(二)损坏车辆、机电、电缆、自动售检票等设备,干扰通信信号、视频监控设备等系统;

(三)擅自在高架桥梁及附属结构上钻孔打眼,搭设电线或者其他承力绳索,设置附着物;

(四)损坏、移动、遮盖安全标志、监测设施以及安全防护设备。

第三十四条 禁止下列危害或者可能危害城市轨道交通运营安全的行为:

(一)拦截列车;

(二)强行上下车;

(三)擅自进入隧道、轨道或者其他禁入区域;

(四)攀爬或者跨越围栏、护栏、护网、站台门等;

(五)擅自操作有警示标志的按钮和开关装置,在非紧急状态下动用紧急或者安全装置;

(六)在城市轨道交通车站出入口 5 米范围内停放车辆、乱设摊点等,妨碍乘客通行和救援疏散;

(七)在通风口、车站出入口 50 米范围内存放有毒、有害、易燃、易爆、放射性和腐蚀性等物品;

(八)在出入口、通风亭、变电站、冷却塔周边躺卧、留宿、堆放和晾晒物品;

(九)在地面或者高架线路两侧各 100 米范围内升放风筝、气球等低空飘浮物体和无人机等低空飞行器。

第三十五条 在城市轨道交通车站、车厢、隧道、站前广场等范围内设置广告、商业设施的,不得影响正常运营,不得影响导向、提示、警示、运营服务等标识识别、设施设备使用和检修，不得挤占出入口、通道、应急疏散设施空间和防火间距。

城市轨道交通车站站台、站厅层不应设置妨碍安全疏散的非运营设施。

第三十六条 禁止乘客携带有毒、有害、易燃、易爆、放射性、腐蚀性以及其他可能危及人身和财产安全的危险物品进站、乘车。运营单位应当按规定在车站醒目位置公示城市轨道交通禁止、限制携带物品目录。

第三十七条 各级城市轨道交通运营主管部门应当按照职责监督指导运营单位开展反恐防范、安检、治安防范和消防安全管理相关工作。

鼓励推广应用安检新技术、新产品，推动实行安检新模式，提高安检质量和效率。

第三十八条 交通运输部应当建立城市轨道交通重点岗位从业人员不良记录和乘客违法违规行为信息库，并按照规定将有关信用信息及时纳入交通运输和相关统一信用信息共享平台。

第三十九条 鼓励经常乘坐城市轨道交通的乘客担任志愿者，及时报告城市轨道交通运营安全问题和隐患，检举揭发危害城市轨道交通运营安全的违法违规行为。运营单位应当对志愿者开展培训。

第五章 应急处置

第四十条 城市轨道交通所在地城市及以上地方各级人民政府应当建立运营突发事件处置工作机制，明确相关部门和单位的职责分工、工作机制和处置要求，制定完善运营突发事件应急预案。

运营单位应当按照有关法规要求建立运营突发事件应急预案体系，制定综合应急预案、专项应急预案和现场处置方案。运营单位应当组织专家对专项应急预案进行评审。

因地震、洪涝、气象灾害等自然灾害和恐怖袭击、刑事案件等社会安全事件以及其他因素影响或者可能影响城市轨道交通正常运营时，参照运营突发事件应急预案做好监测预警、信息报告、应急响应、后期处置等相关应对工作。

第四十一条 运营单位应当储备必要的应急物资，配备专业应急救援装备，建立应急救援队伍，配齐应急人员，完善应急值守和报告制度，加强应急培训，提高应急救援能力。

第四十二条 城市轨道交通运营主管部门应当按照有关法规要求，在城市人民政府领导下会同有关部门定期组织开展联动应急演练。

运营单位应当定期组织运营突发事件应急演练，其中综合应急预案演练和专项应急预案演练每半年至少组织一次。现场处置方案演练应当纳入日常工作,开展常态化演练。运营单位应当组织社会公众参与应急演练,引导社会公众正确应对突发事件。

第四十三条 运营单位应当在城市轨道交通车站、车辆、地面和高架线路等区域的醒目位置设置安全警示标志,按照规定在车站、车辆配备灭火器、报警装置和必要的救生器材,并确保能够正常使用。

第四十四条 城市轨道交通运营突发事件发生后,运营单位应当按照有关规定及时启动相应应急预案。运营单位应当充分发挥志愿者在突发事件应急处置中的作用,提高乘客自救互救能力。

现场工作人员应当按照各自岗位职责要求开展现场处置,通过广播系统、乘客信息系统和人工指引等方式,引导乘客快速疏散。

第四十五条 运营单位应当加强城市轨道交通客流监测。可能发生大客流时,应当按照预案要求及时增加运力进行疏导;大客流可能影响运营安全时,运营单位可以采取限流、封站、甩站等措施。

因运营突发事件、自然灾害、社会安全事件以及其他原因危及运营安全时,运营单位可以暂停部分区段或者全线网的运营,根据需要及时启动相应应急保障预案,做好客流疏导和现场秩序维护,并报告城市轨道交通运营主管部门。

运营单位采取限流、甩站、封站、暂停运营措施应当及时告知公众,其中封站、暂停运营措施还应当向城市轨道交通运营主管部门报告。

第四十六条 城市轨道交通运营主管部门和运营单位应当建立城市轨道交通运营安全重大故障和事故报送制度。

城市轨道交通运营主管部门和运营单位应当定期组织对重大故障和事故原因进行分析,不断完善城市轨道交通运营安全管理制度以及安全防范和应急处置措施。

第四十七条 城市轨道交通运营主管部门和运营单位应当加强舆论引导,宣传文明出行、安全乘车理念和突发事件应对知识,培养公众安全防范意识,引导理性应对突发事件。

第六章 法律责任

第四十八条 违反本规定第十条、第十一条,城市轨道交通工程项目(含甩项工程)未经安全评估投入运营的,由城市轨道交通运营主管部门责令限期整改,并对运营单位处以 2 万元以上 3 万元以下的罚款,同时对其主要负责人处以1万元以下的罚款;有严重安全隐患的,城市轨道交通运营主管部门应当责令暂停运营。

第四十九条 违反本规定,运营单位有下列行为之一的,由城市轨道交通运营主管部门责令限期改正;逾期未改正的,处以5000元以上3万元以下的罚款,并可对其主要负责人处以1万元以下的罚款:

(一)未全程参与试运行;

(二)未按照相关标准对从业人员进行技能培训教育;

(三)列车驾驶员未按照法律法规的规定取得职业准入资格;

(四)列车驾驶员、行车调度员、行车值班员、信号工、通信工等重点岗位从业人员未经考核上岗;

(五)未按照有关规定完善风险分级管控和隐患排查治理双重预防制度;

(六)未建立风险数据库和隐患排查手册;

(七)未按要求报告运营安全风险隐患整改情况;

(八)未建立设施设备检查、检测评估、养护维修、更新改造制度和技术管理体系;

(九)未对设施设备定期检查、检测评估和及时养护维修、更新改造;

(十)未按照有关规定建立运营突发事件应急预案体系;

(十一)储备的应急物资不满足需要,未配备专业应急救援装备,或者未建立应急救援队伍、配齐应急人员;

(十二)未按时组织运营突发事件应急演练。

第五十条 违反本规定第十八条、第四十六条,运营单位未按照规定上报城市轨道交通运营相关信息或者运营安全重大故障和事故的,由城市轨道交通运营主管部门责令限期改正;逾期未改正的,处以5000元以上3万元以下的罚款。

第五十一条 违反本规定,运营单位有下列行为之一,由城市轨道交通运营主管部门责令限期改正;逾期未改正的,处以1万元以下的罚款:

(一)未向社会公布运营服务质量承诺或者定期报告履行情况;

(二)运行图未报城市轨道交通运营主管部门备案或者调整运行图严重影响服务质量的,未向城市轨道交通运营主管部门说明理由;

(三)未按规定向乘客提供运营服务和安全应急等信息;

(四)未建立投诉受理制度,或者未及时处理乘客投诉并将处理结果告知乘客;

(五)采取的限流、甩站、封站、暂停运营等措施,未及时告知公众或者封站、暂停运营等措施未向城市轨道交通运营主管部门报告。

第五十二条 违反本规定第三十二条,有下列行为之一,由城市轨道交通运营主管部门责令相关责任人和单位限期改正、消除影响;逾期未改正的,可以对个人处以5000元以下的罚款,对单位处以3万元以下的罚款;造成损失的,依法承担赔偿责任;情节严重构成犯罪的,依法追究刑事责任:

(一)高架线路桥下的空间使用可能危害运营安全的;

(二)地面、高架线路沿线建(构)筑物或者植物妨碍行车瞭望、侵入限界的。

第五十三条 违反本规定第三十三条、第三十四条,运营单位有权予以制止,并由城市轨道交通运营主管部门责令改正,可以对个人处以5000元以下的罚款,对单位处以3万元以下的罚款;违反治安管理规定的,由公安机关依法处理;构成犯罪的,依法追究刑事责任。

第五十四条 城市轨道交通运营主管部门不履行本规定职责造成严重后果的,或者有其他滥用职权、玩忽职守、徇私舞弊行为的,对负有责任的领导人员和直接责任人员依法给予处分;构成犯罪的,依法追究刑事责任。

第五十五条 地方性法规、地方政府规章对城市轨道交通运营违法行为需要承担的法律责任与本规定有不同规定的,从其规定。

第七章 附 则

第五十六条 本规定自2018年7月1日起施行。

外国航空运输企业常驻代表机构审批管理办法

(2018年5月22日交通运输部令2018年第9号公布 自2018年9月1日起施行 国法备字[2018000817])

第一章 总 则

第一条 为了规范对外国航空运输企业常驻代表机构的管理,根据《中华人民共和国国务院关于管理外国企业常驻代表机构的暂行规定》,制定本办法。

第二条 本办法适用于外国航空运输企业在中华人民共和国境内设立常驻代表机构(以下简称代表机构)的管理。

第三条 本办法所称代表机构是指外国航空运输企业在中华人民共和国

境内设立并从事经营性活动的代表处。

本办法所称代表机构首席代表，是指代表机构的主要负责人；本办法所称代表机构代表，是指代表机构的其他主要工作人员。

第四条 外国航空运输企业申请在中华人民共和国境内设立代表机构，应当在中华人民共和国工商行政管理部门（以下简称登记机关）办理登记手续，并经中国民用航空局（以下简称民航局）批准。

第五条 民航局受理代表机构设立、延期、变更、撤销的申请或者备案，并作出相应决定。中国民用航空地区管理局（以下简称地区管理局）负责本辖区内代表机构的监督管理。

第六条 外国航空运输企业未经登记和批准不得在中华人民共和国境内设立代表机构。

第七条 代表机构应当遵守中华人民共和国法律、法规和涉及民航管理的规章，不得损害中华人民共和国安全和社会公共利益。

代表机构的合法权益受中国法律保护。

第八条 对代表机构的批准实行互惠对等的原则，外国政府民用航空主管部门对中华人民共和国航空运输企业根据政府间航空运输协定或者有关协议申请设立常驻代表机构进行不合理限制的，民航局可以采取对等措施。

第二章 代表机构的设立、延期、变更和终止

第九条 外国航空运输企业设立代表机构，应当符合下列条件：

（一）根据该外国航空运输企业所在国政府与中华人民共和国政府签署的航空运输协定或者有关协议，该外国航空运输企业获得从事两国间航空运输服务的指定资格（以下简称指定的外国航空运输企业）。

（二）获得民航局颁发的经营许可或者批准文件。

（三）首席代表和代表的资格和数量应当符合该外国航空运输企业所在国政府与中华人民共和国政府签署的航空运输协定或者有关协议的相关规定。其中代表机构应当指定一名首席代表。外国航空运输企业聘请中国公民（不含在境外已经获得外国长期居住资格的中国公民）担任其代表机构的首席代表或者代表的，应当根据中华人民共和国有关法律和法规办理。

未获得从事两国间航空运输服务指定资格的外国航空运输企业（以下简称非指定的外国航空运输企业）设立代表机构，应当经过民航局的特别批准。

第十条 申请设立代表机构的外国航空运输企业（以下简称申请人），应当根据不同情况向民航局提交申请材料：

（一）指定的外国航空运输企业应当提交下列材料：

1. 法定代表人或者授权签字人签署的申请书原件，内容包括：设立代表机构的目的、代表机构的名称、首席代表和代表、业务范围、办公地址、联系方式等；

2. 民航局颁发的经营许可复印件或者其他形式的批准文件复印件；

3. 代表机构工商登记证复印件；

4. 法定代表人或者授权签字人签署的代表机构首席代表和代表的任命书原件或者经公证的复印件；

5. 首席代表和代表的有效身份证件复印件；

6. 首席代表和代表填写并经本人确认签字的《外国航空运输企业常驻代表机构代表登记表》（附件1）。

（二）非指定的外国航空运输企业应当提交下列材料：

1. 法定代表人或者授权签字人签署的申请书原件，内容包括：企业简况、设立代表机构的目的、代表机构的名称、首席代表和代表、业务范围、办公地址、联系方式等；

2. 所在国的有关当局与民航局达成的有关协议复印件；

3. 代表机构工商登记证复印件；

4. 所在国的有关当局颁发的注册证明和航空运营人许可证复印件；

5. 法定代表人或者授权签字人签署的代表机构首席代表和代表的任命书原件或者经公证的复印件；

6. 首席代表和代表的有效身份证件复印件；

7. 首席代表和代表填写并经本人确认签字的《外国航空运输企业常驻代表机构代表登记表》。

第十一条 民航局对申请人提出的申请，根据下列情况分别作出处理：

（一）申请材料存在可以当场更正的错误的，允许申请人当场更正；

（二）申请材料不齐全或者不符合法定形式的，当场或者在五日内出具材料补正通知书，一次告知申请人需要补正的全部内容，逾期未告知的，自收到申请材料之日起即为受理；

（三）申请材料齐全、符合法定形式，或者申请人按要求提交全部补正申请材料的，应当予以受理。

第十二条 民航局应当自受理之日起二十日内作出批准或者不予批准设立代表机构的决定。二十日内不能作出决定的，经民航局负责人批准，可以延长十日，并应当将延长期限的理由告知申请人。民航局作出批准设立代表机构决定的，应当自作出决定之日起十日内向申请人颁发代表机构批准证书（附件2）；对不予批准设立代表机构的，应当出具不予行政许可决定书，并说明不予批准的理由。

第十三条 指定的外国航空运输企业代表机构批准证书有效期限应当与民航局向其颁发的经营许可有效期一致。非指定的外国航空运输企业代表机构批准证书有效期不超过三年。代表机构批准证书有效期自民航局颁发该批准证书之日起计算。

第十四条 申请代表机构批准证书延期的,代表机构应当在该批准证书有效期满四十五日前提出延期申请,并根据不同情况提交申请材料:

(一)指定的外国航空运输企业应当提交下列材料:

1. 法定代表人或者授权签字人签署的延期申请书原件;

2. 民航局颁发的经营许可复印件或者其他形式的批准文件复印件;

3. 代表机构批准证书原件;

4. 代表机构工商登记证复印件。

(二)指定的外国航空运输企业在暂停或者终止航线经营后,需继续保留代表机构的,应当提交下列材料:

1. 法定代表人或者授权签字人签署的延期申请书原件,并对保留代表机构的理由予以充分说明;

2. 代表机构批准证书原件;

3. 代表机构工商登记证复印件。

(三)非指定的外国航空运输企业应当提交下列材料:

1. 法定代表人或者授权签字人签署的延期申请书原件;

2. 所在国的有关当局与民航局达成的有关协议复印件;

3. 代表机构批准证书原件;

4. 代表机构工商登记证复印件。

第十五条 民航局按照本办法第十一条、第十二条规定的程序办理延期,在该批准证书有效期届满前作出是否准予延期的决定。

第十六条 指定的外国航空运输企业代表机构批准证书的有效延展期应当与民航局向其颁发的经营许可的有效延展期一致。非指定的外国航空运输企业代表机构批准证书的有效延展期为三年。指定的外国航空运输企业在暂停或者终止航线经营后,需继续保留代表机构的,代表机构批准证书的有效延展期由民航局根据实际情况确定。

第十七条 外国航空运输企业变更代表机构的名称、首席代表或者代表、代表机构办公地址,应当向民航局申请变更登记。

(一)申请变更代表机构名称应当提交下列材料:

1. 法定代表人或者授权签字人签署的申请书原件;

2. 民航局颁发的经营许可复印件或者其他形式的批准文件复印件；

3. 代表机构批准证书原件；

4. 代表机构工商登记证复印件。

（二）申请变更代表机构首席代表或者代表应当提交下列材料：

1. 法定代表人或者授权签字人签署的申请书原件；

2. 法定代表人或者授权签字人签署的首席代表或者代表的任命书原件或者经公证的复印件；

3. 拟任人填写并经本人确认签字的《外国航空运输企业常驻代表机构代表登记表》；

4. 拟任人有效身份证件复印件；

5. 代表机构批准证书原件；

6. 代表机构工商登记证复印件。

（三）申请变更代表机构办公地址应当提交下列材料：

1. 法定代表人或者授权签字人签署的申请书原件，在同一城市变更代表机构办公地址的申请书可由代表机构首席代表签署并加盖代表机构公章；

2. 新办公地址房屋租赁合同或者相关证明材料；

3. 代表机构批准证书原件；

4. 代表机构工商登记证复印件。

第十八条 民航局按照本办法第十一条、第十二条规定的程序办理变更。

第十九条 外国航空运输企业在其代表机构批准证书有效期满前未提出延期申请的，原批准证书有效期满后失效。民航局依法予以注销。

外国航空运输企业在其代表机构批准证书有效期满前撤销其代表机构的，应当在撤销的三十日前由该航空运输企业法定代表人签署撤销代表机构通知书，并提供代表机构批准证书原件报民航局备案。民航局依法予以注销。

第二十条 代表机构的名称应当与其工商登记证名称一致。

第二十一条 代表机构设立、延期、变更和撤销的申请书或者通知书应当用中文书写；如用其他文字书写，应当附中文译本。其他申请材料如用中文以外的文字书写，应当附中文译本。

申请材料是复印件的，应当经申请人核对无误。

第三章 监督管理

第二十二条 民航局和地区管理局（以下统称民航行政机关）会同有关部门对代表机构的业务活动进行管理和监督检查。

第二十三条 民航行政机关实施监督检查可以采取查阅文件或者要求代表机构报送材料的方式,也可以进行现场检查。

第二十四条 被检查单位应当对民航行政机关实施的监督检查积极配合,如实提供所需文件和材料。

第二十五条 外国航空运输企业对其设立的代表机构在中华人民共和国境内的业务活动承担相关法律责任。

第四章 法律责任

第二十六条 外国航空运输企业未取得代表机构批准证书,在中华人民共和国境内设立代表机构的,由民航行政机关责令改正,处三万元以下的罚款。

第二十七条 代表机构未按照本办法第十七条的规定办理代表机构的名称、首席代表或者代表、办公地址变更的,由民航行政机关责令改正,给予警告;情节严重的,处一万元以上三万元以下的罚款。

第二十八条 外国航空运输企业隐瞒有关情况或者提供虚假材料申请代表机构批准证书的,民航行政机关不予受理或者不予批准,并给予警告。

第二十九条 外国航空运输企业以欺骗、贿赂等不正当手段取得代表机构批准证书的,民航行政机关应当撤销该批准证书,给予警告,并处三万元以下的罚款。

第三十条 代表机构涂改、倒卖、出租、出借代表机构批准证书,或者以其他形式非法转让代表机构批准证书的,由民航行政机关责令改正,给予警告;情节严重的,处一万元以上三万元以下的罚款。构成犯罪的,按照国家有关规定向代表机构所在地公安机关移送。

第三十一条 代表机构拒绝、阻碍民航行政机关实施监督检查的,由民航行政机关责令改正;拒不改正的,处三万元以下的罚款。

第五章 附 则

第三十二条 对代表机构的撤销许可、行政处罚、行政强制等处理措施及其执行情况记入守法信用信息记录,并按照有关规定进行公示。

第三十三条 本办法规定的期限以工作日计算,不含法定节假日。

第三十四条 本办法自 2018 年 9 月 1 日起施行。原民航总局于 2006 年 4 月 3 日公布的《外国航空运输企业常驻代表机构审批管理办法》(民航总局令第 165 号)同时废止。

附件 1

外国航空运输企业常驻代表机构代表登记表

REGISTRATION FORM FOR REPRASENTATIVE OF FOREIGN AIRLINES IN CHINA

姓名(中文)________________

Name in full(surname)________(first name)________(middle name)________

国籍
Nationality ________________

来华日期
Date of arrival ________________

性别
Sex ________________

出生日期和地点
Date & Place of brith ________________

护照号码
Passport No. ________________

签发日期
Date of issue ________________

有效期
Date of expiry ________________

工作地点
Place of work ________________

职务
Occupation ________________

现在地址
Current address ________________

电话
Tel ________________

传真
Fax ________________

曾否来过中国(如曾,请说明时间及事由)
Ever been in China?(if so, state time & purpose of stay)

____

____

____

____

____

____

____

简历

Biographical notes

____

____

____

____

____

____

____

____

随行家属

Accompanying family member

姓名 Name	国籍 Nationality	出生日期 Date of birth	护照号码 Passport No.	与申请人关系 Relationship to Applicant

申请人签名(盖章) 申请日期

Signature (Stamp)________________ Date of application ________________

注:本表格请用中文填写,字迹清楚,申请人本人签字。申请人须保证本表格中所有信息真实准确。

附件2

外国航空运输企业常驻代表机构

批准证书

编号：民航际字第　　号

根据中华人民共和国政府和________________政府民用航空运输协定或者有关协议，一九八〇年十月三十日发布的《中华人民共和国国务院关于管理外国企业常驻代表机构的暂行规定》和二〇一八年九月一日起施行的《外国航空运输企业常驻代表机构审批管理办法》（交通运输部令2018年第9号）的相关规定，兹批准________在________设立代表机构，开展两国政府间航空运输协定或者有关协议规定的经营性业务活动。

代表机构名称：____

代表机构首席代表姓名：（中）__________（英）__________

代表机构办公地址：____________________________________

代表机构代表名单：（另附）。

本批准证书有效期至________年____月____日止，原民航际字第________号批准证书自本证书签发之日起失效。

中国民用航空局

年　月　日

代表机构代表名单：

（中）________________________（英）________________________

（中）________________________（英）________________________

（中）________________________（英）________________________

（中）________________________（英）________________________

（中）________________________（英）________________________

（中）________________________（英）________________________

（中）________________________（英）________________________

（中）________________________（英）________________________

（中）________________________（英）________________________

（中）________________________（英）________________________

（中）________________________（英）________________________

商业银行流动性风险管理办法

（2018年5月23日中国银行保险监督管理委员会令2018年第3号公布　自2018年7月1日起施行　国法备字[2018000885]）

第一章　总　　则

第一条　为加强商业银行流动性风险管理，维护银行体系安全稳健运行，根据《中华人民共和国银行业监督管理法》《中华人民共和国商业银行法》《中华人民共和国外资银行管理条例》等法律法规，制定本办法。

第二条　本办法适用于在中华人民共和国境内依法设立的商业银行。

第三条　本办法所称流动性风险，是指商业银行无法以合理成本及时获得充足资金，用于偿付到期债务、履行其他支付义务和满足正常业务开展的其他资金需求的风险。

第四条　商业银行应当按照本办法建立健全流动性风险管理体系，对法人和集团层面、各附属机构、各分支机构、各业务条线的流动性风险进行有效识别、计量、监测和控制，确保其流动性需求能够及时以合理成本得到满足。

第五条　银行业监督管理机构依法对商业银行的流动性风险及其管理体系实施监督管理。

第二章　流动性风险管理

第六条　商业银行应当在法人和集团层面建立与其业务规模、性质和复杂程度相适应的流动性风险管理体系。

流动性风险管理体系应当包括以下基本要素：

（一）有效的流动性风险管理治理结构；

（二）完善的流动性风险管理策略、政策和程序；

（三）有效的流动性风险识别、计量、监测和控制；

（四）完备的管理信息系统。

第一节　流动性风险管理治理结构

第七条　商业银行应当建立有效的流动性风险管理治理结构，明确董事会及其专门委员会、监事会(监事)、高级管理层以及相关部门在流动性风险管理中的职责和报告路线,建立适当的考核和问责机制。

第八条 商业银行董事会应当承担流动性风险管理的最终责任,履行以下职责:

(一)审核批准流动性风险偏好、流动性风险管理策略、重要的政策和程序,流动性风险偏好应当至少每年审议一次;

(二)监督高级管理层对流动性风险实施有效管理和控制;

(三)持续关注流动性风险状况,定期获得流动性风险报告,及时了解流动性风险水平、管理状况及其重大变化;

(四)审批流动性风险信息披露内容,确保披露信息的真实性和准确性;

(五)其他有关职责。

董事会可以授权其下设的专门委员会履行部分职责。

第九条 商业银行高级管理层应当履行以下职责:

(一)制定、定期评估并监督执行流动性风险偏好、流动性风险管理策略、政策和程序;

(二)确定流动性风险管理组织架构,明确各部门职责分工,确保商业银行具有足够的资源,独立、有效地开展流动性风险管理工作;

(三)确保流动性风险偏好、流动性风险管理策略、政策和程序在商业银行内部得到有效沟通和传达;

(四)建立完备的管理信息系统,支持流动性风险的识别、计量、监测和控制;

(五)充分了解并定期评估流动性风险水平及管理状况,及时了解流动性风险的重大变化,并向董事会定期报告;

(六)其他有关职责。

第十条 商业银行应当指定专门部门负责流动性风险管理,其流动性风险管理职能应当与业务经营职能保持相对独立,并且具备履行流动性风险管理职能所需要的人力、物力资源。

商业银行负责流动性风险管理的部门应当具备以下职能:

(一)拟定流动性风险管理策略、政策和程序,提交高级管理层和董事会审核批准;

(二)识别、计量和监测流动性风险,包括持续监控优质流动性资产状况,监测流动性风险限额遵守情况并及时报告超限额情况,组织开展流动性风险压力测试,组织流动性风险应急计划的测试和评估;

(三)识别、评估新产品、新业务和新机构中所包含的流动性风险,审核相关操作和风险管理程序；

（四）定期提交独立的流动性风险报告，及时向高级管理层和董事会报告流动性风险水平、管理状况及其重大变化；

（五）拟定流动性风险信息披露内容，提交高级管理层和董事会审批；

（六）其他有关职责。

第十一条 商业银行应当在内部定价以及考核激励等相关制度中充分考虑流动性风险因素，在考核分支机构或主要业务条线经风险调整的收益时应当考虑流动性风险成本，防止因过度追求业务扩张和短期利润而放松流动性风险管理。

第十二条 商业银行监事会（监事）应当对董事会和高级管理层在流动性风险管理中的履职情况进行监督评价，至少每年向股东大会（股东）报告一次。

第十三条 商业银行应当按照银行业监督管理机构关于内部控制有关要求，建立完善的流动性风险管理内部控制体系，作为银行整体内部控制体系的有机组成部分。

第十四条 商业银行应当将流动性风险管理纳入内部审计范畴，定期审查和评价流动性风险管理的充分性和有效性。

内部审计应当涵盖流动性风险管理的所有环节，包括但不限于：

（一）流动性风险管理治理结构、策略、政策和程序能否确保有效识别、计量、监测和控制流动性风险；

（二）流动性风险管理政策和程序是否得到有效执行；

（三）现金流分析和压力测试的各项假设条件是否合理；

（四）流动性风险限额管理是否有效；

（五）流动性风险管理信息系统是否完备；

（六）流动性风险报告是否准确、及时、全面。

第十五条 流动性风险管理的内部审计报告应当提交董事会和监事会。董事会应当针对内部审计发现的问题，督促高级管理层及时采取整改措施。内部审计部门应当跟踪检查整改措施的实施情况，并及时向董事会提交有关报告。

商业银行境外分支机构或附属机构采用相对独立的本地流动性风险管理模式的，应当对其流动性风险管理单独进行审计。

第二节 流动性风险管理策略、政策和程序

第十六条 商业银行应当根据经营战略、业务特点、财务实力、融资能力、总体风险偏好及市场影响力等因素确定流动性风险偏好。

商业银行的流动性风险偏好应当明确其在正常和压力情景下愿意并能够承受的流动性风险水平。

第十七条 商业银行应当根据流动性风险偏好制定书面的流动性风险管理策略、政策和程序。流动性风险管理策略、政策和程序应当涵盖表内外各项业务以及境内外所有可能对流动性风险产生重大影响的业务部门、分支机构和附属机构，并包括正常和压力情景下的流动性风险管理。

第十八条 商业银行的流动性风险管理策略应当明确流动性风险管理的总体目标、管理模式以及主要政策和程序。

流动性风险管理政策和程序包括但不限于：

(一)流动性风险识别、计量和监测，包括现金流测算和分析；

(二)流动性风险限额管理；

(三)融资管理；

(四)日间流动性风险管理；

(五)压力测试；

(六)应急计划；

(七)优质流动性资产管理；

(八)跨机构、跨境以及重要币种的流动性风险管理；

(九)对影响流动性风险的潜在因素以及其他类别风险对流动性风险的影响进行持续监测和分析。

第十九条 商业银行在开办新产品、新业务和设立新机构之前，应当在可行性研究中充分评估可能对流动性风险产生的影响，完善相应的风险管理政策和程序，并经负责流动性风险管理的部门审核同意。

第二十条 商业银行应当综合考虑业务发展、技术更新及市场变化等因素，至少每年对流动性风险偏好、流动性风险管理策略、政策和程序进行一次评估，必要时进行修订。

第三节 流动性风险识别、计量、监测和控制

第二十一条 商业银行应当根据业务规模、性质、复杂程度及风险状况，运用适当方法和模型，对在正常和压力情景下未来不同时间段的资产负债期限错配、融资来源多元化和稳定程度、优质流动性资产、重要币种流动性风险及市场流动性等进行分析和监测。

商业银行在运用上述方法和模型时应当使用合理的假设条件，定期对各项假设条件进行评估，必要时进行修正，并保留书面记录。

第二十二条 商业银行应当建立现金流测算和分析框架，有效计量、监测

和控制正常和压力情景下未来不同时间段的现金流缺口。

现金流测算和分析应当涵盖资产和负债的未来现金流以及或有资产和或有负债的潜在现金流，并充分考虑支付结算、代理和托管等业务对现金流的影响。

商业银行应当对重要币种的现金流单独进行测算和分析。

第二十三条 商业银行应当根据业务规模、性质、复杂程度及风险状况，监测可能引发流动性风险的特定情景或事件，采用适当的预警指标，前瞻性地分析其对流动性风险的影响。可参考的情景或事件包括但不限于：

（一）资产快速增长，负债波动性显著上升；

（二）资产或负债集中度上升；

（三）负债平均期限下降；

（四）批发或零售存款大量流失；

（五）批发或零售融资成本上升；

（六）难以继续获得长期或短期融资；

（七）期限或货币错配程度加剧；

（八）多次接近内部限额或监管标准；

（九）表外业务、复杂产品和交易对流动性的需求增加；

（十）银行资产质量、盈利水平和总体财务状况恶化；

（十一）交易对手要求追加额外抵（质）押品或拒绝进行新交易；

（十二）代理行降低或取消授信额度；

（十三）信用评级下调；

（十四）股票价格下跌；

（十五）出现重大声誉风险事件。

第二十四条 商业银行应当对流动性风险实施限额管理，根据自身业务规模、性质、复杂程度、流动性风险偏好和外部市场发展变化情况，设定流动性风险限额。流动性风险限额包括但不限于现金流缺口限额、负债集中度限额、集团内部交易和融资限额。

商业银行应当制定流动性风险限额管理的政策和程序，建立流动性风险限额设定、调整的授权制度、审批流程和超限额审批程序，至少每年对流动性风险限额进行一次评估，必要时进行调整。

商业银行应当对流动性风险限额遵守情况进行监控，超限额情况应当及时报告。对未经批准的超限额情况应当按照限额管理的政策和程序进行处理。对超限额情况的处理应当保留书面记录。

第二十五条 商业银行应当建立并完善融资策略，提高融资来源的多元化和稳定程度。

商业银行的融资管理应当符合以下要求：

（一）分析正常和压力情景下未来不同时间段的融资需求和来源；

（二）加强负债品种、期限、交易对手、币种、融资抵（质）押品和融资市场等的集中度管理，适当设置集中度限额，对于同业批发融资，应按总量和主要期限分别设定限额；

（三）加强融资渠道管理，积极维护与主要融资交易对手的关系，保持在市场上的适当活跃程度，并定期评估市场融资和资产变现能力；

（四）密切监测主要金融市场的交易量和价格等变动情况，评估市场流动性对商业银行融资能力的影响。

第二十六条 商业银行应当加强融资抵（质）押品管理，确保其能够满足正常和压力情景下日间和不同期限融资交易的抵（质）押品需求，并且能够及时履行向相关交易对手返售抵（质）押品的义务。

商业银行应当区分有变现障碍资产和无变现障碍资产。对可以用作抵（质）押品的无变现障碍资产的种类、数量、币种、所处地域和机构、托管账户，以及中央银行或金融市场对其接受程度进行监测分析，定期评估其资产价值及融资能力，并充分考虑其在融资中的操作性要求和时间要求。

商业银行应当在考虑抵（质）押品的融资能力、价格敏感度、压力情景下的折扣率等因素的基础上提高抵（质）押品的多元化程度。

第二十七条 商业银行应当加强日间流动性风险管理，确保具有充足的日间流动性头寸和相关融资安排，及时满足正常和压力情景下的日间支付需求。

商业银行的日间流动性风险管理应该符合以下要求：

（一）有效计量每日的预期现金流入总量和流出总量，日间各个时点现金流入和流出的规模、缺口等；

（二）及时监测业务行为变化，以及账面资金、日间信用额度、可用押品等可用资金变化等对日间流动性头寸的影响；

（三）具有充足的日间融资安排来满足日间支付需求，必要时可通过管理和使用押品来获取日间流动性；

（四）具有根据日间情况合理管控资金流出时点的能力；

（五）充分考虑非预期冲击对日间流动性的影响。

商业银行应当结合历史数据对日间流动性状况进行回溯分析，并在必要时完善日间流动性风险管理。

第二十八条 商业银行应当加强同业业务流动性风险管理，提高同业负债的多元化和稳定程度，并优化同业资产结构和配置。

第二十九条 商业银行应当建立流动性风险压力测试制度，分析承受短期和中长期压力情景的流动性风险控制能力。

流动性风险压力测试应当符合以下要求：

（一）合理审慎设定并定期审核压力情景，充分考虑影响商业银行自身的特定冲击、影响整个市场的系统性冲击和两者相结合的情景，以及轻度、中度、严重等不同压力程度；

（二）合理审慎设定在压力情景下商业银行满足流动性需求并可持续经营的最短期限，在影响整个市场的系统性冲击情景下该期限应当不少于 30 天；

（三）充分考虑各类风险与流动性风险的内在关联性和市场流动性对商业银行流动性风险的影响；

（四）定期在法人和集团层面实施压力测试，当存在流动性转移限制等情况时，应当对有关分支机构或附属机构单独实施压力测试；

（五）压力测试频率应当与商业银行的规模、风险水平及市场影响力相适应，常规压力测试应当至少每季度进行一次，出现市场剧烈波动等情况时，应当提高压力测试频率；

（六）在可能情况下，应当参考以往出现的影响银行或市场的流动性冲击，对压力测试结果实施事后检验，压力测试结果和事后检验应当有书面记录；

（七）在确定流动性风险偏好、流动性风险管理策略、政策和程序，以及制定业务发展和财务计划时，应当充分考虑压力测试结果，必要时应当根据压力测试结果对上述内容进行调整。

董事会和高级管理层应当对压力测试的情景设定、程序和结果进行审核，不断完善流动性风险压力测试，充分发挥其在流动性风险管理中的作用。

第三十条 商业银行应当根据其业务规模、性质、复杂程度、风险水平、组织架构及市场影响力，充分考虑压力测试结果，制定有效的流动性风险应急计划，确保其可以应对紧急情况下的流动性需求。商业银行应当至少每年对应急计划进行一次测试和评估，必要时进行修订。

流动性风险应急计划应当符合以下要求：

（一）设定触发应急计划的各种情景；

（二）列明应急资金来源，合理估计可能的筹资规模和所需时间，充分考虑跨境、跨机构的流动性转移限制，确保应急资金来源的可靠性和充分性；

（三）规定应急程序和措施，至少包括资产方应急措施、负债方应急措施、加强内外部沟通和其他减少因信息不对称而给商业银行带来不利影响的措施；

（四）明确董事会、高级管理层及各部门实施应急程序和措施的权限与职责；

（五）区分法人和集团层面应急计划，并视需要针对重要币种和境外主要业务区域制定专门的应急计划，对于存在流动性转移限制的分支机构或附属机构，应当制定专门的应急计划。

第三十一条 商业银行应当持有充足的优质流动性资产，确保其在压力情景下能够及时满足流动性需求。优质流动性资产应当为无变现障碍资产，可以包括在压力情景下能够通过出售或抵（质）押方式获取资金的流动性资产。

商业银行应当根据其流动性风险偏好，考虑压力情景的严重程度和持续时间、现金流缺口、优质流动性资产变现能力等因素，按照审慎原则确定优质流动性资产的规模和构成。

第三十二条 商业银行应当对流动性风险实施并表管理，既要考虑银行集团的整体流动性风险水平，又要考虑附属机构的流动性风险状况及其对银行集团的影响。

商业银行应当设立集团内部的交易和融资限额，分析银行集团内部负债集中度可能对流动性风险产生的影响，防止分支机构或附属机构过度依赖集团内部融资，减少集团内部的风险传导。

商业银行应当充分了解境外分支机构、附属机构及其业务所在国家或地区与流动性风险管理相关的法律、法规和监管要求，充分考虑流动性转移限制和金融市场发展差异程度等因素对流动性风险并表管理的影响。

第三十三条 商业银行应当按照本外币合计和重要币种分别进行流动性风险识别、计量、监测和控制。

第三十四条 商业银行应当审慎评估信用风险、市场风险、操作风险和声誉风险等其他类别风险对流动性风险的影响。

第四节　管理信息系统

第三十五条 商业银行应当建立完备的管理信息系统，准确、及时、全面计量、监测和报告流动性风险状况。

管理信息系统应当至少实现以下功能：

（一）监测日间流动性状况，每日计算各个设定时间段的现金流入、流出及缺口；

（二）计算流动性风险监管和监测指标，并在必要时提高监测频率；

（三）支持流动性风险限额的监测和控制；

（四）支持对大额资金流动的实时监控；

（五）支持对优质流动性资产及其他无变现障碍资产种类、数量、币种、所处地域和机构、托管账户等信息的监测；

（六）支持对融资抵（质）押品种类、数量、币种、所处地域和机构、托管账户等信息的监测；

（七）支持在不同假设情景下实施压力测试。

第三十六条 商业银行应当建立规范的流动性风险报告制度，明确各项流动性风险报告的内容、形式、频率和报送范围，确保董事会、高级管理层和其他管理人员及时了解流动性风险水平及其管理状况。

第三章 流动性风险监管

第一节 流动性风险监管指标

第三十七条 流动性风险监管指标包括流动性覆盖率、净稳定资金比例、流动性比例、流动性匹配率和优质流动性资产充足率。

资产规模不小于2000亿元人民币的商业银行应当持续达到流动性覆盖率、净稳定资金比例、流动性比例和流动性匹配率的最低监管标准。

资产规模小于2000亿元人民币的商业银行应当持续达到优质流动性资产充足率、流动性比例和流动性匹配率的最低监管标准。

第三十八条 流动性覆盖率监管指标旨在确保商业银行具有充足的合格优质流动性资产，能够在规定的流动性压力情景下，通过变现这些资产满足未来至少30天的流动性需求。

流动性覆盖率的计算公式为：

流动性覆盖率＝合格优质流动性资产÷未来30天现金净流出量

流动性覆盖率的最低监管标准为不低于100%。除本办法第六十条第二款规定的情形外，流动性覆盖率应当不低于最低监管标准。

第三十九条 净稳定资金比例监管指标旨在确保商业银行具有充足的稳定资金来源，以满足各类资产和表外风险敞口对稳定资金的需求。

净稳定资金比例的计算公式为：

净稳定资金比例＝可用的稳定资金÷所需的稳定资金

净稳定资金比例的最低监管标准为不低于100%。

第四十条 流动性比例的计算公式为：

流动性比例＝流动性资产余额÷流动性负债余额

流动性比例的最低监管标准为不低于25%。

第四十一条 流动性匹配率监管指标衡量商业银行主要资产与负债的期限配置结构，旨在引导商业银行合理配置长期稳定负债、高流动性或短期资产，避免过度依赖短期资金支持长期业务发展，提高流动性风险抵御能力。

流动性匹配率的计算公式为：

流动性匹配率＝加权资金来源÷加权资金运用

流动性匹配率的最低监管标准为不低于100%。

第四十二条 优质流动性资产充足率监管指标旨在确保商业银行保持充足的、无变现障碍的优质流动性资产，在压力情况下，银行可通过变现这些资产来满足未来30天内的流动性需求。

优质流动性资产充足率的计算公式为：

优质流动性资产充足率＝优质流动性资产÷短期现金净流出

优质流动性资产充足率的最低监管标准为不低于100%。除本办法第六十条第二款规定的情形外，优质流动性资产充足率应当不低于最低监管标准。

第四十三条 商业银行应当在法人和集团层面，分别计算未并表和并表的流动性风险监管指标，并表范围按照银行业监督管理机构关于商业银行资本监管的相关规定执行。

在计算并表流动性覆盖率时，若集团内部存在跨境或跨机构的流动性转移限制，相关附属机构满足自身流动性覆盖率最低监管标准之外的合格优质流动性资产，不能计入集团的合格优质流动性资产。

第二节 流动性风险监测工具

第四十四条 银行业监督管理机构应当从商业银行资产负债期限错配情况、融资来源的多元化和稳定程度、无变现障碍资产、重要币种流动性风险状况以及市场流动性等方面，定期对商业银行和银行体系的流动性风险进行分析和监测。

银行业监督管理机构应当充分考虑单一的流动性风险监管指标或监测工具在反映商业银行流动性风险方面的局限性，综合运用多种方法和工具对流动性风险进行分析和监测。

银行业监督管理机构可结合商业银行的发展战略、市场定位、经营模式、资产负债结构和风险管理能力，对全部或部分监测工具设置差异化的监测预警值或预警区间，适时进行风险提示或要求银行采取相关措施。

第四十五条 银行业监督管理机构应当定期监测商业银行的所有表内外项目在不同时间段的合同期限错配情况，并分析其对流动性风险的影响。合同期限错配情况的分析和监测可以涵盖隔夜、7天、14天、1个月、2个月、3个月、6个月、9个月、1年、2年、3年、5年和5年以上等多个时间段。相关参考指标包括但不限于各个时间段的流动性缺口和流动性缺口率。

第四十六条 银行业监督管理机构应当定期监测商业银行融资来源的多元化和稳定程度,并分析其对流动性风险的影响。银行业监督管理机构应当按照重要性原则,分析商业银行的表内外负债在融资工具、交易对手和币种等方面的集中度。对负债集中度的分析应当涵盖多个时间段。相关参考指标包括但不限于核心负债比例、同业融入比例、最大十户存款比例和最大十家同业融入比例。

当商业银行出现对短期同业批发融资依赖程度较高、同业批发融资增长较快、发行同业存单增长较快等情况时,或商业银行在上述方面明显高于同质同类银行或全部商业银行平均水平时,银行业监督管理机构应当及时了解原因并分析其反映出的商业银行风险变化,必要时进行风险提示或要求商业银行采取相关措施。

第四十七条 银行业监督管理机构应当定期监测商业银行无变现障碍资产的种类、金额和所在地。相关参考指标包括但不限于超额备付金率、本办法第三十一条所规定的优质流动性资产以及向中央银行或市场融资时可以用作抵(质)押品的其他资产。

第四十八条 银行业监督管理机构应当根据商业银行的外汇业务规模、货币错配情况和市场影响力等因素决定是否对其重要币种的流动性风险进行单独监测。相关参考指标包括但不限于重要币种的流动性覆盖率。

第四十九条 银行业监督管理机构应当密切跟踪研究宏观经济形势和金融市场变化对银行体系流动性的影响,分析、监测金融市场的整体流动性状况。发现市场流动性紧张、融资成本提高、优质流动性资产变现能力下降或丧失、流动性转移受限等情况时,应当及时分析其对商业银行融资能力的影响。

银行业监督管理机构用于分析、监测市场流动性的相关参考指标包括但不限于银行间市场相关利率及成交量、国库定期存款招标利率、票据转贴现利率及证券市场相关指数。

第五十条 银行业监督管理机构应当持续监测商业银行存贷比的变动情况,当商业银行出现存贷比指标波动较大、快速或持续单向变化等情况时,或商业银行的存贷比明显高于同质同类银行或全部商业银行平均水平时,应当及时了解原因并分析其反映出的商业银行风险变化,必要时进行风险提示或要求商业银行采取相关措施。

第五十一条 商业银行应当将流动性风险监测指标全部纳入内部流动性

风险管理框架,及时监测指标变化并定期向银行业监督管理机构报告。

第五十二条 除本办法列出的流动性风险监管指标和监测参考指标外,银行业监督管理机构还可根据商业银行的业务规模、性质、复杂程度、管理模式和流动性风险特点,设置其他流动性风险指标工具,实施流动性风险分析和监测。

第三节 流动性风险监管方法和措施

第五十三条 银行业监督管理机构应当通过非现场监管、现场检查以及与商业银行的董事、高级管理人员进行监督管理谈话等方式,运用流动性风险监管指标和监测工具,在法人和集团层面对商业银行的流动性风险水平及其管理状况实施监督管理,并尽早采取措施应对潜在流动性风险。

第五十四条 商业银行应当按照规定向银行业监督管理机构报送与流动性风险有关的财务会计、统计报表和其他报告。委托社会中介机构对其流动性风险水平及流动性风险管理体系进行审计的,还应当报送相关的外部审计报告。流动性风险监管指标应当按月报送,银行业监督管理机构另行规定的除外。

银行业监督管理机构可以根据商业银行的业务规模、性质、复杂程度、管理模式和流动性风险特点,确定商业银行报送流动性风险报表、报告的内容和频率。

第五十五条 商业银行应当于每年 4 月底前向银行业监督管理机构报送上一年度的流动性风险管理报告,主要内容包括流动性风险偏好、流动性风险管理策略、主要政策和程序、内部风险管理指标和限额、应急计划及其测试情况等。

商业银行对流动性风险偏好、流动性风险管理策略、政策和程序进行重大调整的,应当在 1 个月内向银行业监督管理机构书面报告调整情况。

第五十六条 商业银行应当按季向银行业监督管理机构报送流动性风险压力测试报告,内容包括压力测试的情景、方法、过程和结果。出现市场剧烈波动等情况时,应当提高压力测试报送频率。商业银行根据压力测试结果对流动性风险偏好、流动性风险管理策略、政策和程序进行重大调整的,应当及时向银行业监督管理机构报告相关情况。

第五十七条 商业银行应当及时向银行业监督管理机构报告下列可能对其流动性风险水平或管理状况产生不利影响的重大事项和拟采取的应对措施:

(一)本机构信用评级大幅下调;

（二）本机构大规模出售资产以补充流动性；

（三）本机构重要融资渠道即将受限或失效；

（四）本机构发生挤兑事件；

（五）母公司或集团内其他机构的经营状况、流动性状况、信用评级等发生重大不利变化；

（六）市场流动性状况发生重大不利变化；

（七）跨境或跨机构的流动性转移政策出现不利于流动性风险管理的重大调整；

（八）母公司、集团经营活动所在国家或地区的政治、经济状况发生重大不利变化；

（九）其他可能对其流动性风险水平或管理状况产生不利影响的重大事件。

如果商业银行的监管指标已经或即将降至最低监管标准以下，应当分析原因及其反映出的风险变化情况，并立即向银行业监督管理机构报告。

商业银行出现监测指标波动较大、快速或持续单向变化的，应当分析原因及其反映出的风险变化情况，并及时向银行业监督管理机构报告。

外商独资银行、中外合资银行境内本外币资产低于境内本外币负债，集团内跨境资金净流出比例超过25%，以及外国银行分行跨境资金净流出比例超过50%的，应当在2个工作日内向银行业监督管理机构报告。

第五十八条 银行业监督管理机构应当根据对商业银行流动性风险水平及其管理状况的评估结果，确定流动性风险现场检查的内容、范围和频率。

第五十九条 商业银行应当按照规定定期披露流动性风险水平及其管理状况的相关信息，包括但不限于：

（一）流动性风险管理治理结构，包括但不限于董事会及其专门委员会、高级管理层及相关部门的职责和作用；

（二）流动性风险管理策略和政策；

（三）识别、计量、监测、控制流动性风险的主要方法；

（四）主要流动性风险管理指标及简要分析；

（五）影响流动性风险的主要因素；

（六）压力测试情况。

第六十条 对于未遵守流动性风险监管指标最低监管标准的商业银行，银行业监督管理机构应当要求其限期整改，并视情形按照《中华人民共和国银行业监督管理法》第三十七条、第四十六条规定采取监管措施或者实施行政处罚。本条第二款规定的情形除外。

当商业银行在压力状况下流动性覆盖率、优质流动性资产充足率低于最低监管标准时,银行业监督管理机构应当考虑当前和未来国内外经济金融状况,分析影响单家银行和金融市场整体流动性的因素,根据商业银行流动性覆盖率、优质流动性资产充足率降至最低监管标准以下的原因、严重程度、持续时间和频率等采取相应措施。

第六十一条 对于流动性风险管理存在缺陷的商业银行,银行业监督管理机构应当要求其限期整改。对于逾期未整改或者流动性风险管理存在严重缺陷的商业银行,银行业监督管理机构有权采取下列措施:

(一)与商业银行董事会、高级管理层进行监督管理谈话;

(二)要求商业银行进行更严格的压力测试、提交更有效的应急计划;

(三)要求商业银行增加流动性风险管理报告的内容,提高报告频率;

(四)增加对商业银行流动性风险现场检查的内容,扩大检查范围,并提高检查频率;

(五)限制商业银行开展收购或其他大规模业务扩张活动;

(六)要求商业银行降低流动性风险水平;

(七)提高商业银行流动性风险监管指标的最低监管标准;

(八)提高商业银行的资本充足率要求;

(九)《中华人民共和国银行业监督管理法》以及其他法律、行政法规和部门规章规定的有关措施。

对于母公司或集团内其他机构出现流动性困难的商业银行,银行业监督管理机构可以对其与母公司或集团内其他机构之间的资金往来提出限制性要求。

银行业监督管理机构可根据外商独资银行、中外合资银行、外国银行分行的流动性风险状况,对其境内资产负债比例或跨境资金净流出比例提出限制性要求。

第六十二条 对于未按照规定提供流动性风险报表或报告、未按照规定进行信息披露或提供虚假报表、报告的商业银行,银行业监督管理机构可以视情形按照《中华人民共和国银行业监督管理法》第四十六条、第四十七条规定实施行政处罚。

第六十三条 银行业监督管理机构应当与境内外相关部门加强协调合作,共同建立信息沟通机制和流动性风险应急处置联动机制,并制定商业银行流动性风险监管应急预案。

发生影响单家机构或市场的重大流动性事件时,银行业监督管理机构应当与境内外相关部门加强协调合作,适时启动流动性风险监管应急预案,降低相关事件对金融体系及宏观经济的负面冲击。

第四章　附　　则

第六十四条　国家开发银行及政策性银行、农村合作银行、村镇银行、农村信用社和外国银行分行参照本办法执行。

第六十五条　本办法所称流动性转移限制是指由于法律、监管、税收、外汇管制以及货币不可自由兑换等原因，导致资金或融资抵（质）押品在跨境或跨机构转移时受到限制。

第六十六条　本办法所称无变现障碍资产是指未在任何交易中用作抵（质）押品、信用增级或者被指定用于支付运营费用，在清算、出售、转移、转让时不存在法律、监管、合同或操作障碍的资产。

第六十七条　本办法所称重要币种是指以该货币计价的负债占商业银行负债总额5%以上的货币。

第六十八条　本办法中"以上"包含本数。

第六十九条　商业银行的流动性覆盖率应当在2018年底前达到100%。在过渡期内，应当不低于90%。鼓励有条件的商业银行提前达标；对于流动性覆盖率已达到100%的银行，鼓励其流动性覆盖率继续保持在100%之上。

第七十条　商业银行应当自2020年1月1日起执行流动性匹配率监管要求。2020年前，流动性匹配率为监测指标。

第七十一条　商业银行的优质流动性资产充足率应当在2019年6月底前达到100%。在过渡期内，应当在2018年底前达到80%。

第七十二条　对于资产规模首次达到2000亿元人民币的商业银行，在首次达到的当月仍可适用原监管指标；自次月起，无论资产规模是否继续保持在2000亿元人民币以上，均应当适用针对资产规模不小于2000亿元的商业银行的监管指标。

第七十三条　经银行业监督管理机构批准，资产规模小于2000亿元人民币的商业银行可适用流动性覆盖率和净稳定资金比例监管要求，不再适用优质流动性资产充足率监管要求。

商业银行提交的申请调整适用监管指标的报告中，应当至少包括：管理信息系统对流动性覆盖率、净稳定资金比例指标计算、监测、分析、报告的支持情况，流动性覆盖率中稳定存款、业务关系存款的识别方法及数据情况，流动性覆盖率与优质流动性资产充足率的指标差异及原因分析，以及优质流动性资产管理情况等。

商业银行调整适用监管指标后，非特殊原因，不得申请恢复原监管指标。

第七十四条 本办法由国务院银行业监督管理机构负责解释。

第七十五条 本办法自2018年7月1日起施行。《商业银行流动性风险管理办法(试行)》(中国银监会令2015年第9号)同时废止。本办法实施前发布的有关规章及规范性文件如与本办法不一致的,按照本办法执行。

附件:1. 关于流动性风险管理方法的说明
2. 流动性覆盖率计量标准
3. 净稳定资金比例计量标准
4. 流动性匹配率计量标准
5. 优质流动性资产充足率计量标准
6. 流动性风险监测指标计量标准
7. 外资银行流动性风险相关指标计量标准

附件1

关于流动性风险管理方法的说明

一、现金流测算分析和限额设定

(一)商业银行应当在涵盖表内外各项业务基础上,按照本外币合计和重要币种,区分正常和压力情景,并考虑资产负债未来增长,分别测算未来不同时间段的现金流入和流出,并形成现金流量报告。

(二)未来现金流可分为确定到期日现金流和不确定到期日现金流。确定到期日现金流是指有明确到期日的表内外业务形成的现金流。不确定到期日现金流是指没有明确到期日的表内外业务(如活期存款)形成的现金流。商业银行应当按照审慎原则测算不确定到期日现金流。

(三)商业银行应当合理评估未提取的贷款承诺、信用证、保函、银行承兑汇票、衍生产品交易、因其他履约事项可能发生的垫款、为防范声誉风险而超出合同义务进行支付等所带来的潜在流动性需求,将其纳入现金流测算和分析,并关注相关客户信用状况、偿债能力和财务状况变化对潜在流动性需求的影响。

(四)商业银行在测算未来现金流时,可以按照审慎原则进行交易客户的行为调整。商业银行所使用的行为调整假设应当以相关历史数据为基础,经充分论证和适当程序审核批准,并进行事后检验,以确保其合理性。

(五)商业银行各个时间段的现金流缺口为该时间段的现金流入与现金流出的差额。根据重要性原则,商业银行可以选定部分现金流量少、发生频率低的业务不纳入现金流缺口的计算,但应当经其内部适当程序审核批准。

(六)商业银行应当由负责流动性风险管理的部门设定现金流缺口限额,确保现金流缺口限额与流动性风险偏好相适应,并经其内部适当程序审核批准。商业银行应当至少每年对现金流缺口限额进行一次评估,必要时予以修订。

(七)商业银行应当按照以下原则设定未来特定时间段的现金流缺口限额:

1. 商业银行应当预测其未来特定时间段内的融资能力,尤其是来自银行或非银行机构的批发融资能力,并依据压力情景下的调减系数对上述预测进行适当调整;

2. 商业银行应当按照合理审慎的方法计算优质流动性资产变现所能产生的现金流入;

3. 商业银行设定现金流缺口限额时应当充分考虑支付结算、代理和托管等业务对现金流的影响。

二、流动性风险压力测试的参考压力情景

(一)流动性资产变现能力大幅下降。

(二)批发和零售存款大量流失。

(三)批发和零售融资的可获得性下降。

(四)融资期限缩短和融资成本提高。

(五)表外业务、复杂产品和交易对流动性造成损耗。

(六)交易对手要求追加抵(质)押品或减少融资金额。

(七)主要交易对手违约或破产。

(八)信用评级下调或声誉风险上升。

(九)母公司或集团内其他机构出现流动性危机。

(十)市场流动性状况出现重大不利变化。

(十一)跨境或跨机构流动性转移受到限制。

(十二)中央银行融资渠道发生重大变化。

(十三)银行支付清算系统突然中断运行。

三、流动性风险应急计划的参考内容

(一)触发应急计划的情景,包括但不限于:

1. 流动性临时中断,如电子支付系统突然出现运作故障或者其他紧急情况;

2. 信用评级大幅下调或出现重大声誉风险;

3. 交易对手大幅减少融资金额或主要交易对手违约或破产;

4. 特定的流动性风险内部监测指标达到触发值；

5. 本机构发生挤兑事件；

6. 母公司或集团内其他机构出现流动性危机并可能导致流动性风险传染；

7. 市场大幅震荡，流动性枯竭。

（二）应急措施

1. 资产方应急措施包括但不限于：变现货币市场资产，出售原定持有到期的证券，出售长期资产、固定资产或某些业务条线（机构）等。

2. 负债方应急措施包括但不限于：从货币市场融资，寻求中央银行融资便利等。

3. 应当在考虑法律、监管、操作和时差限制等因素的影响下评估集团内跨机构和跨境流动性转移的可能性。

（三）危机期间内外部信息沟通和报告

1. 危机处理小组的构成、职责分工和联系方式。

2. 相应的制度和系统支持，确保董事会、高级管理层及时收到相关报告，了解银行流动性风险的严重程度。

3. 银行高级管理层、负责流动性风险管理的部门、其他相关部门以及员工之间的信息沟通。

4. 危机处理小组与外界，包括政府部门、监管机构、分析师、投资者、中介机构、媒体、主要客户和其他利益相关者的沟通。

附件2

流动性覆盖率计量标准

一、流动性覆盖率

流动性覆盖率旨在确保商业银行具有充足的合格优质流动性资产，能够在规定的流动性压力情景下，通过变现这些资产满足未来至少30天的流动性需求。

流动性覆盖率＝合格优质流动性资产/未来30天现金净流出量×100%

其中，未来30天现金净流出量＝未来30天现金流出量－未来30天现金流入量

二、压力情景

流动性覆盖率所设定的压力情景包括影响商业银行自身的特定冲击以及影响整个市场的系统性冲击，如：

1. 一定比例的零售存款流失；

2. 无抵（质）押批发融资能力下降；

3. 以特定抵（质）押品或与特定交易对手进行短期抵（质）押融资的能力下降；

4. 银行信用评级下调 1－3 个档次，导致额外契约性现金流出或被要求追加抵（质）押品；

5. 市场波动造成抵（质）押品质量下降、衍生产品的潜在远期风险暴露增加，导致抵（质）押品扣减比例上升、追加抵（质）押品等流动性需求；

6. 银行向客户承诺的信用便利和流动性便利在计划外被提取；

7. 为防范声誉风险，银行可能需要回购债务或履行非契约性义务。

三、合格优质流动性资产

合格优质流动性资产是指在流动性覆盖率所设定的压力情景下，能够通过出售或抵（质）押方式，在无损失或极小损失的情况下在金融市场快速变现的各类资产。

商业银行持有的、在压力情况下仍具有市场流动性的资产，若符合相关要求，无论剩余期限多少，均可纳入合格优质流动性资产。理想情况下，合格优质流动性资产应是中央银行接受的融资抵（质）押品，但可向中央银行抵（质）押融资的资产并不必然属于合格优质流动性资产。

合格优质流动性资产应当具有以下基本特征，并满足相关操作性要求：

（一）基本特征

1. 属于无变现障碍资产；

2. 风险低，且与高风险资产的相关性低；

3. 易于定价且价值稳定；

4. 在广泛认可、活跃且具有广度、深度和规模的成熟市场中交易，市场波动性低，历史数据表明在压力时期的价格和成交量仍然比较稳定；

5. 市场基础设施比较健全，存在多元化的买卖方，市场集中度低；

6. 从历史上看，在发生系统性危机时，市场参与者倾向于持有这类资产。

（二）操作性要求

商业银行应当具有变现合格优质流动性资产的政策、程序和系统，能够在流动性覆盖率所设定的压力情景下，在 30 天内随时变现合格优质流动性资产，以弥补现金流缺口，并确保变现在正常的结算期内完成。

1. 合格优质流动性资产应当由商业银行负责流动性风险管理的部门控制。负责流动性风险管理的部门持续具有法律和操作权限，可以将合格优质流动性资产作为应急资金来源单独管理，或者能够在流动性覆盖率所设定的压力情景下，在30天内随时变现合格优质流动性资产并使用变现资金，而且不与银行现有的业务和风险管理策略相冲突。

2. 商业银行应当具有相关政策和程序，能够获得合格优质流动性资产所在地域和机构、托管账户和币种等信息，并且能够每天确定合格优质流动性资产的构成。

3. 商业银行可以对合格优质流动性资产的市场风险进行套期保值，但应当考虑由于套期保值提前终止而引发的现金流出。

4. 商业银行应当定期测试合格优质流动性资产的变现能力，确保其具有足够的流动性，并避免在压力情景下出售资产而可能带来的负面影响，必要时应当加大测试频率。

5. 商业银行变现合格优质流动性资产，不应当导致其违反相关法律法规和监管要求。

6. 如果合格优质流动性资产中的部分资产出现不符合本办法所规定条件的情形，商业银行可以在不超过30天的期限内继续将其计入合格优质流动性资产。

商业银行收到的符合合格优质流动性资产条件的抵（质）押品，如果根据法律和合同可以用于再抵（质）押融资，则可以纳入本行合格优质流动性资产计算，但交易对手根据合同有权在30天内收回该抵（质）押品的除外。

（三）构成和计算

合格优质流动性资产由一级资产和二级资产构成。商业银行应当制定相关政策和限额，确保合格优质流动性资产（现金、存放于中央银行的准备金、主权实体和中央银行债券除外）的多元化，避免资产类别、发行机构或币种等过于集中，合格优质流动性资产应当保持与银行经营需求相类似的币种结构。

1. 一级资产

一级资产按照当前市场价值计入合格优质流动性资产，包括：

（1）现金；

（2）存放于中央银行且在压力情景下可以提取的准备金；

（3）由主权实体、中央银行、国际清算银行、国际货币基金组织、欧洲央行和欧盟委员会或多边开发银行发行或担保的，可在市场上交易且满足以下条件的证券：

第一，按照银行业监督管理机构的资本监管规定，风险权重为0%；

第二，在规模大、具有市场深度、交易活跃且集中度低的市场中交易；

第三，历史记录显示，在市场压力情景下仍为可靠的流动性来源；

第四，最终偿付义务不是由金融机构或其附属机构承担。

(4)当银行母国或银行承担流动性风险所在国家(地区)的主权风险权重不为0%时,由上述国家的主权实体或中央银行发行的本币债券;

(5)当银行承担流动性风险所在国家(地区)的主权风险权重不为0%时,由上述国家的主权实体或中央银行发行的外币债券,但仅限于流动性覆盖率所设定的压力情景下,银行在承担流动性风险所在国家(地区)的该外币现金净流出。

2. 二级资产

二级资产由2A资产和2B资产构成。合格优质流动性资产中二级资产占比不得超过40%,2B资产占比不得超过15%。

2A资产在当前市场价值基础上按85%的折扣系数计入合格优质流动性资产,包括:

(1)由主权实体、中央银行、公共部门实体①或多边开发银行发行或担保的,可在市场上交易且满足以下条件的证券②:

第一,按照银行业监督管理机构的资本监管规定,风险权重为20%;

第二,在规模大、具有市场深度、交易活跃且集中度低的市场中交易;

第三,历史记录显示,在市场压力情景下仍为可靠的流动性来源,在严重的流动性压力时期,该证券在30天内价格下跌不超过10%或回购交易折扣率上升不超过10个百分点。

第四,最终偿付义务不是由金融机构或其附属机构承担。

(2)满足以下条件的公司债券和担保债券③:

第一,不是由金融机构或其附属机构发行的公司债券;

第二,不是由本行或其附属机构发行的担保债券;

第三,经银行业监督管理机构认可的合格外部信用评级机构给出的长期信用评级至少为AA-;或者缺乏长期信用评级时,具有同等的短期信用评级;或者缺乏外部信用评级时,根据银行内部信用评级得出的违约概率与外部信用评级AA-及以上对应的违约概率相同;

第四,在规模大、具有市场深度、交易活跃且集中度低的市场中交易;

第五,历史记录显示,在市场压力情景下仍为可靠的流动性来源,在严重

---

① 根据《商业银行资本管理办法(试行)》第五十八条,商业银行对我国公共部门实体债权的风险权重为20%;根据第五十五条,商业银行对境外公共部门实体债权的风险权重与对所在国家或地区注册的商业银行债权的风险权重相同,最低为25%。

② 若某项资产同时满足本项条件及一级资产中第(4)或(5)项条件,商业银行可以将该资产作为一级资产纳入流动性覆盖率计算。

③ 符合条件的商业票据也可纳入此类别计算。

的流动性压力时期，该债券在 30 天内价格下跌不超过 10% 或回购交易折扣率上升不超过 10 个百分点。

2B 资产在当前市场价值基础上按 50% 的折扣系数计入合格优质流动性资产，包括满足下列条件的公司债券：

第一，不是由金融机构或其附属机构发行；

第二，经银行业监督管理机构认可的合格外部信用评级机构给出的长期信用评级为 BBB - 至 A +；或者缺乏长期信用评级时，具有同等的短期信用评级；或者缺乏外部信用评级时，根据银行内部信用评级得出的违约概率与外部信用评级 BBB - 至 A + 对应的违约概率相同；

第三，在规模大、具有市场深度、交易活跃且集中度低的市场中交易；

第四，历史记录显示，在市场压力情景下仍为可靠的流动性来源，在严重的流动性压力时期，该债券在 30 天内价格下跌不超过 20% 或回购交易折扣率上升不超过 20 个百分点。

商业银行应当具有监测和控制 2B 资产潜在风险的政策、程序和系统。

3. 上限计算规则

商业银行应当将 30 天内到期的涉及合格优质流动性资产的抵（质）押融资、抵（质）押借贷以及抵（质）押品互换交易还原，相应调整各类合格优质流动性资产的数量，包括：将以合格优质流动性资产交换一级资产的上述交易还原，得到调整后一级资产数量；将以合格优质流动性资产交换 2A 资产的上述交易还原，得到调整后 2A 资产数量；将以合格优质流动性资产交换 2B 资产的上述交易还原，得到调整后 2B 资产数量。计算 2A 资产和 2B 资产数量时，应当采用相应的折扣系数。

在计算二级资产 40% 的上限时，先考虑由于 15% 上限的存在对 2B 资产所造成的扣减。商业银行应当按照以下公式计算 2B 资产调整项和二级资产调整项。

2B 资产调整项 = Max{调整后 2B 资产 - 15/85 ×（调整后一级资产 + 调整后 2A 资产），调整后 2B 资产 - 15/60 × 调整后一级资产，0}

二级资产调整项 = Max{调整后 2A 资产 + 调整后 2B 资产 - 2B 资产调整项 - 2/3 × 调整后一级资产，0}

4. 合格优质流动性资产的计算

（1）合格优质流动性资产 = 一级资产 + 2A 资产 + 2B 资产 - 2B 资产调整项 - 二级资产调整项，或者

（2）合格优质流动性资产 = 一级资产 + 2A 资产 + 2B 资产 - Max{（调整后 2A 资产 + 调整后 2B 资产）- 2/3 × 调整后一级资产，调整后 2B 资产 - 15/85 ×

(调整后一级资产 + 调整后 2A 资产),0}

5. 部分交易的计算说明

买断式逆回购和证券借入中收到的、符合合格优质流动性资产定义、没有被再抵(质)押且依照法律或合同可被银行使用的资产可以纳入合格优质流动性资产部分进行计算。如果交易对手按照合同规定有权利在 30 天压力期内提取押品,则该资产或通过该资产再抵(质)押融入的资金均不应计入合格优质流动性资产。而且如果交易对手依合同提取该类资产导致空头头寸产生(如银行将该类资产用于更长期的证券融资交易),则该逆回购和证券借入纳入流动性覆盖率计算的现金流入为 0。

如果银行没有对因衍生产品交易而收取的押品进行单独管理,并且在法律上可以将这些押品用于再抵(质)押,只要银行适当计算了衍生产品交易的净现金流出,则可以将收取的押品计入合格优质流动性资产。

抵(质)押融资交易(如正回购)中向交易对手提供的合格优质流动性资产应当从分子部分扣除。在抵(质)押融资交易中,若提供的押品为资产池,应全部视为非合格优质流动性资产计算抵(质)押融资交易现金流出。如果用作抵(质)押的资产池中含有本行持有的合格优质流动性资产,应当从分子部分对应扣除。对于预存或超额抵(质)押的押品,如押品资产池中在报告日尚未使用的押品,均视同存在变现障碍,不得计入合格优质流动性资产。

四、现金净流出量

(一)定义及计算

现金净流出量是指在流动性覆盖率所设定的压力情景下,未来 30 天的预期现金流出总量与预期现金流入总量的差额。预期现金流出总量是在流动性覆盖率所设定的压力情景下,相关负债和表外项目余额与其预计流失率或提取率的乘积之和。预期现金流入总量是在流动性覆盖率所设定的压力情景下,表内外相关契约性应收款项余额与其预计流入率的乘积之和。可计入的预期现金流入总量不得超过预期现金流出总量的 75%。本办法中预计流失率、提取率、流入率统称为折算率。

(二)现金流出:项目及折算率

1. 零售存款

零售存款是指自然人存放于商业银行的存款,分为稳定存款和欠稳定存款。

零售存款项目	折算率
活期存款和剩余期限在30天内的定期存款	
(1)稳定存款	5%
满足有效存款保险计划的附加标准	3%
(2)欠稳定存款	10%
剩余期限或提款通知期超过30天,且存款人无权在30天内提款或者提前提款导致的罚金显著超过利息损失的定期存款	0%

稳定存款是指被有效存款保险计划完全覆盖或由公开保证提供同等保护,并且存放于交易性账户(如自动存入工资的账户)或者存款人与商业银行之间由于存在其他关系使得提取可能性很小的存款。

欠稳定存款包括未被有效存款保险计划完全覆盖的存款、大额存款、经验丰富或高资产净值个人的存款、易被迅速提走的存款(如网上存款)等。对于外币存款,即使被有效存款保险计划覆盖,但如果有证据显示其波动程度大于本币存款,则应当计入欠稳定存款。若难以判定某项存款为稳定存款,则应当将其视为欠稳定存款。

有效存款保险计划是指有能力迅速赔付、保险覆盖范围明确且公众广泛知晓的存款保险计划。有效存款保险计划的保险人应当具有履行职责的正式法定授权,并在操作上具有独立性、透明度和问责机制。

有效存款保险计划的附加标准包括:

(1)保险人能够定期从接受保险的商业银行预先收取费用;

(2)保险人具有充足的手段确保在发生大额偿付需求时,能够及时获取额外资金,如获得明晰且具有法律约束力的政府担保或从政府借款的常设授权;

(3)存款保险计划被触发后,存款人可在7个工作日内获得保险偿付。

零售定期存款的剩余期限或提款通知期超过30天,但商业银行允许存款人在不支付相应罚金的情况下提前提取,可提前提取的部分应当按活期存款处理。

2. 无抵(质)押批发融资

无抵(质)押批发融资是指由非自然人客户提供,且未用本行拥有的、可在丧失清偿能力、破产清算或处置期间被行使权利的资产作为抵(质)押品的融资。客户有权在30天内收回、最早合同到期日在30天内和无确定到期日的无抵(质)押批发融资项目应当纳入流动性覆盖率计算。客户有权在合同到期日之前收回,但合同明确规定且有约束力的提款通知期超过30天的批发融资项目，不纳入流动性覆盖率计算。对于商业银行有权在未来30天内提前偿还的无抵（质）押批发融资，若商业银行不行使该提前还款权可能导致市场认为其面临流动性压力时，商业银行为防范声誉风险将被迫行使该提前还款权，相关的预期现金流出应当纳入流动性覆盖率计算。衍生产品合约相关的负债不纳入本项目。

无抵（质）押批发融资项目	折算率
小企业客户的活期存款和剩余期限在30天内的定期存款	
（1）稳定存款	5%
满足有效存款保险计划的附加标准	3%
（2）欠稳定存款	10%
业务关系存款（不包括代理行业务④）	25%
由存款保险计划或提供同等保护的公开保证所覆盖的部分	5%
满足有效存款保险计划的附加标准	3%
由非金融机构、主权实体、中央银行、多边开发银行和公共部门实体提供的非业务关系存款	40%
该存款全额被有效存款保险计划或提供同等保护的公开保证覆盖	20%
其他法人客户提供的融资	100%

小企业客户是指在商业银行的资金总额（并表口径）不超过800万元并被视同零售存款管理的非金融机构客户，如商业银行对该客户存在信用风险暴露，该客户还应当满足银行业监督管理机构资本监管规定中的微型和小型企业条件。剩余期限或提款通知期超过30天的小企业客户定期存款比照零售定期存款处理。

业务关系存款是指商业银行为非自然人客户（满足本办法规定的小企业客户除外）提供清算、托管和现金管理服务所产生的存款。商业银行对业务关系存款的认定应当经银行业监督管理机构认可。

清算服务是指客户通过直接参与境内支付结算系统的商业银行间接地将资金（或证券）转移给最终接受方，仅限于对客户支付指令的传送、对账和确

④ 流动性覆盖率计算中的代理行业务是指一家银行（代理行）持有另一家银行（被代理行）的存款，并提供支付和其他服务以对外币交易进行结算的业务安排（例如，用于清算和结算被代理行以非本币计量交易的往来账户）。

认，日间透支、隔夜融资和结算后账户维护，以及日间和最终结算头寸的确定。托管服务是指在客户交易或持有金融资产的过程中，商业银行代表客户对资产进行保管、报告、处理或者对相关营运和管理活动提供便利，仅限于证券交易结算、契约性支付的转移、抵（质）押品处理与托管相关的现金管理服务，以及股利和其他收入的收取、客户申购赎回、资产和公司信托服务、资金管理、第三方保管、资金转移、股票转移、支付结算等代理服务（不含代理行业务）和存托凭证。现金管理服务是指商业银行向客户提供现金流管理、资产和负债管理以及客户日常经营所必需的金融服务，仅限于汇款、收款、资金归集、工资支付管理和资金支出控制。

清算、托管和现金管理服务及相关的业务关系存款应当满足以下条件：

（1）客户在未来 30 天内对商业银行的清算、托管和现金管理服务存在实质性依赖，如客户具有充足的备份安排，则不满足该项条件；

（2）商业银行与客户之间签订了具有法律效力的清算、托管和现金管理服务合同；

（3）客户终止上述服务合同的提前通知期至少为 30 天，或者客户转移相关存款的成本（如交易成本、信息技术成本、提前终止成本或法律成本）较高；

（4）业务关系存款存放于专门账户，该账户向客户提供的收益不足以吸引客户存放超出其清算、托管和现金管理所需的多余资金，客户提供该存款的主要目的为利用银行提供的上述服务，而非获取利息收入。

业务关系存款账户中的多余资金是指可以被提取的满足业务需要以外的资金，即该部分资金被提取后账户上留存的资金仍足够满足清算、托管和现金管理服务需要。商业银行应当采用适当方法识别业务关系存款账户中的多余资金，并将其按照非业务关系存款处理。商业银行的识别方法应当满足以下要求：一是保证足够的颗粒度，以充分反映资金在单体压力情景下的提取风险；二是考虑各项相关因素，如批发客户持有的存款超过特定支付需要平均余额的可能性；三是运用适当的定量标准，如账户余额与支付结算规模的比值、账户余额与托管资产规模的比值等。商业银行不具备多余资金识别方法的，应当将全部存款按照非业务关系存款处理。

如果银行业监督管理机构认为商业银行业务关系存款的客户集中度过高，可以要求对这部分存款按照非业务关系存款处理。

来自于代理行业务的存款按非业务关系存款计算。

其他法人客户提供的融资包括金融机构、受托人、受益人、管道、特定目的载体及本行附属机构等其他法人客户提供的非业务关系存款及其他无抵（质）押融资。商业银行发行的 30 天内到期的无担保债券纳入其他法人客户提供的融资。但针对零售或小企业客户发行、只可在零售或小企业客户间交易且只能由零售或小企业客户持有的无担保债券，可分别计入对应的零售和小企业客户存款项目。

3. 抵(质)押融资

抵(质)押融资是指以本行拥有的，可在丧失清偿能力、破产清算或处置期间被行使法定权利的资产作为抵(质)押品的融资。所有将在30天内到期的抵(质)押融资项目应当纳入流动性覆盖率计算。银行为满足客户空头头寸而借给客户抵(质)押品，应当按照抵(质)押融资处理。

抵(质)押融资项目	折算率
以一级资产作为抵(质)押品或以中央银行为交易对手	0%
以2A资产作为抵(质)押品	15%
以本国主权实体、多边开发银行或风险权重不高于20%的本国公共部门实体为交易对手，且不是以一级资产和2A资产作为抵(质)押品	25%
以2B资产作为抵(质)押品	50%
其他	100%

4. 其他项目

其他项目	折算率/现金流出
衍生产品交易的净现金流出	100%
融资交易、衍生产品以及其他合约中包含降级触发条款所导致的流动性补充需求	银行评级下调1－3个(含)档次所增加的抵(质)押品要求或者导致的现金流出
衍生产品及其他交易市值变动导致的流动性补充需求	前24个月内出现的30天内抵(质)押品净流出最大值
衍生产品及其他交易中非一级资产抵(质)押品估值变化导致的流动性补充需求	20%
根据合同能被交易对手随时收回的超额非隔离抵(质)押品导致的流动性补充需求	100%
抵(质)押品对外交付义务导致的流动性补充需求	100%
合同允许交易对手以非合格优质流动性资产替换合格优质流动性资产抵(质)押品导致的流动性补充需求	100%

30天内到期的资产支持证券、担保债券及其他结构性融资工具	100%
30天内到期的资产支持商业票据、管道工具、证券投资载体和类似融资工具	100%
未来30天内交易对手可以行使权力的未提取的不可无条件撤销的信用便利和流动性便利	
(1)提供给零售和小企业客户	5%
(2)提供给非金融机构、主权实体和中央银行、多边开发银行和公共部门实体	
信用便利	10%
流动性便利	30%
(3)提供给受到审慎监管的银行	40%
(4)提供给其他金融机构(包括证券公司、保险公司、受托人、受益人等)	
信用便利	40%
流动性便利	100%
(5)提供给其他法人客户以及管道工具、特定目的载体等	100%
未来30天内其他契约性放款义务	
(1)未来30天内对金融机构的契约性放款总额	100%
(2)未来30天内对零售客户和非金融机构客户的契约性放款总额超过客户契约性现金流入总额50%的部分	100%
未来30天内其他契约性现金流出(不含与商业银行运营成本相关的现金流出)	100%
或有融资义务	
(1)无条件可撤销的信用便利和流动性便利	0%
(2)保函、信用证、其他贸易融资工具	2.5%
(3)非契约性义务	5%
(4)拥有附属交易商或做市商的发行机构未偿付的超过30天的债券	2.5%
(5)以其他客户抵(质)押品覆盖客户空头头寸所导致的非契约性负债	50%

信用便利和流动性便利是指商业银行在未来向客户提供资金的契约性融资便利。流动性便利是指商业银行向发行债务融资工具的客户提供的契约性备用融资便利，当客户无法在金融市场滚动发行该债务融资工具时，可以提取该流动性便利。为公司客户提供的日常流动资金融资便利（如循环信用便利）为信用便利。

不可无条件撤销的信用便利和流动性便利是指商业银行不可撤销或者只能有条件撤销该融资便利。债务融资工具将于未来30天内到期部分所对应的不可无条件撤销流动性便利应当纳入流动性覆盖率计算，债务融资工具将于30天以后到期部分所对应的不可无条件撤销流动性便利不纳入流动性覆盖率计算，其余的不可无条件撤销流动性便利按照信用便利处理。

客户为不可无条件撤销的信用便利和流动性便利提供（或根据合同规定，在提取信用便利和流动性便利时需要提供）符合合格优质流动性资产条件的抵（质）押品的，如果该抵（质）押品满足以下条件，则可以从未提取的不可无条件撤销信用便利和流动性便利中扣减其价值：

（1）未计入商业银行的合格优质流动性资产；

（2）市场价值与信用便利和流动性便利是否提取的相关性不高；

（3）客户使用信用便利和流动性便利后，商业银行利用其进行再抵（质）押融资不存在法律和操作障碍。

对于未纳入商业银行并表范围的被投资金融机构，如果在压力时期，商业银行出于防范声誉风险等原因成为其流动性的主要提供者，商业银行应当将可能需要提供的流动性视为其他或有融资义务，按照经银行业监督管理机构认可的审慎方法计算相应的现金流出。

（三）现金流入：项目及折算率

1.抵（质）押借贷，包括逆回购和借入证券

由以下资产担保的在30天内到期的抵（质）押借贷	折算率	
	抵（质）押品未用于再抵（质）押融资	抵（质）押品用于再抵（质）押融资
一级资产	0%	0%
2A资产	15%	0%
2B资产	50%	0%
由其他抵（质）押品担保的保证金贷款	50%	0%
其他抵（质）押品	100%	0%

2. 来自不同交易对手的其他现金流入

来自不同交易对手的其他现金流入	折算率
完全正常履约且30天内到期的所有付款（包括利息支付和分期付款）	
（1）来自零售和小企业客户、非金融机构、主权实体、多边开发银行和公共部门实体的现金流入	50%
（2）来自金融机构和中央银行的现金流入	100%
30天内到期的、未纳入合格优质流动性资产的证券产生的现金流入	100%
存放于其他金融机构的业务关系存款	0%

商业银行持有的30天内到期的一级资产和二级资产，若满足相关定义和操作性要求，应纳入合格优质流动性资产，而不计算现金流入。

3. 信用便利、流动性便利和或有融资便利

商业银行从其他机构获得的信用便利、流动性便利和或有融资便利产生的现金流入适用0%的折算率。

4. 其他项目

其他项目	折算率
衍生产品交易的净现金流入	100%
其他30天内到期的契约性现金流入（不含非金融业务收入产生的现金流入）	由银行业监督管理机构视情形确定

商业银行应当只计算来自完全正常履约且预计未来30天内不会违约的契约性现金流入。现金流入应按合同允许的最晚时间计入。商业银行基于循环信用便利所发放的贷款应当按照展期处理，不计算现金流入。无确定到期日的贷款不计算现金流入，但如果存在30天内对本金、费用或利息的最低支付要求，则应当根据不同交易对手，适用相应的现金流入折算率。其他30天内到期的契约性现金流入（不含非金融业务收入产生的现金流入）的折算率由银行业监督管理机构视具体情形确定。

商业银行在计算流动性覆盖率时应当避免重复计算。如果某项资产已被计入合格优质流动性资产，不再计算与其相关的现金流入。可以计入多个现金流出项目的业务，应当将其划入预期现金流出量最大的项目。

银行业监督管理机构可以根据商业银行表内外项目的流动性风险状况调整其折算率，增加现金流出项目和减少现金流入项目。

在计算银行集团的并表流动性覆盖率时，除境外分支机构和附属机构的

零售和小企业客户存款采用东道国监管机构规定的折算率外，其他项目应当遵循本办法的规定。

存在以下情形时，银行集团境外分支机构和附属机构的零售和小企业客户存款应当采用本办法规定的折算率：

（1）东道国监管机构对零售和小企业客户存款没有规定折算率；

（2）东道国监管机构未实施流动性覆盖率监管标准；

（3）本办法规定的折算率比东道国更为审慎。

五、关于商业银行流动性覆盖率低于最低监管标准的相关说明

当商业银行流动性覆盖率降至最低监管标准以下时，银行业监督管理机构应当要求其提交流动性风险分析报告，包括导致流动性覆盖率降至最低监管标准以下的原因、已经和即将采取的措施、对持续时间的预测等，并根据持续时间确定是否增加报告要求。

银行业监督管理机构应当分析以下因素，确定需要采取的措施：

1. 商业银行流动性覆盖率降至最低监管标准以下的具体原因，包括银行自身和金融市场整体流动性方面的原因及其影响程度；

2. 商业银行的整体稳健程度和风险状况；

3. 商业银行合格优质流动性资产减少的幅度、持续时间和频率；

4. 为维持流动性覆盖率不低于最低监管标准所采取的措施可能对金融体系和市场流动性产生的影响；

5. 其他应急资金来源的可获得性；

6. 其他相关因素。

银行业监督管理机构应当根据上述分析，确定是否要求商业银行采取减少流动性风险暴露、加强流动性风险管理和改进流动性应急计划等措施。

当发生严重的系统性风险时，银行业监督管理机构应当考虑所采取措施可能对整个金融体系产生的影响和顺周期效应。在要求商业银行采取措施恢复流动性水平时，可以给予适当时间，防止对商业银行和整个金融体系造成负面影响。

银行业监督管理机构采取的上述措施应当与其审慎监管整体框架保持一致。

附件 3

净稳定资金比例计量标准

一、净稳定资金比例

净稳定资金比例旨在确保商业银行具有充足的稳定资金来源，以满足各类资产和表外风险敞口对稳定资金的需求。

净稳定资金比例 = 可用的稳定资金/所需的稳定资金 × 100%

二、可用的稳定资金

可用的稳定资金是指商业银行各类资本与负债项目的账面价值与其对应的可用稳定资金系数的乘积之和。其中，账面价值指资本或负债项目在进行监管扣除或其他调整前的余额。

可用稳定资金系数的设定反映了负债的稳定性，包括负债期限及不同类型的资金提供者在收回资金倾向上的差异。一是体现融资期限差异。净稳定资金比例通常假定长期负债较短期负债更为稳定。二是体现融资类型和交易对手差异。净稳定资金比例假定短期（期限小于 1 年）零售客户存款和小企业客户融资较相同期限的来自其他交易对手的批发融资更为稳定。

（一）可用的稳定资金项目

1. 可用稳定资金系数为 100% 的项目

可用稳定资金系数为 100% 的项目包括：

（1）监管资本；

（2）有效剩余期限在 1 年及以上的其他资本工具；

（3）有效剩余期限在 1 年及以上的所有有担保和无担保借款和负债。

监管资本应当满足《商业银行资本管理办法（试行）》第三章资本定义相关要求。监管资本含监管资本扣除项，但不包括剩余期限小于 1 年的二级资本工具。根据《商业银行资本管理办法（试行）》第三章第四节规定在 2022 年后不得计入监管资本的部分，不得纳入净稳定资金比例的监管资本计算。

有效剩余期限在 1 年及以上的其他资本工具不包括若行权将会使预期剩余期限降到 1 年以下的带有明确或嵌入期权的资本工具。

有效剩余期限在 1 年及以上的所有有担保和无担保借款和负债，包括定期存款，但不包括最终剩余期限 1 年以上的负债产生的 1 年以内的现金流。

2. 可用稳定资金系数为 95% 的项目

可用稳定资金系数为 95% 的项目为来自零售和小企业客户的稳定存款，包括无确定到期日（活期）存款和剩余期限小于 1 年的定期存款。

3. 可用稳定资金系数为 90% 的项目

可用稳定资金系数为 90% 的项目为来自零售和小企业客户的欠稳定存款，包括无确定到期日（活期）存款和剩余期限小于 1 年的定期存款。

4. 可用稳定资金系数为 50% 的项目

可用稳定资金系数为 50% 的项目包括：

（1）非金融企业客户提供的剩余期限小于 1 年的有担保和无担保融资；

（2）业务关系存款；

（3）主权、公共部门实体以及多边和国家开发银行提供的剩余期限小于 1 年的融资；

（4）以上所列之外的剩余期限在 6 个月到 1 年的其他有担保和无担保融资，包括中央银行和金融机构提供的剩余期限在 6 个月到 1 年的融资。

5. 可用稳定资金系数为 0% 的项目

可用稳定资金系数为 0% 的项目包括：

（1）以上所列之外的其他负债和权益，包括中央银行和金融机构提供的剩余期限在 6 个月以内的融资；

（2）无明确到期日的负债；

（3）净稳定资金比例衍生产品负债大于净稳定资金比例衍生产品资产时，净稳定资金比例衍生产品负债与净稳定资金比例衍生产品资产的差额；

（4）由购买金融工具、外汇和大宗商品产生的“交易日”应付款。

无明确到期日的负债包括空头和无到期日的头寸，但不含递延税负债和少数股东权益。

在计算净稳定资金比例衍生产品负债时应首先确定衍生产品负债。当衍生产品合约价值为负时，可基于衍生产品合约的重置成本（通过“盯市”原则获得）计算衍生产品负债。如果存在符合《商业银行杠杆率管理办法》中有关条件的双边轧差合约，合约覆盖的衍生产品风险敞口的重置成本为净重置成本。在计算净稳定资金比例衍生产品负债时，与衍生产品合约有关的、以变动保证金形式提供的抵（质）押品，无论是何种资产，都应当从负的重置成本中扣除。即净稳定资金比例衍生产品负债 =（衍生产品负债）-（衍生产品负债中作为变动保证金提供的所有押品）。所扣除的抵（质）押品，其相关资产不纳入所需的稳定资金计算。

在计算净稳定资金比例衍生产品资产时应首先确定衍生产品资产。当衍生产品合约价值为正时，可基于衍生产品合约的重置成本（通过“盯市”原则获得）计算。如果存在符合《商业银行杠杆率管理办法》中有关条件的双边轧差合约，合约覆盖的衍生产品风险敞口的重置成本为净重置成本。在计算净稳定资金比例衍生产品资产时,无论银行在会计核算方法或基于风险的框架下是否允许净额结算,除非因该衍生产品资产而收到的抵(质)押品是现金变动保证金的形式并且满足《商业银行杠杆率管理办法》中的条件,否则抵(质)押品不能冲抵正的重置成本。任何与收到的初始保证金或不满足上述条件的变动保证金有关的负债,不能冲抵衍生产品资产并且可用稳定资金系数应为0%。若满足相关条件,净稳定资金比例衍生产品资产 =(衍生产品资产)-(衍生产品资产中收到的作为变动保证金的现金押品)。

与购买金融工具、外汇和大宗商品相关的"交易日"应付款,是由于以下原因产生的应付款项:(1)此类交易预期在标准结算周期内结算或在对于相关交易所或交易类型来说是通常的周期内结算,或者(2)此类交易虽未能结算但仍预期会完成结算。

(二)关于期限计算的说明

如果商业银行的外部投资者有权在合同到期日之前要求银行偿还资本或负债项下的资金,该资本与负债项目的期限应按照外部投资者行使上述权利的最早日期确定。

即使商业银行有权自主确定是否提前偿还资本或负债项下的资金,考虑声誉因素,该资本与负债项目的期限也应按照商业银行会行使提前偿还的权利来确定,并将上述资本与负债项目适用相应的可用稳定资金系数。对长期负债来说,只有现金流正好是6个月和1年或超过6个月和1年的部分,才能被视为有效剩余期限分别为6个月和1年或大于6个月和1年的负债。

递延税负债的期限按照其可能实现的最近日期确定,少数股东权益应按照具体工具的期限确定(通常是永续的)。根据期限将递延税负债和少数股东权益归入相应类别并适用该类别的可用稳定资金系数,即:若有效剩余期限在1年及以上则适用100%的可用稳定资金系数,若有效剩余期限在6个月到1年之间则适用50%的可用稳定资金系数,若有效剩余期限小于6个月则适用0%的可用稳定资金系数。

三、所需的稳定资金

所需的稳定资金是指商业银行各类资产项目的账面价值以及表外风险敞口与其对应的所需稳定资金系数的乘积之和。账面价值总体上应按照会计价值填报,即扣除相应的减值准备。

所需的稳定资金取决于银行所持各类资产以及表外风险敞口的流动性特征、剩余期限。所需稳定资金系数的设定反映了银行资产和表外风险敞口的流动性特征,主要考虑了以下内容:一是稳定的信用创造。净稳定资金比例要求一部分对实体经济的贷款必须由稳定资金支持,以确保这类信用中介的连续性。二是银行行为。净稳定资金比例假定银行需要对相当一部分到期贷款进行展期以维护其客户关系。三是资产期限。净稳定资金比例假定一些短期资产(期限小于1年)需要的稳定资金较少,因为部分短期资产到期后无需展期。四是资产质量和流动性价值。净稳定资金比例假定可被证券化或交易,因此可以作为抵(质)押品获得额外资金或在市场上出售的无变现障碍的高质量资产无需全部由稳定资金支持。此外,银行需要有额外的稳定资金来源,至少可用于支持部分由表外承诺业务和或有融资义务带来的潜在流动性需求。

各类资产所对应的所需稳定资金系数用于估计该资产因为需要展期,或无法在1年以内以较小成本通过出售或用作担保融资交易的押品方式变现,而需要进行融资的金额。该金额应由稳定资金支持。部分表外风险敞口只需要很少的直接或立即资金支持,但却可能在较长时间内导致严重流动性短缺,因此银行需要拥有充足的稳定资金应对未来1年内表外风险敞口的资金支持需求。

(一)表内资产

1. 所需稳定资金系数为0%的项目

所需稳定资金系数为0%的项目包括:

(1)现金;

(2)存放于中央银行的准备金(包括法定准备金和超额准备金);

(3)剩余期限小于6个月的对中央银行的债权;

(4)由出售金融工具、外汇和大宗商品产生的"交易日"应收款。

与出售金融工具、外汇和大宗商品相关的"交易日"应收款,是由于以下原因产生的应收款项:(1)此类交易预期在标准结算周期内结算或在对于相关交易所或交易类型来说是通常的周期内结算,或者(2)此类交易虽未能结算但仍预期会完成结算。如果在结算日会计模式下,金融工具、外汇和大宗商品的交易并没有作为衍生产品或抵押融资反映在银行的资产负债表中,但未来结算时这些交易的影响将反映在资产负债表中,那么银行应当将已执行买入订单的这三类交易纳入所需的稳定资金计算,已执行卖出订单的上述三类交易不纳入计算。

2. 所需稳定资金系数为5%的项目

所需稳定资金系数为5%的项目为无变现障碍的其他一级资产,不包括已纳入0%所需稳定资金系数类别的资产。

无变现障碍的其他一级资产须满足流动性覆盖率的相关要求,包括(1)由在信用风险标准法下适用0%风险权重的主权实体、中央银行、公共部门实体(PSEs)、国际清算银行、国际货币基金组织、欧洲央行和欧盟委员会或多边开发银行发行或担保的可交易证券;(2)流动性覆盖率要求中规定的特定的非0%风险权重的主权或中央银行债券。

3. 所需稳定资金系数为10%的项目

所需稳定资金系数为10%的项目为向金融机构发放的符合以下条件的剩余期限小于6个月的无变现障碍贷款:

(1)贷款由一级资产担保;

(2)银行在贷款期限内能自由地使用收到的担保物,将其用于再抵(质)押。

4. 所需稳定资金系数为15%的项目

所需稳定资金系数为15%的项目包括:

(1)向金融机构发放的剩余期限小于6个月的其他无变现障碍贷款,不包括已纳入10%所需稳定资金系数类别的贷款;

(2)无变现障碍的2A资产。无变现障碍2A资产须满足流动性覆盖率的相关要求,包括(1)由在信用风险标准法下适用20%风险权重的主权实体、中央银行、公共部门实体(PSEs)、多边开发银行发行或担保的可交易证券;(2)信用评级为AA-或更高的公司债券(含商业票据)和担保债券。

5. 所需稳定资金系数为50%的项目

所需稳定资金系数为50%的项目包括:

(1)无变现障碍的2B资产;

(2)存在变现障碍的时间在6个月到1年之间的合格优质流动性资产;

(3)向金融机构和中央银行发放的剩余期限为6个月到1年的贷款;

(4)存放在其他金融机构的业务关系存款,且接收存款方对该业务关系存款适用50%的可用稳定资金系数;

(5)其他剩余期限小于1年的非合格优质流动性资产,包括向非金融机构客户、零售和小企业客户、主权、公共部门实体、多边和国家开发银行发放的贷款。

无变现障碍2B资产须满足流动性覆盖率的相关要求,包括信用评级在A+至BBB-之间的企业债券(含商业票据)。

6. 所需稳定资金系数为65%的项目

所需稳定资金系数为65%的项目包括:

(1)剩余期限在1年及以上、在信用风险标准法下风险权重不高于35%的无变现障碍住房抵押贷款;

(2)剩余期限在1年及以上、在信用风险标准法下风险权重不高于35%的其他无变现障碍贷款,但不包括向金融机构发放的贷款。

7. 所需稳定资金系数为 85% 的项目

所需稳定资金系数为 85% 的项目包括：

(1)作为衍生产品交易初始保证金的现金、证券或其他资产，以及向中央交易对手违约基金提供的现金或其他资产；

(2)剩余期限 1 年及以上、信用风险标准法下风险权重超过 35% 的无变现障碍的未逾期或逾期未超过 90 天的贷款，但不包括向金融机构发放的贷款；

(3)不符合合格优质流动性资产标准、剩余期限 1 年及以上的未违约的无变现障碍证券和在交易所交易的权益类证券；

(4)实物交易的大宗商品，包括黄金。

作为衍生产品交易初始保证金的现金、证券或其他资产，包括表内外的所有初始保证金，但不包括银行不保证第三方表现、代表客户支付的初始保证金。这种情况下，交易是以客户的名义进行的，银行只为客户参与第三方(如中央交易对手)的衍生产品清算提供通道，不保证第三方表现。作为衍生产品合约初始保证金的证券或其他资产如果在其他情况下适用更高的所需稳定资金系数，则此处应保持该系数。对于银行资产负债表内的资产，如果银行将其作为初始保证金使用并计提所需稳定资金，该资产应不再视作存在变现障碍的资产计算所需稳定资金，以避免重复计算。

8. 所需稳定资金系数为 100% 的项目

所需稳定资金系数为 100% 的项目包括：

(1)存在变现障碍的期限在 1 年及以上的全部资产；

(2)净稳定资金比例衍生产品资产大于净稳定资金比例衍生产品负债时，净稳定资金比例衍生产品资产与净稳定资金比例衍生产品负债的差额；

(3)以上所列之外的所有其他资产，包括逾期超过 90 天的贷款、向金融机构发放的剩余期限 1 年及以上的贷款、非交易所交易的权益类证券、固定资产、监管资本扣除项、留存利息、保险资产、子公司权益和违约证券等。

9. 由银行业监督管理机构视情形确定所需稳定资金系数的项目

衍生产品附加要求由银行业监督管理机构视情形确定。

(二)表内项目计算说明

1. 合格优质流动性资产中的限制要求

纳入净稳定资金比例计算的合格优质流动性资产无需考虑流动性覆盖率计算中的操作性要求以及对二级和 2B 级资产的上限要求，也无需考虑流动性覆盖率一级资产中对风险权重不为 0% 的外币债券的限制要求。

2. 存在变现障碍资产的所需稳定资金系数

存在变现障碍的资产包括但不限于资产支持证券、担保债券中的资产以及证券融资交易或抵押品互换交易中用作抵押品的资产。对于存在变现障碍的期限为1年及以上的资产，适用100%的所需稳定资金系数。对于存在变现障碍的期限为6个月到1年的资产，如果该资产无变现障碍后的所需稳定资金系数为50%或以下，则该资产适用50%的所需稳定资金系数；如果该资产无变现障碍后的所需稳定资金系数高于50%，那么应适用这个更高的所需稳定资金系数。当资产存在变现障碍的期限少于6个月时，该资产的所需稳定资金系数与同类无变现障碍资产相同。在整体市场处于金融压力或宏观经济面临特殊挑战时期，中央银行为实现其职责而实施非标准的、暂时的操作。在这类特殊的中央银行流动性操作中存在变现障碍的资产可以被赋予一个较低的所需稳定资金系数，但这个系数不能低于无变现障碍情况下该资产的所需稳定资金系数。银行业监督管理机构将与中央银行讨论确定合适的所需稳定资金系数。

3. 比照向金融机构发放贷款处理的项目

关于存放在其他金融机构的非业务关系存款应比照向金融机构发放贷款，根据期限计算所需的稳定资金。

关于逆回购和担保融资交易相关资产应比照向金融机构发放贷款，根据期限和押品条件等计算所需的稳定资金。对于无明确到期日的逆回购交易，除非银行有充足证据向银行业监督管理机构说明该交易将在未来1年内的某个时间前到期，否则均应假定该交易将持续至1年以上并采用100%的所需稳定资金系数。

4. 收到或付出证券和押品的处理

根据资产负债表和会计处理要求，对于通过证券融资交易（如逆回购和押品互换）借入但不享有收益权的证券，以及通过押品互换收到的不在资产负债表内反映的证券，银行不应当计入资产；对于证券融资交易中借出的享有收益权的证券，银行应当计入资产。当银行通过回购或其他证券融资交易持有了存在变现障碍的证券，但享有收益权，并且反映在银行的资产负债表内，银行也应计算相应的所需稳定资金。收到的不计入资产的押品，无需计算所需的稳定资金；收到的计入资产的押品，应根据其是否为合格优质流动性资产、期限、发行人等特征，计算所需的稳定资金。

5. 证券融资交易的轧差要求

满足《商业银行杠杆率管理办法》中的轧差条件时，与单一交易对手进行的证券融资交易在计算净稳定资金比例时以净额计量。其他由于证券融资交易产生的应收款和应付款应分别计算所需的稳定资金和可用的稳定资金，而不能进行轧差，即不能净额计算。

6. 相互依存项目

特定资产和负债项目根据合同约定是相互依存的，是指当资产仍保留在资产负债表内时负债不能到期，资产的本金偿还现金流不能被用于偿还负债以外的用途，并且负债资金不能投资于其他资产。相互依存项目需满足以下条件：

（1）每对相互依存的资产和负债项目必须是可以清楚识别的；

（2）负债和与其相互依存资产的期限和本金数量应该相同；

（3）银行作为一个转手方将收到的资金（相互依存负债）用于相应的相互依存资产；

（4）每对相互依存负债和资产的对手方不能相同。

银行业监督管理机构综合考虑是否存在负面激励或产生意料之外后果等，来确定某对资产和负债是否属于相互依存的项目。相互依存的资产和负债项目将分别适用0%的所需稳定资金系数和0%的可用稳定资金系数。衍生产品不适用于相互依存项目。具体的相互依存项目按银行业监督管理机构有关规定执行。

7. 关于期限计算的说明

各类资产都根据其合同剩余期限或流动性特征被赋予相应的所需稳定资金系数。在确定资产的期限时，应假定投资者会行使展期的权利。对于银行自主选择是否行权的资产，银行业监督管理机构将考虑可能限制银行不行权能力的声誉因素。因为如果银行不行权，可能暗示其存在融资风险。尤其是当市场预期某些资产将展期时，银行和银行业监督管理机构应该假定该资产将被展期，并据此将其归入相应的所需稳定资金类别中。对于分期偿还的贷款，1 年内到期的部分可归入剩余期限小于1 年的类别。其他与分期偿还贷款类似的债权，也应按照不同期限分别适用不同的所需稳定资金系数。对于无明确到期日的贷款，即使客户可以在无任何罚金的情况下提前还款，该贷款仍应视作有效剩余期限在1 年以上的贷款，并根据客户类型和风险权重等计算相应的所需稳定资金。对于定期审核并根据审核情况确定是否继续放款的贷款，如提供给客户的透支便利等，一般情况下基于声誉风险考虑应假定贷款将持续发放而不会收回。银行业监督管理机构可以考虑收回贷款的动机及可能性，逐例判定某项贷款能否以下一次审核日作为到期日。

（三）表外风险敞口

许多潜在的表外流动性风险敞口只需要很少的直接或立即资金支持，但却可能在较长时间内导致严重流动性短缺。因此，为确保银行拥有充足的稳定资金应对未来1 年内表外风险敞口的资金支持需求，银行业监督管理机构根据各类表外业务的类别，分别赋予不同的稳定资金需求系数。

1. 所需稳定资金系数为5%的项目

向客户提供的不可撤销或可以有条件撤销的信用便利和流动性便利，按当前未提取部分的5%计算所需稳定资金。

2. 由银行业监督管理机构视情形确定所需稳定资金系数的项目

以下项目由银行业监督管理机构视情形确定所需稳定资金系数：

(1) 或有融资义务，包括无条件可撤销的信用便利和流动性便利、贸易融资工具、与贸易融资工具无关的担保和信用证，以及非契约性义务；

(2) 其他表外业务。

四、其他说明

净稳定资金比例是重要的融资风险监管工具，应结合流动性风险评估情况综合使用。监管机构可根据单家银行的融资风险及其管理情况，以及对银行遵守《商业银行流动性风险管理办法》情况的评估，视情况对单家银行采取更严格的标准。

除特别规定外，本附件中所使用的相关概念及定义与流动性覆盖率中一致。

商业银行应当至少每季度向银行业监督管理机构报送净稳定资金比例情况。报送时滞按银行业监督管理机构相关规定执行。

所有商业银行，包括不适用净稳定资金比例监管要求的银行，均应按照本办法要求，在集团、法人、境外分支机构和附属机构层面，积极监测和控制流动性风险敞口及融资需求，并考虑法律、监管和操作方面的流动性转移限制。

净稳定资金比例项目表

资本与负债项目	可用稳定资金系数
(1) 监管资本（含监管资本扣除项，但不包括剩余期限小于1年的二级资本工具） (2) 有效剩余期限在1年及以上的其他资本工具，但不包括若行权将会使预期剩余期限降到1年以下的带有明确或嵌入期权的资本工具 (3) 有效剩余期限在1年及以上的所有有担保和无担保借款和负债，包括定期存款，但不包括最终剩余期限1年以上的负债产生的1年以内的现金流	100%
来自零售和小企业客户的稳定存款，包括无确定到期日（活期）存款和剩余期限小于1年的定期存款	95%

来自零售和小企业客户的欠稳定存款,包括无确定到期日(活期)存款和剩余期限小于1年的定期存款	90%
(1)非金融企业客户提供的剩余期限小于1年的(有担保和无担保)融资 (2)业务关系存款 (3)主权、公共部门实体以及多边和国家开发银行提供的剩余期限小于1年的融资 (4)以上所列之外的剩余期限在6个月到1年的其他有担保和无担保融资(包括中央银行和金融机构提供的剩余期限在6个月到1年的融资)	50%
(1)以上所列之外的其他负债和权益,包括中央银行和金融机构提供的剩余期限在6个月以内的融资 (2)无明确到期日的负债,包括空头和无到期日的头寸,但递延税负债和少数股东权益例外 (3)净稳定资金比例衍生产品负债大于净稳定资金比例衍生产品资产时,净稳定资金比例衍生产品负债与净稳定资金比例衍生产品资产的差额 (4)由购买金融工具、外汇和大宗商品产生的"交易日"应付款	0%
表内资产	**所需稳定资金系数**
(1)现金 (2)存放于中央银行的准备金(包括法定准备金和超额准备金) (3)剩余期限小于6个月的对中央银行的债权 (4)由出售金融工具、外汇和大宗商品产生的"交易日"应收款	0%
无变现障碍的其他一级资产,不包括已纳入0%所需稳定资金系数类别的资产	5%
向金融机构发放的剩余期限小于6个月的无变现障碍贷款[由一级资产担保并且银行能在贷款期限内将担保物自由地再抵(质)押]	10%
(1)向金融机构发放的其他剩余期限小于6个月的其他无变现障碍贷款,不包括已纳入10%所需稳定资金系数类别的贷款 (2)无变现障碍的2A资产	15%

(1)无变现障碍的2B资产 (2)存在变现障碍的时间在6个月到1年之间的合格优质流动性资产 (3)向金融机构和中央银行发放的剩余期限为6个月到1年的贷款 (4)存放在其他金融机构的业务关系存款(且接收存款方对该业务关系存款适用50%的可用稳定资金系数) (5)其他剩余期限小于1年的非合格优质流动性资产,包括向非金融机构客户、零售和小企业客户、主权、公共部门实体、多边和国家开发银行发放的贷款	50%
(1)剩余期限在1年及以上、在信用风险标准法下风险权重不高于35%的无变现障碍住房抵押贷款 (2)剩余期限在1年及以上、在信用风险标准法下风险权重不高于35%的其他无变现障碍贷款,但不包括向金融机构发放的贷款	65%
(1)作为衍生产品交易初始保证金的现金、证券或其他资产,以及向中央交易对手违约基金提供的现金或其他资产 (2)剩余期限1年及以上、信用风险标准法下风险权重超过35%的无变现障碍的未逾期或逾期未超过90天的贷款,但不包括向金融机构发放的贷款 (3)不符合合格优质流动性资产标准、剩余期限1年及以上的未违约的无变现障碍证券和在交易所交易的权益类证券 (4)实物交易的大宗商品(包括黄金)	85%
(1)存在变现障碍的期限在1年及以上的全部资产 (2)净稳定资金比例衍生产品资产大于净稳定资金比例衍生产品负债时,净稳定资金比例衍生产品资产与净稳定资金比例衍生产品负债的差额 (3)以上所列之外的所有其他资产,包括逾期超过90天的贷款、向金融机构发放的剩余期限1年及以上的贷款、非交易所交易的权益类证券、固定资产、监管资本扣除项、留存利息、保险资产、子公司权益和违约证券等	100%
衍生产品附加要求	由银行业监督管理机构视情形确定
向客户提供的不可撤销或可以有条件撤销的信用便利和流动性便利	当前未提取部分的5%
表外风险敞口	所需稳定资金系数

或有融资义务 (1)无条件可撤销的信用便利和流动性便利 (2)贸易融资工具(包括担保和信用证) (3)与贸易融资工具无关的担保和信用证 (4)非契约性义务,如: —银行面临的对自身债务或相关管道工具、证券投资载体和其他类似融资便利的潜在债务回购要求 —客户预期随时可在市场上交易的结构化产品,如可调整利率的票据和可变利率活期票据 —以保持价值稳定为目标的管理基金	由银行业监督管理机构视情形确定
其他表外业务	由银行业监督管理机构视情形确定

附件4

流动性匹配率计量标准

一、流动性匹配率

流动性匹配率衡量商业银行主要资产与负债的期限配置结构,旨在引导商业银行合理配置长期稳定负债、高流动性或短期资产,避免过度依赖短期资金支持长期业务发展,提高流动性风险抵御能力。

流动性匹配率 = 加权资金来源/加权资金运用 ×100%

二、加权资金来源

加权资金来源包括来自中央银行的资金、各项存款、同业存款、同业拆入、卖出回购(不含与中央银行的交易)、发行债券及发行同业存单等项目。

来自中央银行的资金包括通过公开市场操作、常备借贷便利、中期借贷便利、再贷款等从中央银行融入的资金。

三、加权资金运用

加权资金运用包括各项贷款、存放同业、拆放同业、买入返售(不含与中央银行的交易)、投资同业存单、其他投资等项目。

其中,其他投资指债券投资、股票投资外的表内投资,包括但不限于特定目的载体投资(如商业银行理财产品、信托投资计划、证券投资基金、证券公司资产管理计划、基金管理公司及子公司资产管理计划、保险业资产管理机构资产管理产品等)。

7 天以内的存放同业、拆放同业及买入返售的折算率为 0%。

流动性匹配率项目表

项目	折算率(按剩余期限)		
	≤3 个月	3–12 个月	>1 年
加权资金来源			
1. 来自中央银行的资金	70%	80%	100%
2. 各项存款	50%	70%	100%
3. 同业存款	0%	30%	100%
4. 同业拆入及卖出回购⑤	0%	40%	100%
5. 发行债券及发行同业存单	0%	50%	100%
加权资金运用			
1. 各项贷款	30%	50%	80%
2. 存放同业⑥及投资同业存单	40%	60%	100%
3. 拆放同业及买入返售	50%	70%	100%
4. 其他投资	100%		
5. 由银行业监督管理机构视情形确定的项目	由银行业监督管理机构视情形确定		

附件 5

优质流动性资产充足率计量标准

一、优质流动性资产充足率

优质流动性资产充足率旨在确保商业银行保持充足的、无变现障碍的优质流动性资产，在压力情况下商业银行可通过出售或抵(质)押的方式变现这些资产以满足未来 30 天内的流动性需求。

优质流动性资产充足率 = 优质流动性资产/短期现金净流出 ×100%

其中，短期现金净流出 = 可能现金流出 − 确定现金流入

---

⑤ 卖出回购、买入返售均不含与中央银行的交易。

⑥ 7 天以内的存放同业、拆放同业及买入返售的折算率为 0%。

二、优质流动性资产

优质流动性资产是指能够通过出售或抵(质)押方式,在无损失或极小损失的情况下在金融市场快速变现的各类资产。优质流动性资产为无变现障碍资产,由一级资产和二级资产构成。

(一)一级资产

一级资产包括现金、压力情景下可以提取的准备金、国债、央票和政策性金融债。一级资产无论剩余期限长短,均按照当前市场价值计入优质流动性资产。

(二)二级资产

二级资产包括非金融机构发行的信用债、中国铁路总公司发行的债券及地方政府债。纳入二级资产的债券的信用评级应在AA-级以上。二级资产无论剩余期限长短,均在当前市场价值基础上按85%的折扣系数计入优质流动性资产。计入优质流动性资产的二级资产不可超过优质流动性资产的40%。

三、可能现金流出

可能现金流出包括一般性存款、同业业务、发行债券、来自中央银行的资金和其他项目流出等。

(一)一般性存款流出

一般性存款流出包括零售存款和对公存款。

其中对公存款包括小企业存款、大中型企业存款和机构存款。小企业是指在商业银行的资金总额(并表口径)不超过800万元并被视同零售存款管理的非金融机构客户,如商业银行对该客户存在信用风险暴露,该客户还应当满足银行业监督管理机构资本监管规定中的微型和小型企业条件。

(二)同业业务流出

同业业务流出包括同业存款、30天内到期的同业拆入和卖出回购,以及30天内到期的发行同业存单等。

其中,同业存款根据目的不同区分为结算目的的同业存款和融资目的的同业存款。结算目的的同业存款指商业银行为其他金融机构提供结算服务所产生的存款;融资目的的同业存款指商业银行出于流动性管理等原因吸收的金融机构存款。

(三)发行债券流出

发行债券流出指商业银行发行的30天内到期的金融债券。

(四)来自中央银行的资金流出

来自中央银行的资金流出包括商业银行通过公开市场操作、常备借贷便利、中期借贷便利、再贷款等从中央银行融入的30天内到期的资金。

(五)其他项目流出

其他项目流出包括衍生产品净负债、不可无条件撤销的承诺和银行承兑汇票、保函和信用证、表外理财产品等。

四、确定现金流入

确定现金流入包括未来30天内到期的贷款、同业业务、投资债券和金融工具流入等。确定现金流入不可超过可能现金流出的75%。

(一)贷款流入

贷款流入包括30天内到期的零售、小企业、大中型企业和机构正常贷款,以及30天内到期的票据贴现。

(二)同业业务流入

同业业务流入包括30天内到期的可正常履约的存放同业、拆放同业、买入返售和投资同业存单等。其中,存放同业根据目的不同区分为结算目的存放同业和融资目的存放同业。结算目的存放同业指商业银行为使用其他金融机构所提供的结算服务而存放在其他金融机构的存款;融资目的存放同业指商业银行出于流动性管理等原因而存放在其他金融机构的存款。

(三)投资债券和金融工具流入

投资债券和金融工具流入包括30天内到期的可正常履约的债券投资、金融工具投资等流入。

优质流动性资产充足率项目表

项目	折算率
优质流动性资产	
1. 一级资产	100%
2. 二级资产	85%
可能现金流出	
1. 一般性存款	
零售存款与小企业存款	8%
大中型企业存款和机构存款	35%
2. 同业业务	
结算目的同业存款	25%
质押式和买断式卖出回购	5%

其他同业业务	100%
3. 发行债券	100%
4. 来自中央银行的资金	0%
5. 其他项目	
衍生产品净负债	100%
不可无条件撤销的承诺和银行承兑汇票	10%
保函和信用证	2.5%
表外理财产品	5%
其他	由银行业监督管理机构视情形确定
确定现金流入	
1. 贷款	50%
2. 同业业务	
结算目的存放同业	0%
买断式买入返售	0%
其他同业业务	100%
3. 投资债券	100%
4. 投资金融工具	由银行业监督管理机构视情形确定
5. 其他	由银行业监督管理机构视情形确定

附件 6

流动性风险监测指标计量标准

一、流动性缺口

（一）流动性缺口是指以合同到期日为基础，按特定方法测算未来各个时间段到期的表内外资产和负债，并将到期资产与到期负债相减获得的差额。

（二）计算公式

未来各个时间段的流动性缺口 = 未来各个时间段到期的表内外资产 − 未来各个时间段到期的表内外负债

（三）计算口径

未来各个时间段到期的表内外资产 = 未来各个时间段到期的表内资产 + 未来各个时间段到期的表外收入

未来各个时间段到期的表内外负债 = 未来各个时间段到期的表内负债 + 未来各个时间段到期的表外支出

在计算到期的表内负债时，活期存款中的稳定部分按规定方法进行审慎估算。

二、流动性缺口率

（一）流动性缺口率是指未来各个时间段的流动性缺口与相应时间段到期的表内外资产的比例。

（二）计算公式

流动性缺口率 = 未来各个时间段的流动性缺口/相应时间段到期的表内外资产 ×100%

（三）计算口径

相应时间段到期的表内外资产 = 相应时间段到期的表内资产 + 相应时间段到期的表外收入

三、核心负债比例

（一）核心负债比例是指中长期较为稳定的负债占总负债的比例。

（二）计算公式

核心负债比例 = 核心负债/总负债 ×100%

（三）计算口径

核心负债包括距离到期日三个月以上（含）的定期存款和发行债券，以及活期存款中的稳定部分。

总负债是资产负债表中负债总计的余额。

活期存款中的稳定部分按规定方法进行审慎估算。

四、同业融入比例

（一）同业融入比例是指商业银行从同业机构交易对手获得的资金占总负债的比例。

（二）计算公式

同业融入比例 =（同业拆放 + 同业存放 + 卖出回购 + 委托方同业代付 + 发行同业存单 - 结算性同业存款）/总负债 ×100%

五、最大十户存款比例

（一）最大十户存款比例是指前十大存款客户存款合计占各项存款的比例。

（二）计算公式

最大十户存款比例＝最大十家存款客户存款合计/各项存款×100%

六、最大十家同业融入比例

（一）最大十家同业融入比例是指商业银行从最大十家同业机构交易对手获得的资金占总负债的比例。

（二）计算公式

最大十家同业融入比例＝（来自于最大十家同业机构交易对手的同业拆放＋同业存放＋卖出回购＋委托方同业代付＋发行同业存单－结算性同业存款）/总负债×100%

七、超额备付金率

（一）超额备付金率是指商业银行的超额备付金与各项存款的比例。

（二）计算公式

超额备付金＝商业银行在中央银行的超额准备金存款＋库存现金

超额备付金率＝超额备付金/各项存款×100%

八、重要币种的流动性覆盖率

（一）重要币种的流动性覆盖率是指对某种重要币种单独计算的流动性覆盖率。

（二）计算公式

同流动性覆盖率。

九、存贷比

（一）存贷比是指商业银行调整后贷款余额与调整后存款余额的比例。

（二）计算公式

存贷比＝调整后贷款余额/调整后存款余额×100%

调整后贷款与调整后存款按规定方法计算。

附件7

外资银行流动性风险相关指标计量标准

一、外商独资银行、中外合资银行集团内跨境资金净流出比例

集团内跨境资金净流出比例为外商独资银行、中外合资银行与境外集团内机构交易的资产方净额与资本净额之比。

与境外集团内机构交易的资产方净额＝存放境外集团内机构＋拆放境外集团内机构＋与境外集团内机构交易形成的其他资产余额－境外集团内机构存放－境外集团内机构拆放－与境外集团内机构交易形成的其他负债余额。

二、外国银行分行跨境资金净流出比例

跨境资金净流出比例为外国银行分行与境外机构交易的资产方净额与营运资金净额之比。

外国银行分行与境外机构交易的资产方净额 = 存放境外联行、附属机构及同业 + 拆放境外联行、附属机构及同业 + 与境外联行、附属机构及同业交易形成的其他资产余额 − 境外联行、附属机构及同业存放 − 境外联行、附属机构及同业拆放 − 与境外联行、附属机构及同业交易形成的其他负债余额。

营运资金净额 = 营运资金余额 + 未分配利润 − 贷款损失准备尚未提足的部分。

海关总署关于废止部分规章的决定

（2018 年 5 月 29 日海关总署第 241 号令公布　自公布之日起生效　国法备字［2018000888］）

根据国务院进一步深化“放管服”改革的决策部署，为进一步简化海关手续，减轻企业负担，降低制度性交易成本，现决定废止 1991 年 3 月 6 日以海关总署令第 16 号公布的《海关对出口退税报关单管理办法》和 2000 年 5 月 31 日以国家出入境检验检疫局令第 23 号公布的《出入境检验检疫标志管理办法》。

本决定自公布之日起生效。

关于修改《首次公开发行股票并上市管理办法》的决定

（2018 年 6 月 6 日中国证券监督管理委员会令第 141 号公布　自 2018 年 6 月 6 日起施行　国法备字［2018000886］）

第二十六条增加一款，作为第二款：中国证监会根据《关于开展创新企业境内发行股票或存托凭证试点的若干意见》等规定认定的试点企业（以下简称试点企业），可不适用前款第（一）项、第（五）项规定。

第四十九条修改为：“发行人股票发行前只需在一种中国证监会指定报刊刊登提示性公告，告知投资者网上刊登的地址。同时将招股说明书全文和摘要刊登于中国证监会指定的网站并将招股说明书全文置于发行人住所、拟上市证券交易所、保荐人、主承销商和其他承销机构的住所，以备公众查阅。”

增加一条，作为第五十六条：“发行人公开发行证券上市当年即亏损的，中国证监会自确认之日起暂停保荐机构的保荐机构资格 3 个月，撤销相关人员的保荐代表人资格，尚未盈利的试点企业除外。”

本决定自 2018 年 6 月 6 日起施行。

《首次公开发行股票并上市管理办法》根据本决定作相应修改，重新公布。

首次公开发行股票并上市管理办法

（2006 年 5 月 17 日中国证券监督管理委员会第 180 次主席办公会议审议通过　根据 2015 年 12 月 30 日中国证券监督管理委员会《关于修改〈首次公开发行股票并上市管理办法〉的决定》第一次修正　根据 2018 年 6 月 6 日中国证券监督管理委员会《关于修改〈首次公开发行股票并上市管理办法〉的决定》第二次修正）

第一章　总　　则

第一条　为了规范首次公开发行股票并上市的行为，保护投资者的合法权益和社会公共利益，根据《证券法》《公司法》，制定本办法。

第二条　在中华人民共和国境内首次公开发行股票并上市，适用本办法。

境内公司股票以外币认购和交易的，不适用本办法。

第三条　首次公开发行股票并上市，应当符合《证券法》《公司法》和本办法规定的发行条件。

第四条　发行人依法披露的信息，必须真实、准确、完整，不得有虚假记载、误导性陈述或者重大遗漏。

第五条　保荐人及其保荐代表人应当遵循勤勉尽责、诚实守信的原则，认真履行审慎核查和辅导义务，并对其所出具的发行保荐书的真实性、准确性、完整性负责。

第六条　为证券发行出具有关文件的证券服务机构和人员，应当按照本行业公认的业务标准和道德规范，严格履行法定职责，并对其所出具文件的真实性、准确性和完整性负责。

第七条　中国证券监督管理委员会（以下简称中国证监会）对发行人首次公开发行股票的核准，不表明其对该股票的投资价值或者投资者的收益作出实质性判断或者保证。股票依法发行后，因发行人经营与收益的变化引致的投资风险，由投资者自行负责。

第二章 发行条件

第一节 主体资格

第八条 发行人应当是依法设立且合法存续的股份有限公司。

经国务院批准，有限责任公司在依法变更为股份有限公司时，可以采取募集设立方式公开发行股票。

第九条 发行人自股份有限公司成立后，持续经营时间应当在 3 年以上，但经国务院批准的除外。

有限责任公司按原账面净资产值折股整体变更为股份有限公司的，持续经营时间可以从有限责任公司成立之日起计算。

第十条 发行人的注册资本已足额缴纳，发起人或者股东用作出资的资产的财产权转移手续已办理完毕，发行人的主要资产不存在重大权属纠纷。

第十一条 发行人的生产经营符合法律、行政法规和公司章程的规定，符合国家产业政策。

第十二条 发行人最近 3 年内主营业务和董事、高级管理人员没有发生重大变化，实际控制人没有发生变更。

第十三条 发行人的股权清晰，控股股东和受控股股东、实际控制人支配的股东持有的发行人股份不存在重大权属纠纷。

第二节 规范运行

第十四条 发行人已经依法建立健全股东大会、董事会、监事会、独立董事、董事会秘书制度，相关机构和人员能够依法履行职责。

第十五条 发行人的董事、监事和高级管理人员已经了解与股票发行上市有关的法律法规，知悉上市公司及其董事、监事和高级管理人员的法定义务和责任。

第十六条 发行人的董事、监事和高级管理人员符合法律、行政法规和规章规定的任职资格，且不得有下列情形：

（一）被中国证监会采取证券市场禁入措施尚在禁入期的；

（二）最近 36 个月内受到中国证监会行政处罚，或者最近 12 个月内受到证券交易所公开谴责；

（三）因涉嫌犯罪被司法机关立案侦查或者涉嫌违法违规被中国证监会立案调查，尚未有明确结论意见。

第十七条 发行人的内部控制制度健全且被有效执行，能够合理保证财务报告的可靠性、生产经营的合法性、营运的效率与效果。

第十八条 发行人不得有下列情形：

（一）最近36个月内未经法定机关核准，擅自公开或者变相公开发行过证券；或者有关违法行为虽然发生在36个月前，但目前仍处于持续状态；

（二）最近36个月内违反工商、税收、土地、环保、海关以及其他法律、行政法规，受到行政处罚，且情节严重；

（三）最近36个月内曾向中国证监会提出发行申请，但报送的发行申请文件有虚假记载、误导性陈述或重大遗漏；或者不符合发行条件以欺骗手段骗取发行核准；或者以不正当手段干扰中国证监会及其发行审核委员会审核工作；或者伪造、变造发行人或其董事、监事、高级管理人员的签字、盖章；

（四）本次报送的发行申请文件有虚假记载、误导性陈述或者重大遗漏；

（五）涉嫌犯罪被司法机关立案侦查，尚未有明确结论意见；

（六）严重损害投资者合法权益和社会公共利益的其他情形。

第十九条 发行人的公司章程中已明确对外担保的审批权限和审议程序，不存在为控股股东、实际控制人及其控制的其他企业进行违规担保的情形。

第二十条 发行人有严格的资金管理制度，不得有资金被控股股东、实际控制人及其控制的其他企业以借款、代偿债务、代垫款项或者其他方式占用的情形。

第三节 财务与会计

第二十一条 发行人资产质量良好，资产负债结构合理，盈利能力较强，现金流量正常。

第二十二条 发行人的内部控制在所有重大方面是有效的，并由注册会计师出具了无保留结论的内部控制鉴证报告。

第二十三条 发行人会计基础工作规范，财务报表的编制符合企业会计准则和相关会计制度的规定，在所有重大方面公允地反映了发行人的财务状况、经营成果和现金流量，并由注册会计师出具了无保留意见的审计报告。

第二十四条 发行人编制财务报表应以实际发生的交易或者事项为依据；在进行会计确认、计量和报告时应当保持应有的谨慎；对相同或者相似的经济业务，应选用一致的会计政策，不得随意变更。

第二十五条 发行人应完整披露关联方关系并按重要性原则恰当披露关联交易。关联交易价格公允，不存在通过关联交易操纵利润的情形。

第二十六条 发行人应当符合下列条件:

(一)最近3个会计年度净利润均为正数且累计超过人民币3000万元,净利润以扣除非经常性损益前后较低者为计算依据;

(二)最近3个会计年度经营活动产生的现金流量净额累计超过人民币5000万元;或者最近3个会计年度营业收入累计超过人民币3亿元;

(三)发行前股本总额不少于人民币3000万元;

(四)最近一期末无形资产(扣除土地使用权、水面养殖权和采矿权等后)占净资产的比例不高于20%;

(五)最近一期末不存在未弥补亏损。

中国证监会根据《关于开展创新企业境内发行股票或存托凭证试点的若干意见》等规定认定的试点企业(以下简称试点企业),可不适用前款第(一)项、第(五)项规定。

第二十七条 发行人依法纳税,各项税收优惠符合相关法律法规的规定。发行人的经营成果对税收优惠不存在严重依赖。

第二十八条 发行人不存在重大偿债风险,不存在影响持续经营的担保、诉讼以及仲裁等重大或有关事项。

第二十九条 发行人申报文件中不得有下列情形:

(一)故意遗漏或虚构交易、事项或者其他重要信息;

(二)滥用会计政策或者会计估计;

(三)操纵、伪造或篡改编制财务报表所依据的会计记录或者相关凭证。

第三十条 发行人不得有下列影响持续盈利能力的情形:

(一)发行人的经营模式、产品或服务的品种结构已经或者将发生重大变化,并对发行人的持续盈利能力构成重大不利影响;

(二)发行人的行业地位或发行人所处行业的经营环境已经或者将发生重大变化,并对发行人的持续盈利能力构成重大不利影响;

(三)发行人最近1个会计年度的营业收入或净利润对关联方或者存在重大不确定性的客户存在重大依赖;

(四)发行人最近1个会计年度的净利润主要来自合并财务报表范围以外的投资收益;

(五)发行人在用的商标、专利、专有技术以及特许经营权等重要资产或技术的取得或者使用存在重大不利变化的风险;

(六)其他可能对发行人持续盈利能力构成重大不利影响的情形。

第三章 发行程序

第三十一条 发行人董事会应当依法就本次股票发行的具体方案、本次募集资金使用的可行性及其他必须明确的事项作出决议,并提请股东大会批准。

第三十二条 发行人股东大会就本次发行股票作出的决议,至少应当包括下列事项:

(一)本次发行股票的种类和数量;

(二)发行对象;

(三)价格区间或者定价方式;

(四)募集资金用途;

(五)发行前滚存利润的分配方案;

(六)决议的有效期;

(七)对董事会办理本次发行具体事宜的授权;

(八)其他必须明确的事项。

第三十三条 发行人应当按照中国证监会的有关规定制作申请文件,由保荐人保荐并向中国证监会申报。

特定行业的发行人应当提供管理部门的相关意见。

第三十四条 中国证监会收到申请文件后,在5个工作日内作出是否受理的决定。

第三十五条 中国证监会受理申请文件后,由相关职能部门对发行人的申请文件进行初审,并由发行审核委员会审核。

第三十六条 中国证监会在初审过程中,将征求发行人注册地省级人民政府是否同意发行人发行股票的意见。

第三十七条 中国证监会依照法定条件对发行人的发行申请作出予以核准或者不予核准的决定,并出具相关文件。

自中国证监会核准发行之日起,发行人应在6个月内发行股票;超过6个月未发行的,核准文件失效,须重新经中国证监会核准后方可发行。

第三十八条 发行申请核准后、股票发行结束前,发行人发生重大事项的,应当暂缓或者暂停发行,并及时报告中国证监会,同时履行信息披露义务。影响发行条件的,应当重新履行核准程序。

第三十九条 股票发行申请未获核准的,自中国证监会作出不予核准决定之日起6个月后,发行人可再次提出股票发行申请。

第四章 信息披露

第四十条 发行人应当按照中国证监会的有关规定编制和披露招股说明书。

第四十一条 招股说明书内容与格式准则是信息披露的最低要求。不论准则是否有明确规定,凡是对投资者作出投资决策有重大影响的信息,均应当予以披露。

第四十二条 发行人应当在招股说明书中披露已达到发行监管对公司独立性的基本要求。

第四十三条 发行人及其全体董事、监事和高级管理人员应当在招股说明书上签字、盖章,保证招股说明书的内容真实、准确、完整。保荐人及其保荐代表人应当对招股说明书的真实性、准确性、完整性进行核查,并在核查意见上签字、盖章。

第四十四条 招股说明书中引用的财务报表在其最近一期截止日后 6 个月内有效。特别情况下发行人可申请适当延长,但至多不超过 1 个月。财务报表应当以年度末、半年度末或者季度末为截止日。

第四十五条 招股说明书的有效期为 6 个月,自中国证监会核准发行申请前招股说明书最后一次签署之日起计算。

第四十六条 申请文件受理后、发行审核委员会审核前,发行人应当将招股说明书(申报稿)在中国证监会网站(www. csrc. gov. cn)预先披露。发行人可以将招股说明书(申报稿)刊登于其企业网站,但披露内容应当完全一致,且不得早于在中国证监会网站的披露时间。

第四十七条 发行人及其全体董事、监事和高级管理人员应当保证预先披露的招股说明书(申报稿)的内容真实、准确、完整。

第四十八条 预先披露的招股说明书(申报稿)不是发行人发行股票的正式文件,不能含有价格信息,发行人不得据此发行股票。

发行人应当在预先披露的招股说明书(申报稿)的显要位置声明:“本公司的发行申请尚未得到中国证监会核准。本招股说明书(申报稿)不具有据以发行股票的法律效力,仅供预先披露之用。投资者应当以正式公告的招股说明书全文作为作出投资决定的依据。”

第四十九条 发行人股票发行前只需在一种中国证监会指定报刊刊登提示性公告,告知投资者网上刊登的地址。同时将招股说明书全文和摘要刊登于中国证监会指定的网站并将招股说明书全文置于发行人住所、拟上市证券交易所、保荐人、主承销商和其他承销机构的住所,以备公众查阅。

第五十条 保荐人出具的发行保荐书、证券服务机构出具的有关文件应当作为招股说明书的备查文件，在中国证监会指定的网站上披露，并置备于发行人住所、拟上市证券交易所、保荐人、主承销商和其他承销机构的住所，以备公众查阅。

第五十一条 发行人可以将招股说明书摘要、招股说明书全文、有关备查文件刊登于其他报刊和网站，但披露内容应当完全一致，且不得早于在中国证监会指定报刊和网站的披露时间。

第五章 监管和处罚

第五十二条 发行人向中国证监会报送的发行申请文件有虚假记载、误导性陈述或者重大遗漏的，发行人不符合发行条件以欺骗手段骗取发行核准的，发行人以不正当手段干扰中国证监会及其发行审核委员会审核工作的，发行人或其董事、监事、高级管理人员的签字、盖章系伪造或者变造的，除依照《证券法》的有关规定处罚外，中国证监会将采取终止审核并在36个月内不受理发行人的股票发行申请的监管措施。

第五十三条 保荐人出具有虚假记载、误导性陈述或者重大遗漏的发行保荐书，保荐人以不正当手段干扰中国证监会及其发行审核委员会审核工作的，保荐人或其相关签字人员的签字、盖章系伪造或变造的，或者不履行其他法定职责的，依照《证券法》和保荐制度的有关规定处理。

第五十四条 证券服务机构未勤勉尽责，所制作、出具的文件有虚假记载、误导性陈述或者重大遗漏的，除依照《证券法》及其他相关法律、行政法规和规章的规定处罚外，中国证监会将采取12个月内不接受相关机构出具的证券发行专项文件，36个月内不接受相关签字人员出具的证券发行专项文件的监管措施。

第五十五条 发行人、保荐人或证券服务机构制作或者出具的文件不符合要求，擅自改动已提交的文件，或者拒绝答复中国证监会审核中提出的相关问题的，中国证监会将视情节轻重，对相关机构和责任人员采取监管谈话、责令改正等监管措施，记入诚信档案并公布；情节特别严重的，给予警告。

第五十六条 发行人公开发行证券上市当年即亏损的，中国证监会自确认之日起暂停保荐机构的保荐机构资格3个月，撤销相关人员的保荐代表人资格，尚未盈利的试点企业除外。

第五十七条 发行人披露盈利预测的，利润实现数如未达到盈利预测的80%，除因不可抗力外，其法定代表人、盈利预测审核报告签字注册会计师应当在股东大会及中国证监会指定报刊上公开作出解释并道歉;中国证监会可以对法定代表人处以警告。

利润实现数未达到盈利预测的50%的,除因不可抗力外,中国证监会在36个月内不受理该公司的公开发行证券申请。

第六章　附　　则

第五十八条　在中华人民共和国境内,首次公开发行股票且不上市的管理办法,由中国证监会另行规定。

第五十九条　本办法自2006年5月18日起施行。《关于股票发行工作若干规定的通知》(证监〔1996〕12号)、《关于做好1997年股票发行工作的通知》(证监〔1997〕13号)、《关于股票发行工作若干问题的补充通知》(证监〔1998〕8号)、《关于对拟发行上市企业改制情况进行调查的通知》(证监发字〔1998〕259号)、《关于对拟公开发行股票公司改制运行情况进行调查的通知》(证监发〔1999〕4号)、《关于拟发行股票公司聘请审计机构等问题的通知》(证监发行字〔2000〕131号)和《关于进一步规范股票首次发行上市有关工作的通知》(证监发行字〔2003〕116号)同时废止。

关于修改《首次公开发行股票并在创业板上市管理办法》的决定

(2018年6月6日中国证券监督管理委员会令第142号公布
自2018年6月6日起施行　国法备字[2018000887])

第十一条增加一款,作为第二款:中国证监会根据《关于开展创新企业境内发行股票或存托凭证试点的若干意见》等规定认定的试点企业(以下简称试点企业),可不适用前款第(二)项规定和第(三)项"不存在未弥补亏损"的规定。

增加一条,作为第五十五条:"发行人公开发行证券上市当年即亏损的,中国证监会自确认之日起暂停保荐机构的保荐机构资格3个月,撤销相关人员的保荐代表人资格,尚未盈利的试点企业除外。"

本决定自2018年6月6日起施行。

《首次公开发行股票并在创业板上市管理办法》根据本决定作相应修改,重新公布。

首次公开发行股票并在创业板上市管理办法

（2014年2月11日中国证券监督管理委员会第26次主席办公会议审议通过　根据2015年12月30日中国证券监督管理委员会《关于修改〈首次公开发行股票并在创业板上市管理办法〉的决定》第一次修正　根据2018年6月6日中国证券监督管理委员会《关于修改〈首次公开发行股票并在创业板上市管理办法〉的决定》第二次修正）

第一章　总　则

第一条　为了规范首次公开发行股票并在创业板上市的行为，促进自主创新企业及其他成长型创业企业的发展，保护投资者的合法权益，维护社会公共利益，根据《证券法》《公司法》，制定本办法。

第二条　在中华人民共和国境内首次公开发行股票并在创业板上市，适用本办法。

第三条　发行人申请首次公开发行股票并在创业板上市，应当符合《证券法》《公司法》和本办法规定的发行条件。

第四条　发行人依法披露的信息，必须真实、准确、完整、及时，不得有虚假记载、误导性陈述或者重大遗漏。

发行人作为信息披露第一责任人，应当及时向保荐人、证券服务机构提供真实、准确、完整的财务会计资料和其他资料，全面配合保荐人、证券服务机构开展尽职调查。

第五条　发行人的控股股东、实际控制人、董事、监事、高级管理人员等责任主体应当诚实守信，全面履行公开承诺事项，不得在发行上市中损害投资者的合法权益。

第六条　保荐人及其保荐代表人应当严格履行法定职责，遵守业务规则和行业规范，对发行人的申请文件和信息披露资料进行审慎核查，督导发行人规范运行，对证券服务机构出具的专业意见进行核查，对发行人是否具备持续盈利能力、是否符合法定发行条件作出专业判断，并确保发行人的申请文件和招股说明书等信息披露资料真实、准确、完整、及时。

第七条　为股票发行出具文件的证券服务机构和人员，应当严格履行法定职责，遵守本行业的业务标准和执业规范，对发行人的相关业务资料进行核查验证，确保所出具的相关专业文件真实、准确、完整、及时。

第八条 中国证券监督管理委员会(以下简称中国证监会)依法对发行人申请文件的合法合规性进行审核,依法核准发行人的首次公开发行股票申请,并对发行人股票发行进行监督管理。

证券交易所依法制定业务规则,创造公开、公平、公正的市场环境,保障创业板市场的正常运行。

第九条 中国证监会依据发行人提供的申请文件核准发行人

首次公开发行股票申请,不对发行人的盈利能力、投资价值或者投资者的收益作出实质性判断或者保证。

投资者自主判断发行人的投资价值,自主作出投资决策,自行承担股票依法发行后因发行人经营与收益变化或者股票价格变动引致的投资风险。

第十条 创业板市场应当建立健全与投资者风险承受能力相适应的投资者准入制度,向投资者充分提示投资风险,注重投资者需求,切实保护投资者特别是中小投资者的合法权益。

第二章 发行条件

第十一条 发行人申请首次公开发行股票应当符合下列条件:

(一)发行人是依法设立且持续经营三年以上的股份有限公司。有限责任公司按原账面净资产值折股整体变更为股份有限公司的,持续经营时间可以从有限责任公司成立之日起计算;

(二)最近两年连续盈利,最近两年净利润累计不少于一千万元;或者最近一年盈利,最近一年营业收入不少于五千万元。净利润以扣除非经常性损益前后孰低者为计算依据;

(三)最近一期末净资产不少于二千万元,且不存在未弥补亏损;

(四)发行后股本总额不少于三千万元。

中国证监会根据《关于开展创新企业境内发行股票或存托凭证试点的若干意见》等规定认定的试点企业(以下简称试点企业),可不适用前款第(二)项规定和第(三)项"不存在未弥补亏损"的规定。

第十二条 发行人的注册资本已足额缴纳,发起人或者股东用作出资的资产的财产权转移手续已办理完毕。发行人的主要资产不存在重大权属纠纷。

第十三条 发行人应当主要经营一种业务,其生产经营活动符合法律、行政法规和公司章程的规定,符合国家产业政策及环境保护政策。

第十四条 发行人最近两年内主营业务和董事、高级管理人员均没有发生重大变化，实际控制人没有发生变更。

第十五条 发行人的股权清晰，控股股东和受控股股东、实际控制人支配的股东所持发行人的股份不存在重大权属纠纷。

第十六条 发行人具有完善的公司治理结构，依法建立健全股东大会、董事会、监事会以及独立董事、董事会秘书、审计委员会制度，相关机构和人员能够依法履行职责。

发行人应当建立健全股东投票计票制度，建立发行人与股东之间的多元化纠纷解决机制，切实保障投资者依法行使收益权、知情权、参与权、监督权、求偿权等股东权利。

第十七条 发行人会计基础工作规范，财务报表的编制和披露符合企业会计准则和相关信息披露规则的规定，在所有重大方面公允地反映了发行人的财务状况、经营成果和现金流量，并由注册会计师出具无保留意见的审计报告。

第十八条 发行人内部控制制度健全且被有效执行，能够合理保证公司运行效率、合法合规和财务报告的可靠性，并由注册会计师出具无保留结论的内部控制鉴证报告。

第十九条 发行人的董事、监事和高级管理人员应当忠实、勤勉，具备法律、行政法规和规章规定的资格，且不存在下列情形：

（一）被中国证监会采取证券市场禁入措施尚在禁入期的；

（二）最近三年内受到中国证监会行政处罚，或者最近一年内受到证券交易所公开谴责的；

（三）因涉嫌犯罪被司法机关立案侦查或者涉嫌违法违规被中国证监会立案调查，尚未有明确结论意见的。

第二十条 发行人及其控股股东、实际控制人最近三年内不存在损害投资者合法权益和社会公共利益的重大违法行为。

发行人及其控股股东、实际控制人最近三年内不存在未经法定机关核准，擅自公开或者变相公开发行证券，或者有关违法行为虽然发生在三年前，但目前仍处于持续状态的情形。

第三章 发行程序

第二十一条 发行人董事会应当依法就本次发行股票的具体方案、本次募集资金使用的可行性及其他必须明确的事项作出决议，并提请股东大会批准。

本次发行股票时发行人股东公开发售股份的，发行人董事会还应当依法合理制定股东公开发售股份的具体方案并提请股东大会批准。

第二十二条 发行人股东大会应当就本次发行股票作出决议，决议至少应当包括下列事项：

（一）股票的种类和数量；

（二）发行对象；

（三）发行方式；

（四）价格区间或者定价方式；

（五）募集资金用途；

（六）发行前滚存利润的分配方案；

（七）决议的有效期；

（八）对董事会办理本次发行具体事宜的授权；

（九）其他必须明确的事项。

第二十三条 发行人应当按照中国证监会有关规定制作申请文件，由保荐人保荐并向中国证监会申报。

第二十四条 保荐人保荐发行人发行股票并在创业板上市，应当对发行人的成长性进行尽职调查和审慎判断并出具专项意见。发行人为自主创新企业的，还应当在专项意见中说明发行人的自主创新能力，并分析其对成长性的影响。

第二十五条 中国证监会收到申请文件后，在五个工作日内作出是否受理的决定。

第二十六条 中国证监会受理申请文件后，由相关职能部门对发行人的申请文件进行初审，由创业板发行审核委员会审核，并建立健全对保荐人、证券服务机构工作底稿的检查制度。

第二十七条 中国证监会自申请文件受理之日起三个月内，依法对发行人的发行申请作出予以核准、中止审核、终止审核、不予核准的决定，并出具相关文件。发行人根据要求补充、修改发行申请文件的时间不计算在内。

发行人应当自中国证监会核准之日起十二个月内发行股票，发行时点由发行人自主选择；超过十二个月未发行的，核准文件失效，须重新经中国证监会核准后方可发行。

第二十八条 发行申请核准后至股票发行结束前，发行人应当及时更新信息披露文件内容，财务报表过期的，发行人还应当补充财务会计报告等文件；保荐人及证券服务机构应当持续履行尽职调查职责；其间发生重大事项的，发行人应当暂缓或者暂停发行，并及时报告中国证监会，同时履行信息披露义务;出现不符合发行条件事项的,中国证监会撤回核准决定。

第二十九条 股票发行申请未获核准的,发行人可自中国证监会作出不予核准决定之日起六个月后再次提出股票发行申请。

第四章 信息披露

第三十条 发行人应当以投资者的决策需要为导向,按照中国证监会的有关规定编制和披露招股说明书,内容简明易懂,语言浅白平实,便于中小投资者阅读。

第三十一条 中国证监会制定的创业板招股说明书内容与格式准则是信息披露的最低要求。不论准则是否有明确规定,凡是对投资者作出投资决策有重大影响的信息,均应当予以披露。

第三十二条 发行人应当在招股说明书显要位置作如下提示:“本次股票发行后拟在创业板市场上市,该市场具有较高的投资风险。创业板公司具有业绩不稳定、经营风险高、退市风险大等特点,投资者面临较大的市场风险。投资者应充分了解创业板市场的投资风险及本公司所披露的风险因素,审慎作出投资决定。”

第三十三条 发行人应当在招股说明书中分析并完整披露对其持续盈利能力产生重大不利影响的所有因素,充分揭示相关风险,并披露保荐人对发行人是否具备持续盈利能力的核查结论意见。

第三十四条 发行人应当在招股说明书中披露已达到发行监管对公司独立性的基本要求。

第三十五条 发行人应当在招股说明书中披露相关责任主体以及保荐人、证券服务机构及相关人员作出的承诺事项、承诺履行情况以及对未能履行承诺采取的约束措施,包括但不限于:

(一)本次发行前股东所持股份的限售安排、自愿锁定股份、延长锁定期限或者相关股东减持意向的承诺;

(二)稳定股价预案;

(三)依法承担赔偿或者补偿责任的承诺;

(四)填补被摊薄即期回报的措施及承诺;

(五)利润分配政策(包括现金分红政策)的安排及承诺。

第三十六条 发行人及其全体董事、监事和高级管理人员应当在招股说明书上签名、盖章,保证招股说明书内容真实、准确、完整、及时。保荐人及其保荐代表人应当对招股说明书的真实性、准确性、完整性、及时性进行核查,并在核查意见上签名、盖章。

发行人的控股股东、实际控制人应当对招股说明书出具确认意见，并签名、盖章。

第三十七条 招股说明书引用的财务报表在其最近一期截止日后六个月内有效。特别情况下发行人可申请适当延长，但至多不超过一个月。财务报表应当以年度末、半年度末或者季度末为截止日。

第三十八条 招股说明书的有效期为六个月，自公开发行前招股说明书最后一次签署之日起计算。

第三十九条 发行人申请文件受理后，应当及时在中国证监会网站预先披露招股说明书（申报稿）。发行人可在公司网站刊登招股说明书（申报稿），所披露的内容应当一致，且不得早于在中国证监会网站披露的时间。

第四十条 发行人及保荐人应当对预先披露的招股说明书（申报稿）负责，一经申报及预披露，不得随意更改，并确保不存在故意隐瞒及重大差错。

第四十一条 预先披露的招股说明书（申报稿）不能含有股票发行价格信息。

发行人应当在预先披露的招股说明书（申报稿）的显要位置作如下声明："本公司的发行申请尚未得到中国证监会核准。本招股说明书（申报稿）不具有据以发行股票的法律效力，仅供预先披露之用。投资者应当以正式公告的招股说明书作为投资决定的依据。"

第四十二条 发行人及其全体董事、监事和高级管理人员应当保证预先披露的招股说明书（申报稿）的内容真实、准确、完整、及时。

第四十三条 发行人股票发行前应当在中国证监会指定网站全文刊登招股说明书，同时在中国证监会指定报刊刊登提示性公告，告知投资者网上刊登的地址及获取文件的途径。

发行人应当将招股说明书披露于公司网站，时间不得早于前款规定的刊登时间。

第四十四条 保荐人出具的发行保荐书、证券服务机构出具的文件及其他与发行有关的重要文件应当作为招股说明书备查文件，在中国证监会指定网站和公司网站披露。

第四十五条 发行人应当将招股说明书及备查文件置备于发行人、拟上市证券交易所、保荐人、主承销商和其他承销机构的住所，以备公众查阅。

第四十六条 申请文件受理后至发行人发行申请经中国证监会核准、依法刊登招股说明书前，发行人及与本次发行有关的当事人不得以广告、说明会等方式为公开发行股票进行宣传。

第五章 监督管理和法律责任

第四十七条 证券交易所应当建立适合创业板特点的上市、交易、退市等制度,加强对相关当事人履行公开承诺行为的监督和约束,督促保荐人履行持续督导义务,对违反有关法律、法规、交易所业务规则以及不履行承诺的行为,及时采取相应的监管措施。

第四十八条 证券交易所应当建立适合创业板特点的市场风险警示及投资者持续教育的制度,督促发行人建立健全保护投资者合法权益的制度以及防范和纠正违法违规行为的内部控制体系。

第四十九条 自申请文件受理之日起,发行人及其控股股东、实际控制人、董事、监事、高级管理人员以及保荐人、证券服务机构及相关人员即对发行申请文件的真实性、准确性、完整性、及时性承担相应的法律责任。

发行人的发行申请文件和信息披露文件存在自相矛盾或者同一事实表述不一致且有实质性差异的,中国证监会将中止审核并自确认之日起十二个月内不受理相关保荐代表人推荐的发行申请。

第五十条 发行人向中国证监会报送的发行申请文件有虚假记载、误导性陈述或者重大遗漏的,中国证监会将终止审核并自确认之日起三十六个月内不受理发行人的发行申请,并依照《证券法》的有关规定进行处罚;致使投资者在证券交易中遭受损失的,发行人及其控股股东、实际控制人、董事、监事、高级管理人员以及保荐人、证券服务机构应当依法承担赔偿责任。

第五十一条 发行人不符合发行条件以欺骗手段骗取发行核准的,发行人以不正当手段干扰中国证监会及其发行审核委员会审核工作的,发行人或其董事、监事、高级管理人员、控股股东、实际控制人的签名、盖章系伪造或者变造的,发行人及与本次发行有关的当事人违反本办法规定为公开发行股票进行宣传的,中国证监会将终止审核并自确认之日起三十六个月内不受理发行人的发行申请,并依照《证券法》的有关规定进行处罚。

第五十二条 保荐人出具有虚假记载、误导性陈述或者重大遗漏的发行保荐书的,保荐人以不正当手段干扰中国证监会及其发行审核委员会审核工作的,保荐人或其相关签名人员的签名、盖章系伪造或变造的,或者不履行其他法定职责的,依照《证券法》和保荐制度的有关规定处理。

第五十三条 证券服务机构未勤勉尽责,所制作、出具的文件有虚假记载、误导性陈述或者重大遗漏的,中国证监会将自确认之日起十二个月内不接受相关机构出具的证券发行专项文件,三十六个月内不接受相关签名人员出具的证券发行专项文件，并依照《证券法》及其他相关法律、行政法规和规章的规定进行处罚；给他人造成损失的，应当依法承担赔偿责任。

第五十四条 发行人、保荐人或证券服务机构制作或者出具文件不符合要求，擅自改动招股说明书或者其他已提交文件的，或者拒绝答复中国证监会审核提出的相关问题的，中国证监会将视情节轻重，对相关机构和责任人员采取监管谈话、责令改正等监管措施，记入诚信档案并公布；情节严重的，给予警告等行政处罚。

第五十五条 发行人公开发行证券上市当年即亏损的，中国证监会自确认之日起暂停保荐机构的保荐机构资格 3 个月，撤销相关人员的保荐代表人资格，尚未盈利的试点企业除外。

第五十六条 发行人披露盈利预测，利润实现数如未达到盈利预测的百分之八十的，除因不可抗力外，其法定代表人、财务负责人应当在股东大会及中国证监会指定网站、报刊上公开作出解释并道歉；情节严重的，中国证监会给予警告等行政处罚。

利润实现数未达到盈利预测的百分之五十的，除因不可抗力外，中国证监会还可以自确认之日起三十六个月内不受理该公司的公开发行证券申请。

注册会计师为上述盈利预测出具审核报告的过程中未勤勉尽责的，中国证监会将视情节轻重，对相关机构和责任人员采取监管谈话等监管措施，记入诚信档案并公布；情节严重的，给予警告等行政处罚。

第六章　附　　则

第五十七条 本办法自 2014 年 5 月 14 日起施行。《首次公开发行股票并在创业板上市管理暂行办法》（证监会令第 61 号）、《关于进一步做好创业板推荐工作的指引》（证监会公告〔2010〕8 号）同时废止。

司法解释

最高人民法院印发《关于加强和规范裁判文书释法说理的指导意见》的通知

（2018 年 6 月 1 日　法发〔2018〕10 号）

各省、自治区、直辖市高级人民法院，解放军军事法院，新疆维吾尔自治区高级人民法院生产建设兵团分院：

现将《最高人民法院关于加强和规范裁判文书释法说理的指导意见》印发给你们，请遵照执行。

最高人民法院关于加强和规范裁判文书释法说理的指导意见

为进一步加强和规范人民法院裁判文书释法说理工作，提高释法说理水平和裁判文书质量，结合审判工作实际，提出如下指导意见。

一、裁判文书释法说理的目的是通过阐明裁判结论的形成过程和正当性理由，提高裁判的可接受性，实现法律效果和社会效果的有机统一；其主要价值体现在增强裁判行为公正度、透明度，规范审判权行使，提升司法公信力和司法权威，发挥裁判的定分止争和价值引领作用，弘扬社会主义核心价值观，努力让人民群众在每一个司法案件中感受到公平正义，切实维护诉讼当事人合法权益，促进社会和谐稳定。

二、裁判文书释法说理，要阐明事理，说明裁判所认定的案件事实及其根据和理由，展示案件事实认定的客观性、公正性和准确性；要释明法理，说明裁判所依据的法律规范以及适用法律规范的理由；要讲明情理，体现法理情相协调，符合社会主流价值观；要讲究文理，语言规范，表达准确，逻辑清晰，合理运用说理技巧，增强说理效果。

三、裁判文书释法说理，要立场正确、内容合法、程序正当，符合社会主义核心价值观的精神和要求；要围绕证据审查判断、事实认定、法律适用进行说理，反映推理过程，做到层次分明；要针对诉讼主张和诉讼争点、结合庭审情况进行说理，做到有的放矢；要根据案件社会影响、审判程序、诉讼阶段等不同情况进行繁简适度的说理，简案略说，繁案精说，力求恰到好处。

四、裁判文书中对证据的认定，应当结合诉讼各方举证质证以及法庭调查核实证据等情况，根据证据规则，运用逻辑推理和经验法则，必要时使用推定和司法认知等方法，围绕证据的关联性、合法性和真实性进行全面、客观、公正的审查判断，阐明证据采纳和采信的理由。

五、刑事被告人及其辩护人提出排除非法证据申请的，裁判文书应当说明是否对证据收集的合法性进行调查、证据是否排除及其理由。民事、行政案件涉及举证责任分配或者证明标准争议的，裁判文书应当说明理由。

六、裁判文书应当结合庭审举证、质证、法庭辩论以及法庭调查核实证据等情况，重点针对裁判认定的事实或者事实争点进行释法说理。依据间接证据认定事实时，应当围绕间接证据之间是否存在印证关系、是否能够形成完整的证明体系等进行说理。采用推定方法认定事实时，应当说明推定启动的原因、反驳的事实和理由，阐释裁断的形成过程。

七、诉讼各方对案件法律适用无争议且法律含义不需要阐明的，裁判文书应当集中围绕裁判内容和尺度进行释法说理。诉讼各方对案件法律适用存有争议或者法律含义需要阐明的，法官应当逐项回应法律争议焦点并说明理由。法律适用存在法律规范竞合或者冲突的，裁判文书应当说明选择的理由。民事案件没有明确的法律规定作为裁判直接依据的，法官应当首先寻找最相类似的法律规定作出裁判；如果没有最相类似的法律规定，法官可以依据习惯、法律原则、立法目的等作出裁判，并合理运用法律方法对裁判依据进行充分论证和说理。法官行使自由裁量权处理案件时，应当坚持合法、合理、公正和审慎的原则，充分论证运用自由裁量权的依据，并阐明自由裁量所考虑的相关因素。

八、下列案件裁判文书，应当强化释法说理：疑难、复杂案件；诉讼各方争议较大的案件；社会关注度较高、影响较大的案件；宣告无罪、判处法定刑以下刑罚、判处死刑的案件；行政诉讼中对被诉行政行为所依据的规范性文件一并进行审查的案件；判决变更行政行为的案件；新类型或者可能成为指导性案例的案件；抗诉案件；二审改判或者发回重审的案件；重审案件；再审案件；其他需要强化说理的案件。

九、下列案件裁判文书，可以简化释法说理：适用民事简易程序、小额诉讼程序审理的案件；适用民事特别程序、督促程序及公示催告程序审理的案件；适用刑事速裁程序、简易程序审理的案件；当事人达成和解协议的轻微刑事案件；适用行政简易程序审理的案件；适用普通程序审理但是诉讼各方争议不大的案件；其他适宜简化说理的案件。

十、二审或者再审裁判文书应当针对上诉、抗诉、申请再审的主张和理由强化释法说理。二审或者再审裁判文书认定的事实与一审或者原审不同的，或者认为一审、原审认定事实不清、适用法律错误的，应当在查清事实、纠正法律适用错误的基础上进行有针对性的说理；针对一审或者原审已经详尽阐述理由且诉讼各方无争议或者无新证据、新理由的事项，可以简化释法说理。

十一、制作裁判文书应当遵循《人民法院民事裁判文书制作规范》《民事申请再审诉讼文书样式》《涉外商事海事裁判文书写作规范》《人民法院破产程序法律文书样式（试行）》《民事简易程序诉讼文书样式（试行）》《人民法院刑事诉讼文书样式》《行政诉讼文书样式（试行）》《人民法院国家赔偿案件文书样式》等规定的技术规范标准，但是可以根据案件情况合理调整事实认定和说理部分的体例结构。

十二、裁判文书引用规范性法律文件进行释法说理，应当适用《最高人民法院关于裁判文书引用法律、法规等规范性法律文件的规定》等相关规定，准确、完整地写明规范性法律文件的名称、条款项序号；需要加注引号引用条文内容的，应当表述准确和完整。

十三、除依据法律法规、司法解释的规定外，法官可以运用下列论据论证裁判理由，以提高裁判结论的正当性和可接受性：最高人民法院发布的指导性案例；最高人民法院发布的非司法解释类审判业务规范性文件；公理、情理、经验法则、交易惯例、民间规约、职业伦理；立法说明等立法材料；采取历史、体系、比较等法律解释方法时使用的材料；法理及通行学术观点；与法律、司法解释等规范性法律文件不相冲突的其他论据。

十四、为便于释法说理，裁判文书可以选择采用下列适当的表达方式：案情复杂的，采用列明裁判要点的方式；案件事实或数额计算复杂的，采用附表的方式；裁判内容用附图的方式更容易表达清楚的，采用附图的方式；证据过多的，采用附录的方式呈现构成证据链的全案证据或证据目录；采用其他附件方式。

十五、裁判文书行文应当规范、准确、清楚、朴实、庄重、凝炼，一般不得使用方言、俚语、土语、生僻词语、古旧词语、外语；特殊情形必须使用的，应当注明实际含义。裁判文书释法说理应当避免使用主观臆断的表达方式、不恰当的修辞方法和学术化的写作风格，不得使用贬损人格尊严、具有强烈感情色彩、明显有违常识常理常情的用语，不能未经分析论证而直接使用“没有事实及法律依据，本院不予支持”之类的表述作为结论性论断。

十六、各级人民法院应当定期收集、整理和汇编辖区内法院具有指导意义的优秀裁判文书，充分发挥典型案例释法说理的引导、规范和教育功能。

十七、人民法院应当将裁判文书的制作和释法说理作为考核法官业务能力和审判质效的必备内容，确立为法官业绩考核的重要指标，纳入法官业绩档案。

十八、最高人民法院建立符合裁判文书释法说理规律的统一裁判文书质量评估体系和评价机制，定期组织裁判文书释法说理评查活动，评选发布全国性的优秀裁判文书，通报批评瑕疵裁判文书，并作为监督指导地方各级人民法院审判工作的重要内容。

十九、地方各级人民法院应当将裁判文书释法说理作为裁判文书质量评查的重要内容，纳入年度常规性工作之中，推动建立第三方开展裁判文书质量评价活动。

二十、各级人民法院可以根据本指导意见，结合实际制定刑事、民事、行政、国家赔偿、执行等裁判文书释法说理的实施细则。

二十一、本指导意见自2018年6月13日起施行。

最高人民法院关于仲裁机构“先予仲裁”裁决或者调解书立案、执行等法律适用问题的批复

（2018年5月28日最高人民法院审判委员会第1740次会议通过　2018年6月5日最高人民法院公告公布　自2018年6月12日起施行　法释〔2018〕10号）

广东省高级人民法院：

你院《关于“先予仲裁”裁决应否立案执行的请示》（粤高法〔2018〕99号）收悉。经研究，批复如下：

当事人申请人民法院执行仲裁机构根据仲裁法作出的仲裁裁决或者调解书，人民法院经审查，符合民事诉讼法、仲裁法相关规定的，应当依法及时受理，立案执行。但是，根据仲裁法第二条的规定，仲裁机构可以仲裁的是当事

人间已经发生的合同纠纷和其他财产权益纠纷。因此,网络借贷合同当事人申请执行仲裁机构在纠纷发生前作出的仲裁裁决或者调解书的,人民法院应当裁定不予受理;已经受理的,裁定驳回执行申请。

你院请示中提出的下列情形,应当认定为民事诉讼法第二百三十七条第二款第三项规定的"仲裁庭的组成或者仲裁的程序违反法定程序"的情形:

一、仲裁机构未依照仲裁法规定的程序审理纠纷或者主持调解,径行根据网络借贷合同当事人在纠纷发生前签订的和解或者调解协议作出仲裁裁决、仲裁调解书的;

二、仲裁机构在仲裁过程中未保障当事人申请仲裁员回避、提供证据、答辩等仲裁法规定的基本程序权利的。

前款规定情形中,网络借贷合同当事人以约定弃权条款为由,主张仲裁程序未违反法定程序的,人民法院不予支持。

人民法院办理其他合同纠纷、财产权益纠纷仲裁裁决或者调解书执行案件,适用本批复。

此复。

最高人民法院关于设立国际商事法庭若干问题的规定

(2018年6月25日最高人民法院审判委员会第1743次会议通过 2018年6月27日最高人民法院公告公布 自2018年7月1日起施行 法释〔2018〕11号)

为依法公正及时审理国际商事案件,平等保护中外当事人合法权益,营造稳定、公平、透明、便捷的法治化国际营商环境,服务和保障"一带一路"建设,依据《中华人民共和国人民法院组织法》《中华人民共和国民事诉讼法》等法律,结合审判工作实际,就设立最高人民法院国际商事法庭相关问题规定如下。

第一条 最高人民法院设立国际商事法庭。国际商事法庭是最高人民法院的常设审判机构。

第二条 国际商事法庭受理下列案件:

(一)当事人依照民事诉讼法第三十四条的规定协议选择最高人民法院管

辖且标的额为人民币3亿元以上的第一审国际商事案件；

（二）高级人民法院对其所管辖的第一审国际商事案件，认为需要由最高人民法院审理并获准许的；

（三）在全国有重大影响的第一审国际商事案件；

（四）依照本规定第十四条申请仲裁保全、申请撤销或者执行国际商事仲裁裁决的；

（五）最高人民法院认为应当由国际商事法庭审理的其他国际商事案件。

第三条 具有下列情形之一的商事案件，可以认定为本规定所称的国际商事案件：

（一）当事人一方或者双方是外国人、无国籍人、外国企业或者组织的；

（二）当事人一方或者双方的经常居所地在中华人民共和国领域外的；

（三）标的物在中华人民共和国领域外的；

（四）产生、变更或者消灭商事关系的法律事实发生在中华人民共和国领域外的。

第四条 国际商事法庭法官由最高人民法院在具有丰富审判工作经验，熟悉国际条约、国际惯例以及国际贸易投资实务，能够同时熟练运用中文和英文作为工作语言的资深法官中选任。

第五条 国际商事法庭审理案件，由三名或者三名以上法官组成合议庭。

合议庭评议案件，实行少数服从多数的原则。少数意见可以在裁判文书中载明。

第六条 国际商事法庭作出的保全裁定，可以指定下级人民法院执行。

第七条 国际商事法庭审理案件，依照《中华人民共和国涉外民事关系法律适用法》的规定确定争议适用的实体法律。

当事人依照法律规定选择适用法律的，应当适用当事人选择的法律。

第八条 国际商事法庭审理案件应当适用域外法律时，可以通过下列途径查明：

（一）由当事人提供；

（二）由中外法律专家提供；

（三）由法律查明服务机构提供；

（四）由国际商事专家委员提供；

（五）由与我国订立司法协助协定的缔约对方的中央机关提供；

（六）由我国驻该国使领馆提供；

（七）由该国驻我国使馆提供；

(八)其他合理途径。

通过上述途径提供的域外法律资料以及专家意见,应当依照法律规定在法庭上出示,并充分听取各方当事人的意见。

第九条 当事人向国际商事法庭提交的证据材料系在中华人民共和国领域外形成的,不论是否已办理公证、认证或者其他证明手续,均应当在法庭上质证。

当事人提交的证据材料系英文且经对方当事人同意的,可以不提交中文翻译件。

第十条 国际商事法庭调查收集证据以及组织质证,可以采用视听传输技术及其他信息网络方式。

第十一条 最高人民法院组建国际商事专家委员会,并选定符合条件的国际商事调解机构、国际商事仲裁机构与国际商事法庭共同构建调解、仲裁、诉讼有机衔接的纠纷解决平台,形成"一站式"国际商事纠纷解决机制。

国际商事法庭支持当事人通过调解、仲裁、诉讼有机衔接的纠纷解决平台,选择其认为适宜的方式解决国际商事纠纷。

第十二条 国际商事法庭在受理案件后七日内,经当事人同意,可以委托国际商事专家委员会成员或者国际商事调解机构调解。

第十三条 经国际商事专家委员会成员或者国际商事调解机构主持调解,当事人达成调解协议的,国际商事法庭可以依照法律规定制发调解书;当事人要求发给判决书的,可以依协议的内容制作判决书送达当事人。

第十四条 当事人协议选择本规定第十一条第一款规定的国际商事仲裁机构仲裁的,可以在申请仲裁前或者仲裁程序开始后,向国际商事法庭申请证据、财产或者行为保全。

当事人向国际商事法庭申请撤销或者执行本规定第十一条第一款规定的国际商事仲裁机构作出的仲裁裁决的,国际商事法庭依照民事诉讼法等相关法律规定进行审查。

第十五条 国际商事法庭作出的判决、裁定,是发生法律效力的判决、裁定。

国际商事法庭作出的调解书,经双方当事人签收后,即具有与判决同等的法律效力。

第十六条 当事人对国际商事法庭作出的已经发生法律效力的判决、裁定和调解书,可以依照民事诉讼法的规定向最高人民法院本部申请再审。

最高人民法院本部受理前款规定的申请再审案件以及再审案件,均应当另行组成合议庭。

第十七条 国际商事法庭作出的发生法律效力的判决、裁定和调解书，当事人可以向国际商事法庭申请执行。

第十八条 国际商事法庭通过电子诉讼服务平台、审判流程信息公开平台以及其他诉讼服务平台为诉讼参与人提供诉讼便利，并支持通过网络方式立案、缴费、阅卷、证据交换、送达、开庭等。

第十九条 本规定自2018年7月1日起施行。

附：

2018 年 6 月份报国务院备案并予以登记的地方性法规、自治条例、单行条例和地方政府规章目录

地方性法规

法规名称	公布日期	备案登记编号
天津市人民代表大会常务委员会关于加强滨海新区与中心城区中间地带规划管控建设绿色生态屏障的决定	2018 年 5 月 28 日	国法备字［2018000827］
天津市人大常委会关于修改《天津市物业管理条例》的决定	2018 年 5 月 28 日	国法备字［2018000828］
内蒙古自治区企业国有资产监督管理条例	2018 年 3 月 31 日	国法备字［2018000861］
呼和浩特市古树名木保护条例	2018 年 4 月 19 日	国法备字［2018000862］
通辽市罕山国家级自然保护区条例	2018 年 5 月 21 日	国法备字［2018000863］
乌兰察布市岱海、黄旗海保护条例	2018 年 5 月 10 日	国法备字［2018000864］
盘锦市城乡容貌和环境卫生管理条例	2018 年 3 月 28 日	国法备字［2018000841］
辽宁省人大常委会关于修改《辽宁省禁止选择胎儿性别终止妊娠规定》的决定	2018 年 3 月 27 日	国法备字［2018000852］
辽宁省人大常委会关于废止《辽宁省乡镇企业环境保护管理条例》的决定	2018 年 3 月 27 日	国法备字［2018000853］
辽宁省人大常委会关于修改《辽宁省实施〈中华人民共和国森林法〉办法》等部分地方性法规的决定	2018 年 3 月 27 日	国法备字［2018000854］

续表

法规名称	公布日期	备案登记编号
山东省人大常委会关于修改《山东省人民代表大会常务委员会议事规则》的决定	2018 年 6 月 1 日	国法备字［2018000869］
青岛市湿地保护条例	2018 年 6 月 1 日	国法备字［2018000870］
淄博市人大常委会关于废止《淄博市孝妇河流域水污染防治管理办法》等三件地方性法规的决定	2018 年 6 月 1 日	国法备字［2018000871］
威海市海岸带保护条例	2018 年 6 月 4 日	国法备字［2018000872］
洛阳市城市绿线管理条例	2018 年 4 月 16 日	国法备字［2018000806］
郑州市文明行为促进条例	2018 年 4 月 23 日	国法备字［2018000807］
随州市城乡饮用水水源保护条例	2018 年 5 月 17 日	国法备字［2018000830］
武汉市人大常委会关于修改和废止《武汉市防洪管理规定》等八件地方性法规的决定	2018 年 5 月 11 日	国法备字［2018000831］
武汉市街道办事处条例（修订）	2018 年 5 月 11 日	国法备字［2018000832］
恩施土家族苗族自治州硒资源保护与利用条例	2018 年 5 月 29 日	国法备字［2018000858］
湖南省学校学生人身伤害事故预防和处理条例	2018 年 3 月 31 日	国法备字［2018000809］
广东省地方志工作条例	2018 年 5 月 31 日	国法备字［2018000868］
南宁市道路交通安全条例	2018 年 4 月 11 日	国法备字［2018000836］
柳州市城市绿化条例	2018 年 4 月 18 日	国法备字［2018000837］
梧州市停车场建设和管理条例	2018 年 4 月 15 日	国法备字［2018000838］

续表

法规名称	公布日期	备案登记编号
钦州市饮用水水源保护条例	2018 年 4 月 15 日	国法备字［2018000839］
崇左市左江花山岩画文化景观保护条例	2018 年 4 月 16 日	国法备字［2018000840］
海南省湿地保护条例	2018 年 5 月 29 日	国法备字［2018000829］
绵阳市水污染防治条例	2018 年 4 月 25 日	国法备字［2018000835］
贵州省人大常委会关于废止《贵州省酒类生产流通管理条例》的决定	2018 年 5 月 31 日	国法备字［2018000856］
贵州省人大常委会关于废止《贵州省个体工商户私营企业条例》的决定	2018 年 5 月 31 日	国法备字［2018000857］
黔南布依族苗族自治州天然林保护条例	2018 年 5 月 18 日	国法备字［2018000855］
云南省人大常委会关于修改《云南省昭通大山包黑颈鹤国家级自然保护区条例》的决定	2018 年 5 月 30 日	国法备字［2018000833］
兰州市人大常委会关于修改《连城国家级自然保护区条例》等五件法规的决定	2018 年 5 月 7 日	国法备字［2018000810］
宁夏回族自治区人大常委会关于修改《宁夏回族自治区污染物排放管理条例》的决定	2018 年 5 月 29 日	国法备字［2018000859］
宁夏回族自治区人大常委会关于修改《宁夏回族自治区实施〈中华人民共和国节约能源法〉办法》的决定	2018 年 5 月 29 日	国法备字［2018000860］
乌鲁木齐市寄递物流安全管理条例	2018 年 4 月 20 日	国法备字［2018000811］

自治州、自治县的单行条例

条例名称	公布日期	备案登记编号
鄂温克族自治旗人民代表大会关于修改《鄂温克族自治旗立法条例》的决定	2018 年 4 月 27 日	国法备字［2018000865］
湘西土家族苗族自治州人民代表大会关于修改《湘西土家族苗族自治州老司城遗址保护条例》的决定	2018 年 4 月 8 日	国法备字［2018000808］
云南省兰坪白族普米族自治县文化遗产保护条例	2018 年 5 月 11 日	国法备字［2018000834］
木垒哈萨克自治县生态环境保护条例	2018 年 4 月 16 日	国法备字［2018000812］

地方政府规章

规章名称	公布日期	备案登记编号
北京市社会救助实施办法	2018 年 5 月 4 日	国法备字［2018000801］
河北省社会保险基金监督办法	2018 年 5 月 21 日	国法备字［2018000818］
河北省安全生产风险管控与隐患治理规定	2018 年 5 月 21 日	国法备字［2018000821］
山西省人民政府关于废止和修改部分政府规章的决定	2018 年 5 月 22 日	国法备字［2018000873］
内蒙古自治区人民政府关于废止《内蒙古自治区著名商标认定和保护办法》的决定	2018 年 6 月 1 日	国法备字［2018000847］
内蒙古自治区无障碍环境建设办法	2018 年 5 月 31 日	国法备字［2018000848］
沈阳市人民政府关于废止《沈阳市政府债务管理办法》等部分政府规章的决定	2018 年 6 月 2 日	国法备字［2018000877］

续表

规章名称	公布日期	备案登记编号
大连市城市排水与污水处理管理办法	2018 年 5 月 23 日	国法备字［2018000849］
长春市规范性文件监督办法(修订)	2018 年 5 月 17 日	国法备字［2018000802］
长春市人民政府地方性法规草案和规章制定程序规定(修订)	2018 年 5 月 17 日	国法备字［2018000803］
黑龙江省人民政府关于修改《黑龙江省农业植物检疫实施办法》等 31 部省政府规章的决定	2018 年 5 月 21 日	国法备字［2018000804］
齐齐哈尔市市区餐厨废弃物管理办法	2018 年 5 月 11 日	国法备字［2018000822］
上海市人民政府关于修改《上海市外商投资企业土地使用管理办法》的决定	2018 年 5 月 28 日	国法备字［2018000820］
苏州市人民政府关于修改《苏州市统计管理办法》等 4 件规章和废止《苏州市国有土地使用权出让和转让暂行办法》等 9 件规章的决定	2018 年 5 月 30 日	国法备字［2018000876］
无锡市人民政府关于清理市政府规章规范性文件的决定	2018 年 4 月 28 日	国法备字［2018000800］
常州市禽类交易管理办法	2018 年 5 月 4 日	国法备字［2018000799］
泰州市户外广告设施管理办法	2018 年 5 月 15 日	国法备字［2018000851］
宣城市区燃放烟花爆竹管理规定	2018 年 5 月 31 日	国法备字［2018000850］
福建省突发事件应对办法	2018 年 5 月 11 日	国法备字［2018000805］
济南市人民政府关于废止《济南市科学技术奖励办法》和《济南市物业管理办法》的决定	2018 年 6 月 8 日	国法备字［2018000846］
枣庄市实施《山东省台儿庄古城保护管理条例》办法	2018 年 4 月 29 日	国法备字［2018000826］

续表

规章名称	公布日期	备案登记编号
洛阳市人民政府规章制定办法	2018 年 5 月 8 日	国法备字［2018000875］
鹤壁市城市生活垃圾管理办法(暂行)	2018 年 5 月 18 日	国法备字［2018000878］
鹤壁市城市建筑垃圾管理办法(暂行)	2018 年 5 月 18 日	国法备字［2018000879］
鹤壁市城市餐厨垃圾管理办法(暂行)	2018 年 5 月 18 日	国法备字［2018000880］
武汉市人民政府关于修改《武汉市住宅专项维修资金管理办法》的决定	2018 年 5 月 12 日	国法备字［2018000881］
武汉市扬尘污染防治管理办法	2018 年 5 月 16 日	国法备字［2018000882］
武汉市人民政府关于废止《武汉市著名商标认定和保护办法》的决定	2018 年 5 月 23 日	国法备字［2018000883］
东莞市物业管理办法	2018 年 5 月 25 日	国法备字［2018000825］
江门市扬尘污染防治管理办法	2018 年 5 月 18 日	国法备字［2018000845］
四川省人民政府关于废止部分规章的决定	2018 年 5 月 14 日	国法备字［2018000824］
贵阳市人民政府关于修改《贵阳市轨道交通建设专项资金管理暂行办法》的决定	2018 年 5 月 21 日	国法备字［2018000819］
西安市网络预约出租汽车经营服务管理暂行办法	2018 年 5 月 23 日	国法备字［2018000823］
海北藏族自治州行政机关联合执法办法	2018 年 5 月 14 日	国法备字［2018000874］
阳泉市禁止燃放烟花爆竹规定	2018 年 1 月 22 日	国法备字［2018000866］
洛阳市人民政府关于修改《洛阳市机动车排气污染防治办法》等 6 件规章的决定	2018 年 1 月 31 日	国法备字［2018000867］

续表

规章名称	公布日期	备案登记编号
林芝市野生鱼类保护办法	2017 年 10 月 23 日	国法备字［2018000814］
免签证来琼旅游外国人服务和管理办法	2018 年 4 月 20 日	国法备字［2018000813］

图书在版编目(CIP)数据

中华人民共和国新法规汇编．2018年．第7辑：总第257辑/司法部编．—北京：中国法制出版社，2018.7

ISBN 978-7-5093-9649-0

Ⅰ.①中…　Ⅱ.①司…　Ⅲ.①法规-汇编-中国-2018　Ⅳ.①D920.9

中国版本图书馆CIP数据核字(2018)第174584号

中华人民共和国新法规汇编

ZHONGHUA RENMIN GONGHEGUO XIN FAGUI HUIBIAN

(2018年第7辑)

编者/司法部

经销/新华书店

印刷/三河市紫恒印装有限公司

开本/850毫米×1168毫米　32开　　　印张/8.375　字数/231千

版次/2018年7月第1版　　　2018年7月第1次印刷

中国法制出版社出版

书号 ISBN 978-7-5093-9649-0　　　定价:18.00元

北京西单横二条2号

邮政编码 100031　　　传真:66031119

网址:http://www.zgfzs.com　　　编辑部电话:66066621

市场营销部电话:66033393　　　邮购部电话:66033288

(如有印装质量问题,请与本社印务部联系调换。电话:010-66032926)